庫

33-202-2

孔　子　家　語

藤原　正 校訳

岩波書店

緒言

孔子家語といふ名は先秦の古書には見えない。漢書の藝文志の論語部に『孔子家語二十七卷』と出てゐるのが始めてである。漢書は後漢の班固の撰ではあるが、その中の藝文志は前漢の劉向（元鳳四年──建平元年 西紀前七七──前六）父子が校書の成果を奏定したる七略を撮要したるものであるから、家語は劉向の手訂を經たるものであることには疑ない。尚又、劉向と同時の先輩、嚴彭祖の嚴氏春秋に、觀周篇といふものから一節引用してゐる所が有り左傳序疏引、この觀周篇といふのは恐らく家語の同篇のことであらうから、家語は劉向以前の成書であつたことにも亦殆んど疑ない。然し前記以外の書には兩漢を通じて、家語に言及したものも無く、家語から引用したものも無い。のみならず、後漢の大儒鄭玄（永建二年──建安五年 一二七──二〇〇）の博覽を以てしてさへ家語は見たことが無かつたといはれてゐる禮記樂記疏に引ける鄭玄の弟子馬昭の言から、漢志所載の家語は夙く佚して流傳を絶つたものと見える。唐の顏師古も漢志に註して『今有る所の家語に非ず』といつてゐる。

現行の家語は魏の王肅（興平二年──甘露元年 一九五──二五六）の手によつて世に顯はれたものである。唐の孔穎達の五經正義、歐陽詢の藝文類聚、李善の文選註、司馬貞の史記索隱等より、宋代の類書、朱子の四書集註等に至るまで、その引く所の家語は皆この家語である。王肅の自序によると、この書はもと、孔子二十二世の孫、王肅の弟子、孔猛といふもの丶家に先人の書として傳へられてあつたのを、孔猛のところから手に入れて、王肅自らこれに註して世に出したものであるといふことになつてゐる。抑も家語は卷末所載の後序――前半は孔安國の名を以て書かれてをり、後半はその孫孔衍がこれを補足して續けた形になつてゐる。時には全部を總稱して孔衍の序と呼ぶこともある――によると、孔子の弟子達が當時の公卿士大夫及び七十二弟子の諮訪對問したる言語を集錄したもので、論語・孝經と竝ぶものであり、當時弟子達がその集まつた資料の中から雅醇なものを別出して論語を爲り、殘りの部分を都て輯めて家語と名づけたといふことになつてゐる。而して孔猛家傳のこの本は前漢の孔安國が元封年間（前一一〇――前一〇五）に舊本の竄亂を整理して撰次定著したまゝの四十四篇の古定本で　劉向校書以前のものであるといふことになつてゐる。

王肅は鄭玄の晩年に生れて鄭學隆昌の際に人と爲り、早くより鄭玄の學を學んだものではあるが、『義理安からず、違錯するもの多し』家語自序 となしてこれに服せず、家語は自說に合致して『規を重ね矩を疊ぬるがごときもの有り』同上 と激賞し、聖證論を表はして盛んに家語を引いて鄭玄を譏短した。そこでたちまち鄭玄の門下から家語攻擊の聲が起つた。馬昭は『家語は王肅の增加する所』禮記樂記疏引 で孔安國の舊書でなく、鄭玄を難ぜん爲めに王肅の私定したものであるといひ、張融は『當家語』隋書經籍志を書いて大いにこの書を抵禦した。然しこれから隋唐まではこの書の正閏に就いて格別の議論も無かつたが、下つて宋に至ると證僞の大家王柏は家語考を表はして『四十四篇の家語は乃ち王肅自ら左傳・國語・荀・孟・二戴記を取りてこれを割裂して織成したるもの、孔衍の序といふものも亦王肅の自ら爲れる也』朱彝尊經義考卷二百七十八引と非議し、增多私定の說を遙かに越えて全部僞撰の說を立てた。更に淸代考證學の起るに及んで、孫志祖の家語疏證、范家相の家語證僞、陳士珂の孔子家語疏證等出でゝ、全卷に亙つて各章ごとに精細な本文批評を試み、一々古典に照して本づく所を探究し、僅かに十數章を除くの外は大戴禮・禮記・說苑・史記・荀子・左傳・新序・韓詩外傳・淮南子・莊子・列子・韓非子・呂氏春秋 排列の順位は關係の多少に從ふ その他にそれ〴〵出所を見出だした。尙ほその十數章の出所不明のものと雖も、范家相の考ふる所によれば、概ね說苑の佚文であらうとのことである 范家相家語證僞卷十一。僞撰說はかくして家語の本文を悉く王肅私定の輯錄と見るのみならず、後序も亦王肅の僞作で孔安國や孔衍の書いたものでは無いと見る。隨つて自序にこの書を孔猛家藏の舊といつてゐるのもみな王肅の假托で、世間を欺く手段に過ぎぬと見るのである。然し又これに反してこの書の成立來歷を兩序通りに信じて疑はぬ學者も少なくない。『雜にして純ならず』何孟春註家語序引と看破つた宋の朱子さへ『然れども實に夫子の本旨。固《まこと》に當時の書也』同上と信じてゐるし、我國の太宰純のごときは『實に孔氏の遺文たること疑無く、純、家語を信ずること論語の如し』

太宰純增註家語序と讚へてゐる。いま平心これを案ずるに、王肅家語はその文體內容何れよりこれを見るも、決して先秦の古書とは言ひ得ない。さりとて又逆に全部を王肅の僞撰とも斷言しかねる。前記の大戴禮以下の數多の古典に含まれてゐる種々な孔子說話は勿論著者の創作も相當に有るであらうが、全部が全部必らずさうとは限るまい。特に說苑の如きはそれ自らが一の輯錄ものであるから、一々の說話、從つてその中の孔子說話は必らずや本づく所が無くてはならない。然らばかやうな孔子說話の淵叢が果して何處にあつたであらうか。或ひはこれが恐らく古家語であつたのではなからうか。史繩祖が『大戴の一書は大抵家語の書を雜取したるもの』四庫全書總目家語提要引學齋佔畢といつてゐるのは、大戴禮に關しては事實が逆であるかも知れないが、その他の多くの場合に於ては相當理のある考へ方といふべきではあるまいか。かう見て來ると、王肅本はたとへ全部が僞撰でも、總て古典の拔萃から成つてゐる限り、古家語の佚文を再錄したる重修本と見るべきもので、全部が全部互に相覆ふものではないにせよ、相當古家語の面目を備へてゐるといはねばならぬ。それにまた全部僞撰といふことも確たる證據の有つてのことではない。當の論敵馬昭さへ僞撰といはずに唯單に增加と貶したところを見ると、孔猛家藏の舊といふものもあながち一概に抹殺し去るわけにもゆかぬ。鄭玄は實際家語を見たことが無かつたとしても、鄭玄の目に觸れぬ幾亡の佚書がどこにも藏れてゐなかつたとは限らない。それ故、錢馥がいつてゐるやうに『肅この書を傳へたるとき、その二十七卷具《つぶさ》に在りしなり。惟だ十七篇を增加したるのみ。而して二十七卷の篇は卽ちその中に在り』孫志祖家語疏證跋引と見るのも一應の議論は立つ。然し二十七卷具在の說は臆測があまりに極端に走り過ぎる。恐らく王肅は劉向本の殘卷ぐらゐを手に入れて、これを修補し增多して現行本に纏め上げ、卷數も漢志通りの二十七卷本にしたのでは眞の劉向本が顯はれたとき僞撰の跡が暴露するから、眞本二十七卷の篇章も總て含んでなほ餘あるやうにその內容を豐富にし、孔安國に名を藉りて劉向以前の四十四篇の舊本と銘打つて世に出したものでは無からうか。少なくともかう見ることが事實に最も近いところでは無からうか。かう見て來るとこの本は、孔序にいはゆる夫子當時の原始文獻ではないにせよ、戰國以後に發達したる孔子說話の集成で、原始儒敎の論語につゞく重要典籍の一たることに異論はない。

王肅本は隋書經籍志に二十一卷、舊唐書經籍志竝びに新唐書藝文志には共に十卷と出てゐる。唐の魏徵の群書治要には治要編者の拔萃本を收めてゐる。宋代の刊本は十卷四十四篇になつてゐる。卷數の不同に就ては、黃魯曾の如くに『混簡錯袠』明飜宋本家語附載黃魯曾後序の結果內容の減少を來たしたものと見てゐる人も無いではないが、これは單なる分合上の相違で別に內容に增減のあつたわけではなからう。家語は論語と竝んで宋代までは相當に讀まれて來たのであるが、宋儒が四書を表章して獨り論語を尊んでから論語が行はれて家語が廢れた。特に元の王廣謀が本文を删略して三巻本の家語句解（延祐四年 一三一七刊）を作つて以來は刪略本が流行して完本が次第に泯沒した。こゝに於て、明の何孟春は、王肅の全本を見ることを得ざるを慨き、あまねく他書引く所の家語の文を集めて王廣謀の句解を補綴し、孔子家語補註八巻（正德二年 一五〇七刊）を作つて以て全完本の舊に復さんと試みた。然し勿論王廣謀の捨てた部分が全部回復されたわけでは無く、折角の苦心も暗中摸索で所期の目的を十分達することは出來なかつた。

然るに幸にも幾亡の全本——宋版の十巻本——がその後に至つて復び世に顯はれた。而して明の嘉靖三十三年（一五五四）に吳時用の手によつて飜刻せられた。原本はいま傳はつてをらぬが、飜刻本は丁氏八千巻樓藏書の中に殘つてゐて、いま南京の江南圖書館に襲藏されてをる。近時上海商務印書館の出版に係る四部叢刊中の孔子家語三冊十巻はこの明飜宋本の縮印である。書中祺字の末筆を闕いてゐるのは、南宋度宗（一二六五 一二七四在位）の名を諱んだのであるから、この書の原本が南宋刊本であることを示してをり、巻末に『歲甲寅端陽望吳時用書黃周賢金賢刻』と記してあるのは、甲寅の年に吳時用が重寫して黃周賢等が版に刻んだことを表はしたものである。但しこの甲寅はいつの甲寅か書いてゐないが、嘉靖本の野客叢書にも黃周賢といふ名が署名に出てゐるところから見ると、こゝのもやはり嘉靖の甲寅で嘉靖三十三年に當る。尙ほこの本の詳しい解題は丁氏善本書室藏書志に載つてゐる。下つて同じく明の天啓七年（一六二七）にまたこれとは別に、毛晉が呉興の賈人から一宋槧本を獲た。卷末に東坡居士といふ印が押してある。汲古閣秘本目錄に北宋板で東坡の印のある蜀本の大字本といつてゐるのはこれである。然しこの本は闕避が南宋孝宗（在位一一六三—一一八九）の幼名瑗字に及んでゐるから、これも南宋刊本で、前の呉時用本の原本よりは時代は早いが北宋までは上らない。蘇東坡は北宋の人で建中靖國元年（一一〇一）に歿してゐるから、印はもとより後人の妄加に過ぎぬ。この本は二卷十六葉以上が非常な蠹蝕で無くなつてゐたので、毛晉は呉時用本を以てこれを補つて刊行した。これが汲古閣本である。崇禎九年（一六三六）毛晉がまた一宋本を錫山の酒家で手に入れた。末二卷が缺けてゐた。そこで先得の呉興本とこの本とを首尾互に相補抄して兩完本にした汲古閣本毛晉跋。劉世珩本毛晉跋。錫山本は後に火に燒けて亡くなつたが、呉興本——詳しく言へば錫山本を以て首部を補つた呉興本——は幸に傳はつて遂に淸の劉世珩の有に歸し、劉世珩は光緒二十八年にこれを影刻した劉世珩本毛扆跋〇世珩跋。近時上海江左書林この劉本を縮印して出した。景宋蜀本孔子家語十卷がこれである。會文堂印行の宋蜀本孔子家語、文瑞樓印行の孔子家語等も亦同じくこの劉本の縮印ではあるが妄りに行款を改めて舊形を損してゐる。

我が國に於ては家語は早くより傳はりたるものと見え、宇多天皇の寛平（八八九——八六八）頃に成りたる藤原佐世の日本國見在書目錄に孔子家語二十一卷、家語抄一卷とある。二十一卷は卷數隋書と同じい。然し博士家所傳のものは宋本と同系統の王肅全本で、我が國では佚亡せずに傳へて來た。寛永十五年（一六三八）即ち明の崇禎十一年、毛晉の汲古閣本の上版と前後して、京都の風月宗智が十巻四十四篇の和刻本を刊行してゐるが、兩者を對較して見ると殆んど文字に異同が無い。太宰純は我が國の舊本と汲古閣本とを比較して『我が東方有る所の舊本を以てこれを校するに、その文全く同じく、誤字衍文に至つても亦多くその異なる所のものに異ならず。余怪しみて以爲へらく我が本或ひは彼れに流傳して汲古閣氏これを重刻するを得たるか、何ぞその異ならざることかくの如きやと。毛晉の跋有り、この書の既に隱れて復た顯はれたるを言ふこと甚だ詳なり。こゝに於て愈々益々我が本の今に存するを幸とし、その寶たるを信ずること亦益々深し』太宰純增註家語跋撮要といつて驚いてゐる。而して彼れは和刻の舊本を底本として增註孔子家語十卷（元文元年序寛保二年刊）を作つた。岡白駒も亦前後して補註孔子家語十卷（元文二年序寛保元年刊）を作つた。

かやうな次第で現存家語の最古の全完本は明飜宋本孔子家語である。それ故いまこゝで家語を國譯するに當りては底本をこの本の四部叢刊版に取り、これを群書治要本、景宋蜀本、何孟春本、寛永和刻本を以て校定し、尚ほ通ぜざる所はそれぞれ源泉と認むる古典に照してこれを改め、たゞ已むを得ざる二三の箇所のみ明の葛鼒・金蟠二人の校訂せる孔子家語原註嘉慶十九年重刊に據つた。尚ほ文字その他の形式に關しては、原本の古字俗字假借字異體字等は正體の文字に改め、原文に無くして譯者の補足したる文字言句は（　）の中に包んでおいた。

孔子家語序

王氏

(一)鄭氏の學行はるること五十載。(二)肅、成童にして始めて學に志してより、鄭氏の學を學べり。然るに文を尋ね實を責《もと》め、その上下を考ふるに、義理安からず、違錯するもの多し。ここを以て奪ひてこれを易へたり。然るに世未だその款情を明にせず、その苟くも前師を駮して以て見の前人に異るを(三)謂ふ。乃ち慨然として嘆じて曰く『予豈に難を好まんや。予已むことを得ざればなり。聖人の門方《まさ》に壅がりて通ぜず、孔子の路に枳棘充てり。豈に開きてこれを辟《ひら》かざるを得んや。若しこれを由《もち》ゐるもの無くとも、亦予の罪にあらざるなり』と。ここを以て、經禮を撰《つく》りて申《かさ》ねてその義を明にするにも、及び朝にして制度を論ずるにも、皆見る所に據りて言へり。孔子二十二世の孫に孔猛といふ者有り。家にその先人の書を有せり。昔《さき》に相從ひて學びたるものなるが、このごろ家に還りて、方《まさ》に(その書を)取りて已《もつ》て來れり。予の論ずる所と規を重ね矩を疊《かさ》ねたるが若きもの有り。昔、仲尼曰く『(四)文王既に沒して、文茲《ここ》に在らずや。天の將に斯《この》文を喪《ほろぼ》さんとするや、(予が)死に後るる者は斯《この》文に與《あづか》ることを得ざるべし。天の未だ斯《この》文を喪《ほろぼ》さんとせざるや、匡人それ予を如何せん』と。天（さきに）斯《この》文を喪《ほろぼ》したるが故に已れをして斯《この》文を天より傳へしめたるを言へるなり。今、或は天の未だ斯《この》文を亂さんことを欲せざるが故に、（猛をして）予に從ひて學ばしめ、予をして猛に從ひて斯《この》論を得せしめて以て孔氏に相與《くみ》して違ふこと無きを明にせしめたるならん。（斯《この》論は）これ皆聖人の實事の論なり。而してその將に絶えなんとするを恐る。故に特に解を爲りて以て好事の君子に貽《のこ》す。論語に云ふ『牢曰く「子云ふ、吾れ試《もち》ひられず、故に藝あり」と』。談ずる者、（牢の）誰たるかを知らず、多く妄にこれが説を爲す。孔子家語によるに、弟子に琴張（五）なるもの有り、一の名は牢、字は子開、子張、衞の人なり、宗魯の死せるとき將に往きて弔はんとし、孔子これを止《とど》めたり。春秋外傳に曰く『昔、堯、民に臨むに五を以てせり』と。説く者曰く『堯は五載に一たび巡狩したるなり』と。五載に一たび巡狩したることをば民に臨むに五を以てすと稱ずるを得ざるなり。經に（六）『五載に一たび巡狩せり』と曰ふは、これ乃ち舜を説きたるの文にして、堯を説きたるに非ず。（家語によるに）孔子、五帝を説論して各その異事を道《い》ひ、舜に於て（七）『天下を巡狩すること五載に一たび始めたり』と云へり。則ち堯の巡狩は年數未だ明ならざるなり。周は十二歳に一巡せり。（然れども、これを以て）寧んぞ周、民に臨むに十二〔を以てす〕（八）と言ふ可けんや。孔子曰く（九）『堯は火德を以て天下に王たり、而して黄を尙《たつと》べり』と。黄は土の色、（一〇）五は土の數、故に『民に臨むに五を以てせり』と曰へるなり。これその義なり。

(一)鄭玄。
(二)王肅。
(三)謂もと不謂に作る。和刻本に從つて不字を删る。
(四)論語子罕篇の文。
(五)家語七十二弟子解篇の文。
(六)尙書舜典の文。
(七)家語五帝德篇の文。
(八)和刻本に從つて以字を補す。
(九)家語五帝篇の文。
(一〇)色もと德に作る。太宰純曰く、德當に色に爲るべしと。いまこれに從ふ。

孔子家語目録

卷之六

卷之七

卷之八

卷之九

卷之十

孔子家語目錄終

（一）蜀本に從つて射字を補す。
（二）冠頌もと冠頌解に作る。同上に從つて解字を删る。

(三)廟制もと廟制解に作る。同上に從つて解字を删る。
(四)同上に從つて解字を補す。

孔子家語巻第一

相魯第一

(一)孔子初めて仕へて、中都の宰と爲る。生を養ひ死を送るの節を制爲し、長幼は食を異にせしめ、强弱は任を異にせしめ、男女は塗を別にせしめ、路においては遺ちたるものを拾ふこと無からしめ、器は彫僞せざらしめ、四寸の棺・五寸の槨を爲《つく》らしめ、丘陵に因りて墳を爲《つく》りて封せず樹せざらしむ。これを行ふこと一年にして、西方の諸侯これに則る。定公、孔子に謂ひて曰く『子のこの法を學びて以て魯國を治むれば何如』と。孔子對《こた》へて曰く『天下(を治むる)と雖も可ならんか。何ぞ但だ魯國のみならんや』と。ここに於て、二年、定公以て司空と爲す。(孔子)乃ち五土の性を別つ。而して物各々その生ずる所の宜しきを得、みなその所を得。先時、(一)季氏、昭公を墓道の南に葬りしを、孔子溝して諸墓に合し、季桓子に謂ひて曰く『君を貶して以て己れの罪を彰はすは非禮なり。今これを合するは、(二)夫子の不臣を揜ふ所以なり』と。司空より魯の大司寇と爲る。法を設けたれども、用ひず。姦民無くなりたればなり。

(一)季氏は季平子を指す。季桓子の父なり。

(二)夫子は季氏卽ち季平子を指す。

(二)　定公、齊侯と夾谷に會す。孔子、相の事を攝す。曰く『臣聞く、文事有る者は必ず武備有り、武事有る者は必ず文備有りと。古は諸侯竝びて疆を出づるときには、必ず官を具へて以て從へり。請ふ、左右の司馬を具へん』と。定公これに從ふ。會所に至る。壇位を爲る。土階三等あり。遇禮を以て相見る。揖讓して登る。獻酢既に畢る。齊、萊人をして兵を以て鼓譟して定公を劫さしむ。孔子、歷階して進み、公を以《ゐ》て退き、曰く『士以てこれを兵せよ。吾が兩君、好《よしみ》を爲す。裔夷の俘敢て兵を以てこれを亂す。齊君の諸侯に命ずる所以に非ざるなり。裔は夏を謀るべからず。夷は華を亂すべからず。俘は盟を干すべからず。兵は好に偪るべからず。神に於て不祥と爲す。德に於て愆義と爲す。人に於て失禮と爲す。君は必ず然せざらん』と。齊侯、心に怍ぢ、麾きてこれを避けしむ。頃《しばらく》有りて、齊、宮中の樂《がく》を奏す。俳優・侏儒、前に戲る。孔子趨り進み、歷階して上り、一等を盡さずして、曰く『匹夫にして諸侯を熒侮する者は、罪應《まさ》に誅すべし。請ふ右司馬速に刑せよ』と。ここに於て侏儒を斬り、手足、處を異にす。齊侯懼れて慙色有り。將に盟はんとするとき、齊人、載書に加へて曰く『齊の師、境を出でんに、而《なんぢ》兵車三百乘を以て我れに從はずんば、この盟の如くあれ』と。孔子、茲無還をして對《こた》へしめて曰く『而《なんぢ》我が汶陽の田を返さざるに、吾をば以て命に供せしめんとせば、亦かくの如かれ』と。齊侯將に享禮を設けんとす。孔子、梁丘據に謂ひて曰く『齊・魯の故《こと》は吾子何ぞ聞かざらん。事既に成り、而して又これを享するは、これ執事を勤するなり。且つ犧象は門を出づべからず、嘉樂は野合すべからず。享して而して既《ことごと》く具ふるはこれ禮を棄つるなり、若しそれ具はらずんばこれ粃粺を用ふるなり。粃粺を用ふるは君の辱なり。禮を棄つるは名惡し。子盍《なん》ぞこれを圖らざる。それ享は德を昭らかにする所以なり。昭らかならざれば、已むるに如かず』と。乃ち享を果さず。齊侯歸り、その群臣を責めて曰く『魯は君子の道を以てその君を輔く。而《しか》るに子《なんぢら》獨り夷狄の道を以て寡人に敎へ、罪を得せしむ』と。ここに於て乃ち侵せる所の魯の四邑及び汶陽の田を歸す。

㈢　孔子、定公に言ひて曰く『家に甲を藏せず、邑に百雉の城無きは、古の制なり。今、三家は制に過ぎたり。請ふ皆これを損せん』と。乃ち季氏の宰たる仲由をして三都を隳たしむ。叔孫、意を季氏に得ず、費の宰たる公山弗擾に因り、費人を率ゐて以て魯を襲ふ。孔子、公を以《ゐ》て、季孫・叔孫・孟孫と與《とも》に、費氏の宮に入り、武子の臺に登る。費人これを攻め、臺側に及ぶ。孔子、申句須・樂頎に命じ、士衆を勒して下りてこれを伐たしむ。費人北《に》ぐ。遂に三都の城を隳ち、公室を強くし、私家を弱くし、君を尊くし、臣を卑くし、政化大に行はる。

㈣　初め魯、羊を販《ひさ》ぐものに、沈猶氏といふ者有り。常に朝にその羊に飮《みづか》ひて以て市人を詐く。公愼氏といふ者有り。妻淫なれども制せず。愼潰氏といふもの有り。奢侈、法に踰ゆ。魯の六畜を鬻ぐ者、これを飾りて以て價を儲《いつは》る。孔子の政を爲すに及びてや、則ち沈猶氏は朝にその羊に飲《みづか》ふことを敢てせず、公愼氏はその妻を出し、愼潰氏は境を越えて徙る。三月にして、則ち牛馬を鬻ぐ者は價を儲《いつは》らず、羊豚を賣る者は飾を加へず、男女行《ある》く者はその塗を別にし、道においては遺ちたるものを拾はず、男は忠信を尙《たつと》び、女は貞順を尙《たつと》ぶ。四方の客にして邑に至る者は、有司に求むるを（要）せずに（有司はやくそれぞれの職を供し）、みな歸（宅せ）るが如く（乏しき所なし）。

始誅第二

（一）孔子、魯の司寇と爲り、相の事を攝行して喜色有り。仲由問ひて曰く『由聞く「君子は禍至るとも懼れず、福至るとも喜ばず」と。今、夫子、位を得て喜ぶは何ぞや』と。孔子曰く『然り。この言有るなり。（然れども又）「貴を以て人に下ることを樂む」と曰はずや』と。ここに於て朝政し、七日にして、政を亂すところの大夫少正卯を誅し、これを兩觀の下に戮し、朝に尸すること三日。子貢進みて曰く『それ少正卯は魯の聞人なり。今、夫子、政を爲して、始めにこれを誅す。或る者は失と爲さんか』と。孔子曰く『居れ。吾れ汝に語《つ》ぐるにその故を以てせん。天下に大惡のもの五あり、而して竊盜は與《あづか》らず。一に曰く、心、逆にして險。二に曰く、行、僻にして堅。三に曰く、言、僞りて辯。四に曰く、記、醜にして博。五に曰く、非に順ひて澤。この五者は、人に一有りとも、則ち君子の誅を免れず。而して少正卯は皆これを兼有せり。その居處は以て徒を撮めて黨を成すに足り、その談說は以て衺《よこしま》(一)を飾りて衆を熒《まどは》(二)すに足り、その强禦は以て是《ぜ》に反して獨立するに足る。これ乃ち人の姦雄なる者なり。以て除かざる可からず。それ殷湯は尹諧を誅し、文王は潘正を誅し、周公は管・蔡を誅し、太公は華士を誅し、管仲は付乙を誅し、子產は史何を誅せり。これこの七子は皆、世を異にして、而して同じく誅せられたる者なり。七子は世を異にして而して惡を同じくしたるを以ての故に赦す可からざりしなり。詩に曰く「憂心悄悄たり、群小に慍らる」と、小人、群を成すは、これ憂ふるに足る』と。

(一)衺もと褎に作る。尾張版羣書治要本頭注に從つて改む。
(二)熒もと榮に作る。羣書治要本に從つて改む。

(三)　孔子、魯の大司寇と爲る。父子(互に)訟ひたる者有り。夫子、狴を同じくしてこれを執《とら》ふ。三月(の間)別たず。その父止《や》めんことを請ふ。夫子これを赦す。季孫これを聞きて悅ばずして曰く『司寇、余を欺けり。曩に余に告げて曰く「國家必ず先にするに孝を以てすべし」と。今、余、一の不孝を戮して以て民に孝を敎へんとす。亦可ならずや。而《しか》るに又赦すは何ぞや』と。冉有以て孔子に告ぐ。子喟然として歎じて曰く『嗚呼、上その道を失ひて而してその下を殺すは非理なり。教ふるに孝を以てせずして而してその獄を聴《さば》くは、これ不辜を殺すなり。三軍大に敗るるときは斬る可からざるなり。獄犴治まらざるときは刑す可からざるなり。何となれば、上の教の行はれざるによるものにして、罪、民に在らざるが故なり。それ令を慢にして誅を謹《きび》しくするは賊ふなり、徴斂するに時無きは暴すなり、試《もち》ひずして成を責むるは虐ぐるなり。政この三者無くして、然る後に刑卽く可きなり。書に云く「義をもつて刑し、義をもつて殺し、庸《もち》ひて以て汝の心に卽く勿れ。惟れ曰へ、未だ事に愼《したが》ひたること有らず」と。必ず教へて而して後に刑すべきを言へるなり。〔故に先王は〕(一)既に道德を陳べて以て先づ(自《みづか》ら)これを服し、而して猶ほ不可ならば賢を尙《たつと》びて以てこれを勸め、又不可ならば卽ち〔不能を〕(二)廢してこれを〔殫し〕(三)、又不可ならば而して後に威を以てこれを憚《おそ》らせり。かくの若くすること三年にして、百姓正しくなれり。(然れども、なほ)それ邪民、化に從はざる者有るときは、然る後にこれを待つに刑を以てせり。則ち民みな罪を知れり。詩に云ふ「天子これ毗《たす》け、民をして迷はざらしむ」と。ここを以て威厲しけれども試《もち》ひず、刑錯《お》けども用ひざりき。今の世は則ち然らず。その教を亂し、その刑を繁くし、民をして迷惑して陷らしめ、又從ひてこれを制す。故に刑彌々繁くして而して盜勝《た》へざるなり。それ三尺の岸(四)にも、空車すら登る能はざるものは、何ぞや。峻なるが故なり。百仞の山にも、重載して陟るは、何ぞや。陵遲なるが故なり。今、世俗の陵遲せること久し。刑法有りと雖も、民能く踰ゆることなからんや』と。

(一)何本に從つて故先王三字を補す。
(二)荀子宥坐篇に依つて不能二字を補す。
(三)同上に依つて殫字を補す。
(四)岸もと限に作る。何本に從つて改む。

王言解第三

(一)孔子間居し、曾參侍す。孔子曰く『參よ。今の君子には唯だ士と大夫との言を聞く可きのみ。君子の言に至るもの希なり。於乎《ああ》、吾れ王を以てこれを言はん。それ戸牖を出でずして而して天下を化せん』と。曾子起ちて席を下りて而して對《こた》へて曰く『敢て問ふ、何をか王の言と謂ふ』と。孔子應へず。曾子曰く『夫子の間《ひま》に侍せり。對ふるを難《はばか》らんや。ここを以て敢て問ふ』と。孔子又應へず。曾子肅然として懼れ、衣を摳《かきをさ》めて退き、席を負ひて立つ。頃《しばらく》有りて孔子歎息し、顧みて曾子に謂ひて曰く『參よ。汝、明王の道を語る可きか』と。曾子曰く『敢て以て足ると爲すには非ざるなり。請ふ聞く所に因りてこれを學ばん』と。子曰く『居れ。吾れ汝に語《つ》げん。それ道は德を明らかにする所以なり。德は道を尊くする所以なり。ここを以て德に非ざれば道尊からず、道に非ざれば德明らかならず。國の良馬有りと雖も、その道を以てこれに服乘せずんば、以て道里を〔取る〕（二）可からず。博地・衆民有りと雖も、その道を以てこれを治めずんば、以て霸王を致す可からず。この故に昔は明王、内には七教を修め、外には三至を行へり。七教修まりて然る後に以て守る可く、三至行はれて然る後に以て征す可し。明王の道は、その守るや則ち必ず千里の外に折衝し、その征するや則ち必ず師を衽席の上に還せり。故に曰く「内には七教を修めて而して上勞せず、外には三至を行ひて而して財費えず。これをこれ明王の道と謂ふなり」と』。曾子曰く『勞せず費えずんば、これを明王と謂ふとは、聞くことを得べきか』と。孔子曰く『昔、帝舜は禹を左にして皐陶を右にし、席を下らずして天下治まれり。それかくの如し。何ぞ上これ勞せんや。政の平ならざるは君の患なり。令の行はれざるは臣の罪なり。若し乃ち十が一にして稅し、民の力を用ひること歲に三日に過ぎず、山澤に入るにその時を以てして而して征《ぜい》（三）すること無く、關は譏るのみ市は廛するのみにして皆な賦を收めずんば、これ則ち財を生ずるの路なり。而して明王これを節す。何ぞ財をこれ費さんや』と。曾子曰く『敢て問ふ、何をか七教と謂ふ』と。孔子曰く『上のもの老を敬すれば則ち下のもの益々孝、上のもの齒《よはひ》を尊べば則ち下のもの益々悌、上のもの施を樂めば則ち下のもの益々寬、上のもの賢を親めば則ち下のもの友を擇び、上のもの德を好めば則ち下のもの隱れず、上のもの貪ることを惡《にく》めば則ち下のもの爭ふことを恥ぢ、上のもの廉讓なれば則ち下のもの節(四)を知る。これをこれ七敎と謂ふ。七敎は民を治むるの本なり。政敎定まれば則ち本正し。凡そ上のものは民の表なり。表正しければ則ち何物か正しからざらん。この故に人君先づ仁を已れに立つれば、然る後、大夫は忠にして而して士は信に、民は敦くして俗は璞に、男は愨にして而して女は貞となる。六のものは敎の致なり。これを天下四方に布きて而して怨まれず、これを尋常の室に納れて而して塞がらず。これを等するに禮を以てし、これを立つるに義を以てし、これを行ふに順を以てすれば、則ち民の惡を棄つること湯の雪に灌ぐが如し』と。曾子曰く『道は則ち至れり。弟子以てこれを明にするに足らず』と。孔子曰く『參よ。以て姑く止まると爲すか。又有り。昔、明王の民を治むるや法ありき。必ず地を裂きて以てこれを封じ、屬を分けて以てこれを理めたり。然して後、賢民隱るる所なく、暴民伏する所無くなれり。（ここに於て）有司をしてこれを日々省し時々考せしめ、賢良を進用し不肖を退貶せり。然れば則ち賢者悅び、不肖者懼れ、鰥寡を哀れみ、孤獨を養ひ、貧窮を恤れみ、孝悌を誘《すす》め、才能を選べり。この七者修まれば則ち四海の內に刑民無く、上の下を親むや手足の腹心に於けるが如く、下の上を親むや幼子の慈母に於けるが如し。上下相親むことかくの如きが故に、令すれば則ち從ひ、施せば則ち行ひ、民その德に懷《なつ》き、近き者は悅服し、遠き者は來附す。政の致なり。それ指を布《の》べて寸を知り、手を布《の》べて尺を知り、肘を舒べて尋を知るはこれ不遠の則なり。周の制、三百歩を里と爲し、千歩を井と爲し、三井にして埒、埒三にして矩、五十里にして都封、百里にして國有り、乃ち稸積資聚を爲し、行く者の有亡を恤へたり。ここを以て蠻夷・諸夏、衣冠同じからず、言語合せずと雖も、來賓せざるもの莫かりき。故に曰く「市無くして民乏しからす。刑無くして民亂れず」と。田獵罩弋は以て宮室を盈たすに非ざるなり。百姓に徵斂するは以て府庫を盈たすに非ざるなり。慘怛以て足らざるを補ひ、禮節以て餘り有るを損す。信多くして貌寡し。その禮守る可く、その言覆《ふたたび》すべく、その迹履む可し。飢ゑて食ふが如く、渴して飲むが加し。民のこれを信ずること寒暑の必ず驗あるが如し。故に遠きを視ること邇きが若し。道邇きに非ざるなり、明德を見《しめ》せばなり。この故に兵革動かずして而して威あり、用利施さずして而して親み、萬民その惠に懷《なつ》く。これをこれ明王の守は千里の外に折衝すと謂ふなり』と。曾子曰く『敢て問ふ、何をか三至と謂ふ』と。孔子曰く『至禮は讓らずして天下治まり、至賞は費さずして天下の士悅び、至樂《がく》は聲無くして天下の民和す。明王篤く三至を行へり。故に天下の君得て知る可く、天下の士得て臣とす可く、天下の民得て用ふ可かりき』と。曾子曰く『敢て問ふ。この義は何の謂ぞ』と。孔子曰く『古、明王は必ず盡く天下の良士の名を知り、既にその名を知りて又その實を知り、又その數と及びその在る所を知り、然して後に天下の爵に因りて以てこれを尊べり。これをこれ至禮は讓らずして而して天下治まると謂ふ。天下の祿に因りて以て天下の士を富ませり。

これをこれ至賞は費さずして而して天下の士悅ぶと謂ふ。かくの如くなれば則ち天下の民、名譽興れり。これをこれ至樂《がく》は聲無くして而して天下の民和すと謂ふ。故に曰く「謂はゆる天下の至仁なる者は能く天下の至親を合す。謂はゆる天下の至明なる者は能く天下の至賢なる者を擧ぐ」と。この三者咸《みな》通じて然して後に以て征す可し。この故に仁は人を愛するより大なるは莫く、智は賢を知るより大なるは莫く、政は能を官にするより大なるは莫し。有土の君この三者を修むれば、則ち四海の內、命に供せんのみ。それ明王の征せる所は必ず道の廢せる所の者なりき。この故にその君を誅して而してその政を改め、その民を弔して而してその財を奪はざりき。故に明王の政は猶ほ時雨の降るがごとく、降至れば則ち民悅べり。この故に施を行ふこと彌々博くして、親を得ること彌々衆かりき。これをこれ師を衽席の上に還すと謂ふ』と。

(一)孔子もと曾子に作る。蜀本に從つて改む。
(二)蜀本に從つて取字を補す。
(三)征は稅と同じ。
(四)知節もと恥節に作る。太宰純曰く、恥節は知節の誤なるべしと。今これに從ふ。
(五)稸積資聚もと蓄積資求に作る。蜀本に從つて改む。

大婚解第四

(一) 孔子、哀公に侍坐す。公問ひて曰く『敢て問ふ。人道は孰《なに》をか大と爲す』と。孔子愀然として色を作して而して對《こた》へて曰く『君のこの言に及ぶや百姓の惠なり。固臣敢て辭すること無くして對《こた》へん。人道は政を大なりと爲す。それ政は正なり。君、正を爲せば則ち百姓從ひて正し。君の爲す所は百姓の從ふ所なり。君、正を爲さずんば、百姓何の從ふ所あらんや』と。公曰く『敢て問ふ。政を爲すこと、これを如何』と。孔子對《こた》へて曰く『夫婦は別あるべく、男女は親むべく、君臣は信あるべし。三者正しければ、則ち庶物これに從ふ』と。公曰く『寡人能くする無しと雖も、願くは三者を行ふ所以の道を知らん。聞くことを得可きか』と。孔子對《こた》へて曰く『古の政は人を愛するを大なりと爲せり。人を愛するを治むる所以は、禮を大なりと爲せり。禮を治むる所以は、敬を大なりと爲せり。敬の至は大婚を大なりと爲せり。大婚は至れり。(故に)冕して親しく迎へたり。親しく迎ふるはこれを敬するなり。この故に、君子は敬を興して親を爲す。敬を捨つるは、則ちこれ親を遺つるなり。親まず敬はざるは、尊ばざるなり。愛と敬とは、それ政の本か』と。公曰く『寡人願はくは言ふあらん。然れども冕して親しく迎ふるは、已《はなは》だ重からずや』と。孔子愀然として色を作して對《こた》へて曰く『二姓の好を合せ、以て先聖の後を繼ぎ、以て天下・

宗廟・社稷の主と爲る。君何ぞ已《はなは》だ重しと謂ふか』と。公曰く『寡人は實に固なり。固ならずんば、安《いづく》んぞこの言を聞くことを得んや。寡人問はんと欲すれども、辭を爲すこと能はず。請ふ、少しく進めよ』と。孔子曰く『天地合せざるときは、萬物生ぜず。大婚は萬世の嗣なり。君何ぞ已《はなは》だ重しと謂ふや』と。孔子遂に言ひて曰く『内は以て宗廟の禮を治め、以て天地の神に配するに足る。出でては直言の禮を以てし、以て上下の敬を立つるに〔足る〕。物恥づれば、則ち以てこれを振ふに足り、國恥づれば、以てこれを興ずに足る。故に政を爲すには、禮を先にす。禮はそれ政の本か』と。孔子遂に言ひて曰く『昔、三代の明王は必ず妻子を敬せり。蓋し道ここにあればなり。妻なる者は親の主なり。子なる者は親の後なり。敢て敬せざらんや。この故に君子は敬せざること無し。敬なるものは、身を敬するを大と爲す。身なるものは親の枝なり。敢て敬せざらんや。その身を敬せずんば、これその親を傷ふ。その親を傷へば、これ本を傷ふなり。その本を傷へば、則ち枝これに從ひて亡ぶ。三つの者は百姓の象なり。身以て身に及ぼし、子以て子に及ぼし、妃以て妃に及ぼす。君以てこの三つの者を修むれば、則ち大化、天下に愾《み》つ。昔、太王の道や、かくの如くにして國家順なりき』と。公曰く『敢て問ふ、何をか身を敬すと謂ふ』と。孔子對《こた》へて曰く『君子過つて言へば、則ち民、辭と作す。過つて行へば、則ち民、則と作す。言、辭を過たず、動、則を過たざれば、百姓、恭敬して以て命に從ふ。かくの若くなれば、則ち能くその身を敬すと謂ふべし。則ち能くその親を成す』と。公曰く『何をかその親を成すと謂ふ』と。孔子對《こた》へて曰く『君子とは人の成せる名なり。百姓、名を與へて、これを君子と謂ふは、則ちこれその親を成して君と爲し、而してその子と爲《す》ればなり』と。孔子遂に言ひて曰く『政を(二)爲して、人を愛する能はざれば、則ちその身を成すこと能はず。その身を成すこと能はざれば、則ちその土に安んずること能はず。その土に安んずること能はざれば、則ち天を樂むこと能はず』と。公曰く『敢て問ふ、何か能く身を成す』と。孔子對《こた》へて曰く『それその已れを行ふこと物に過《あやま》らずんば、これを身を成すと謂ふ。天道に合するを過《あやま》らざればなり』と。公曰く『君子は何ぞ天道を貴ぶや』と。孔子曰く『その已まざるを貴ぶなり。日月の東西相從ひて已まざるが如きは、これ天道なり。閉ぢずして能く久しきは、これ天道なり。無爲にして物成るは、これ天道なり。已に成りてこれを明にするは、これ天道なり』と。公曰く『寡人且つ愚冥なり。幸に子を煩して、これを心に(三)〔志《しる》さん〕』と。孔子蹴然として席を避けて對《こた》へて曰く『仁人は物に過《あやま》らず、孝子は親に過《あやま》らず。この故に、仁人の親に事ふるや、天に事ふるが如く、天に事ふるは、親に事ふるが如し。これを孝子、身を成すと謂ふ』と。公曰く『寡人既にかくの如き言を聞けり。後罪を如何ともすること無けん』と。孔子對《こた》へて曰く『(四)君のこの言に及べるは、これ臣の福《さいはひ》なり』と。

（一）蜀本に從って足字を補す。

(二)爲もと愛に作る。蜀本に從つて改む。
(三)蜀本に從つて志字を補す。
(四)君之及此言もと君子及此言に作る。蜀本に從つて改む。

儒行解第五

(一) 孔子、衞に在り。冉求、季孫に言ひて曰く『國に聖人あるに、而《しか》も用ふる能はずして、以て治を求めんと欲するは、これ猶ほ却歩して前人に及ばんことを求めんと欲するがごとし。得べからざるのみ。今、孔子、衞に在り。衞將にこれを用ひんとす。己れに才ありて、而して以て鄰國を資くるは、以て智と言ひ難きなり。請ふ、重幣を以て、これを迎へん』と。季孫以て哀公に告ぐ。公これに從ふ。孔子既に舍に至る。哀公館す。公は阼階よりし、孔子は賓階よりす。堂に升り、立ちて侍す。公曰く『夫子の服は、それ儒服か』と。孔子對《こた》へて曰く『丘、少《わか》くして魯に居りしときは、逢掖の衣を衣たり。長じて宋に居りしときは、章甫の冠を冠せり。丘これを聞く、君子の學は博きも、その服は鄕を以てすと。丘未だその儒服を爲すを知らざるなり』と。公曰く『敢て儒行を問ふ』と。孔子曰く『略してこれを言へば、その物を終ふること能はず。悉くこれを數ふれば、則ち留《ひさ》しくして、僕を(二)〔更ふるも〕未だ以て對《こた》ふべからず』と。哀公、席を命ぜり。

孔子侍坐して曰く『儒に、上（古）の珍を席《し》きて以て聘せらるることを待ち、夙に夜に強め學びて以て問はるることを待ち、忠信を懷きて以て擧げらるることを待ち、力め行ひて以て取らるることを待つものあり。その自立すること、かくの如くなる者あり。儒に、衣冠中《あた》り、動作順ひ、その大讓は慢るが如く、小讓は僞るが如く、大なるときは則ち威すが如く、小なるときは則ち媿づるが如く、進むを難んじて退くを易くすること粥粥として能なきが若きものあり。その容貌かくの如くなる者あり。儒に、居處は齊難、その起坐は恭敬、言は必ず誠信、行は必ず忠正、道塗にて險易の利を爭はず、冬夏に陰陽の和を爭はず、その死を愛《をし》みて以て（聘を）待つあり、その身を養ひて以て爲すあらんとするものあり。その備豫すること、かくの如くなるものあり。儒に、金玉を寶とせずして忠信以て寶と爲し、土地を祈《もと》めずして仁義以て土地と爲し、多積を求めずして多文以て富と爲し、得難くして祿し易く、祿し易くして畜《やしな》ひ難きものあり。時に非ざれば見《まみ》えず、亦得難からずや。義に非ざれば合はず、亦畜《やしな》ひ難からずや。勞を先にして祿を後にす、亦祿し易からずや。その人情に近きこと、かくの如くなるものあり。儒に、これに委ぬるに財貨を以てするも貪らず、これを淹《ひた》すに樂好を以てするも淫せず、これを劫すに衆を以てするも懼れず、これを阻むに兵を以てするも懾れず、利を見るもその義を虧かず、死を見るもその守を更へず、往者は悔いず、來者は豫《あらかじめ》せず、過言は再せず、流言は極めず、その威を斷たず、その謀を習はざるものあり。その特立すること、かくの如くなるものあり。儒に、親むべくして劫すべからず、近づくべくして迫るべからず、殺すべくして辱むべからず、その居處は過ぎず、その飲食は溽《あつ》からず、その過失は微に辯ずべくして面《まのあた》り數《せ》むべからざるものあり。その剛毅なること、かくの如くなる者あり。儒に、忠信以て甲冑と爲し、禮義以て干櫓と爲し、仁を戴きて行き、德を抱きて處り、暴政ありと雖もその所を更めざるものあり。その自立すること、かくの如くなるものあり。儒に、一畝の宮・環堵の室・蓽門・圭窬・蓬戶・甕牖（の中に居り）、衣を易へて出で、日を幷《あは》せて食ひ、上これに答ふれば敢て以て（遲）疑せずして（事へ）、上これに答へざれば敢て以て諂はざるものあり。その士たること、かくの如くなるものあり。儒に、今人と以《とも》に居りて古人と以《とも》に稽へ、今の世にこれを行ひて後の世に以て楷《のり》と爲り、若し世に逢はざれば上の受けざるところ下の推さざるところとなり、讒諂の民比黨してこれを危うすることあらば身は危うすべきもその志は奪ふべからず、危しと雖も起居猶ほ竟りまでその志を信《の》べ、乃ち百姓の病《うれへ》を忘れざるものあり。その憂思すること、かくの如くなる者あり。儒に、博く學びて窮《や》まず、篤く行ひて倦まず、幽居して淫せず、上通して困せず、禮には必ず和を以てし、優游するに法を以てし、賢を慕ひて衆を容れ、方を毀りて瓦合するものあり。その寛裕なること、かくの如くなる者あり。儒に、内より稱《あ》ぐるに親を避けず、外より擧ぐるに怨を避けず、功を程《はか》り事を積みて厚祿を求めず、賢を推し能を達してその報を望まず、君をしてその志を得しめ、民をしてその徳に賴らしめ、苟もして國家を利し、(已れは)富貴を求めざるものあり。その賢を擧げ能を援《ひ》くことかくの如くなる者あり。儒に、身を澡《きよ》くし德に浴し、言を陳べて伏し、言を靜にしてこれを正して而して上下知らず、默して翹《あ》げて又急に爲さず、深きに臨みて(已れを)高しと爲さず、少に加はりて(已れを)多と爲さず、世治まるも輕々しくせず、世亂るるも沮まず、已れに同じくとも與《くみ》せず、已れに異なるとも非《そし》らざるものあり。その特立・獨行、かくの如くなる者あり。儒に、上は天子に臣たらず、下は諸侯に事へず、愼靜にして寬を尙《たつと》び、廉隅を(三)砥厲し、强毅にして以て人に與《くみ》し、博學にして以て服を知り、以て國を分つと雖もこれを視ること錙銖の如くにして肯へて臣とし仕へざるものあり。その規爲かくの如くなる者あり。儒に、志を合せて方を同じくし、道を營みて術を同じくし、竝び立つときは則ち樂み、相下れども厭はず、久しく別るれども則ち流言を聞きて信ぜず、義同じければ而《すなは》ち進み、同じからざれば而《すなは》ち退くものあり。その交かくの如くなる者あり。それ溫良は仁の本なり、愼敬は仁の地なり、寬裕は仁の作なり、遜接は仁の能なり、禮節は仁の貌なり、言談は仁の文なり、歌樂は仁の和なり、分散は仁の施なり。儒皆なこれを兼ねてこれを有すれども、猶ほ且つ敢て仁と言はざるなり。その尊讓かくの如くなる者あり。儒に、貧賤に隕穫せず、富貴に充詘せず、君王に溷《はぢかし》められず、長上に累《わづらは》されず、有司に閔《や》ましめられざるものあり。故に儒と曰ふ。今の人の儒を名づくるや忘る。常に儒を以て相詬疾す』と。哀公既にこの言を聞くを得るや、言は信を加へ、行は敬を加へ、曰く『吾が世を終歿するまで、敢て復た儒を以て戯と爲さず』と。

(一)蜀本に從って更字を補す。
(二)砥もと底に作る。蜀本に從って改む。

問禮第六

(一)哀公、孔子に問ひて曰く『大禮は何如。子の禮を言ふこと、何ぞそれ尊ぶや』と。孔子對《こた》へて曰く『丘は鄙人なり、以て大禮を知るに足らざるなり』と。公曰く『吾子言へ』と。孔子曰く『丘これを聞く「民の生くる所以の者は禮を大と爲す。禮に非ずんば、則ち以て天地の神に事ふることを節する無し。禮に非ずんば、則ち以て君臣・上下・長幼の位を辨ずる無し。禮に非ずんば、則ち以て男女・父子・兄弟・婚姻・親族。疎數の交を別つ無し。この故に、君子はここにこれを尊敬することを爲す。然して後に、その能くする所を以て、百姓を敎へ順はしめ、その會節を廢せず。既に成事ありて、而して後に、その文章・黼黻を治め、以て尊卑・上下の等を別つ。そのこれに順ふや、而して後に、その喪祭の紀・宗廟の序を言ひ、その犧牲を品し、その豕腊を設け、その歳時を修め、以てその祭祀を敬し、その親疎を別ち、その昭穆を序づ。而して後に、宗族會醼し、その居に卽安し、以て恩義を綴《つら》ね、その宮室を卑くし、その服御を節にし、車は雕璣せず、器は彤鏤せず、食は味を二《そ》へず、心は志を淫にせず、以て萬民と利を同じくす」と。古の明王の禮を行ふや、かくの如くなりき』と。公曰く『今の君子、胡《なん》ぞこれを行ふこと莫き』と。孔子對《こた》へて曰く『今の君子は利を好んで厭くことなく、淫行して倦まず、荒怠慢遊し、固《きひ》しく民（の財）をこれ（取り）盡し、以てその心を遂げて以てその政を怨ましめ、その衆に忤ひて以て有道を伐ち、欲に當るを得んことを求めてその所を以てせず、虐殺・刑誅してその治を以てせず。それ昔の民を用ひし者は前に由り、今の民を用ふる者は後に由る。これ卽ち今の君子は能く禮を爲す莫き（所以）なり』と。

（三）言偃（一）問ひて曰く『夫子のこれ禮を極言することや、得て聞くべきか』と。孔子言く『我れ夏の〔道〕（二）を觀んと欲せり。この故に杞に之《ゆ》けり。而《しか》れども徵するに足らざりき。（然れども）吾れ夏の時を得たり。我れ殷の道を觀んと欲せり。この故に宋に之《ゆ》けり。而《しか》れども徵するに足らざりき。（然れども）我れ乾坤を得たり。乾坤の義・夏時の等、吾れこれを以てこれを觀たり。それ禮の初は飲食に始まれり。太古の時、黍を燔き、豚を擘き、汙罇して抔飲し、蕢桴して土鼓せり。（故に今）猶ほ（かくの如くして）以て敬を鬼神に致すべし。その死するに及びてや、屋に升りて號び、告げて曰く「高《ああ》。某よ。復れ」と。然して後に、腥を飲ませ、熟を苴《つと》にす。形體は則ち降り、魂氣は則ち上る。これを天に望みて地に藏すと謂ふなり。故に生者は南嚮し、死者は北首す。（これ）皆なその初（よりの習慣にして、今猶ほそれ）に從ふなり。昔の王者、未だ宮室あらず、冬は則ち營窟に居り、夏は則ち橧巣に居り、未だ火化あらず、草木の實・鳥獸の肉を食ひ、その血を飲み、その毛を茹《くら》ひ、未だ絲麻あらず、その羽皮を衣たり。後に聖の作《おこ》る有り、然して後に、火の利を修め、金を範し、土を合して、以て宮室・戸牖を作り、以て炮し以て燔し、以て烹し以て炙し、以て醴酪を爲り、その絲麻を治めて以て布帛を作り、以て生を養ひ死を送り、以て鬼神に事へたり。故に玄酒は室に在り、醴醆は戸に在り、粢醍は堂に在り、澄酒は下に在り、その犧牲を陳ね、その鼎俎を備へ、その琴・瑟・管・磬・鐘・鼓を列ね、以て上神とその先祖とを降し、以て君臣を正しうし、以て父子を篤くし、以て兄弟を睦じくし、以て上下を齊へ、夫婦に所あらしむ。これを天の祜を承くと謂ふ。その祝號を作り、玄酒以て祭り、その血毛を薦め、その俎を腥にし、その殽を熟にし、越《くわつ》席以て坐し、疏布以て冪ひ、その浣帛を衣、醴醆以て獻じ、その燔炙を薦め、君と夫人と交々獻じ、以て魂魄を嘉《たのし》ましむ。然して後に、退きて合亨し、その犬・豕・牛・羊を（解）體し、その簠・簋・籩・豆・鉶・羹を實たし、祝は孝を以て告げ、嘏は慈を以て告ぐ。これを大祥と爲す。これ禮の大成なり』と。

(一)この章もと前章に連なる。いま蜀本に従つて分ちて別章となす。
(二)蜀本に従つて道字を補す。

五儀解第七

(一) 哀公、孔子に問ひて曰く『寡人、魯國の士を論《えら》び、これと與《とも》に治を爲さんと欲す。敢て問ふ、如何にしてかこれを取らん』と。孔子對《こた》へて曰く『今の世に生れて古の道に志し、今の俗に居りて古の服を服し、これに舍《を》りて非を爲す者は、亦鮮《すくな》からずや』と。曰く『然らば則ち章甫(を冠し)、絢履(を履き)、紳帶して笏を搢《さしはさ》む者は、皆な賢人なるか』と。孔子曰く『必ずしも然らざるなり。丘の言ふ所は、これをこれ謂ふに非ざるなり。それ端衣・玄裳(を著け)、冕して軒に乘る者は、則ち志、焄を食ふに在らず。斬衰《さい》・菅菲(を著け)、杖つぎて粥を歠る者は、則ち志、酒肉に在らず。今の世に生れて古の道に志し、今の俗に居りて古の服を服するものは、謂はゆるこの類なり』と。公曰く『善いかな。これに盡くるのみか』と。孔子曰く『人に五儀あり。庸人あり、士人あり、君子あり、賢人あり、聖人あり。この五つの者を審にすれば、則ち治道畢《つ》く』と。公曰く『敢て問ふ、何如なるをかこれ、これを庸人と謂ふべき』と。孔子曰く『謂はゆる庸人なる者は、心に終を愼むの規を存せず、口に訓格の言を吐かず、賢を擇んで以てその身を託せず、行を力めて以て自《みづか》ら定めず、小を見て大に闇くして務むべき所を知らず、物に從ふこと流るるが如くにしてその執るべき所を知らず。これ則ち庸人なり』と。公曰く『何をか士人と謂ふ』と。孔子曰く『謂はゆる士人なるものは、心に定むる所あり、計に守る所あり、道術の本を盡すこと能はずと雖も必ず率ふところ有り、百善の美を備ふること能はずと雖も必ず處るところ有るなり。この故に知は多きを務めずして必ずその知る所を審にし、言は多きを務めずして必ずその謂ふ所を審にし、行は多きを務めずして必ずその由る所を審にす。知既にこれを知り、言既にこれを道《い》ひ、行既にこれに由るときは、則ち性命の形骸(に於けるが)若く(他物を以て)易ふべからざるなり。富貴も以て益するに足らず、貧賤も以て損するに足らず。これ則ち士人なり』と。公曰く『何をか君子と謂ふ』と。孔子曰く『謂はゆる君子なるものは、言必ず忠信にして心に(人を)怨《とが》めず、仁義、身に在りて色伐《ほこ》る無く、思慮通明にして辭專ならず、行に篤く道を信じ、自《みづか》ら強めて息まず。(何人も)油然として將に(彼れを)越ゆべからんとするが若くにして、(而《しか》も)終に及ぶべからざるものは、これ則ち君子なり』と。公曰く『何をか賢人と謂ふ』と。孔子曰く『謂はゆる賢人なる者は、德は閑《のり》を踰えず、行は規繩に中《あた》り、言は以て天下に法となるに足りて而《しか》も身を傷らず、道は以て百姓を化するに足りて而《しか》も本を傷らず、富みては則ち天下、宛財なく、施しては則ち天下、貧を病《うれ》へず。これ則ち賢者なり』と。公曰く『何をか聖人と謂ふ』と。孔子曰く

『謂はゆる聖なる者は、德、天地に合ひ、變通して方なく、萬事の終始を窮め、庶品の自然に協ひ、その大道を敷きて情性を遂げ成し、明は日月に竝び、化の行はるること神の若く、下民その德を知らず、覩る者その鄰《ちか》きを識らず。これを聖人と謂ふなり』と。公曰く『善いかな。子の賢にあらずんば、則ち寡人この言を聞くを得ざりしなり。然りと雖も、寡人は深宮の內に生れ、婦人の手に長じ、未だ嘗て哀《かなしみ》を知らず、未だ嘗て憂を知らず、未だ嘗て勞を知らず、未だ嘗て懼を知らず、未だ嘗て危を知らず。以て五儀の敎を行ふに足らざらんことを恐る。若何』と。孔子對《こた》へて曰く『君の言の如くんば、已《すで》にこれを知れるなり。則ち丘も亦聞する所なし』と。公曰く『吾子に非ずんば、寡人以てその心を啓くなし。吾子言へ』と。孔子曰く『君、廟に入りて右に如《ゆ》き、阼階より登り、仰ぎて榱桷を視、俯して机筵を察よ。その器皆な存すれども、その人を覩ず。君これを以て哀《かなしみ》を思はば、則ち哀《かなしみ》知るべし。昧爽に夙く興《お》きてその衣冠を正し、平旦に朝を視てその危難を慮れ。一物も理を失ふは、亂亡の端なり。君これを以て憂を思はば、則ち憂知るべし。日出でて政を聽くときより、中冥に至るまで、諸侯の子孫の往來して賓と爲りをるもの、禮を行ひて揖讓し、その威儀を愼む。君これを以て勞を思はば、則ち勞亦知るべし。緬然として長く思ひ、四門を出でて周章遠望し、亡國の墟を覩ば、必ず將に數あらん。君これを以て懼を思はば、則ち懼知るべし。それ君は舟なり、庶人は水なり。水は舟を載する所以にして、亦舟を覆す所以なり。君これを以て危を思はば、則ち危知るべし。君既にこの五つの者を明にして、又少しく意を五儀の事に留めなば、則ち政治に於て何ぞ失《あやま》つことあらん』と。

(一)君もと君子に作る。蜀本に從って子字を刪る。

(二) 哀公、孔子に問ひて曰く『人を取るの法を請ひ問ふ』と。孔子對へて曰く『(各々その能くする所の)事をもつて官に任ぜよ。捷捷たるものを取ること無かれ。鉗鉗たるものを取ること無かれ。哼哼たるものを取ること無かれ。捷捷たるものは貪るなり。鉗鉗たるものは亂すなり。哼哼たるものは誕くなり。故に弓は調して後に勁からんことを求め、馬は服して後に良からんことを求むるがごとく、士は必ず慤にして後に智能ある者を求むべし。慤ならずして多能なるものは、譬へばこれ豺狼なり、邇づくる可からず』と。

(三) 哀公、孔子に問ひて曰く『寡人、吾が國小なれば而《すなは》ち能く守り、大なれば則ち攻めんと欲す。その道如何』と。孔子對《こた》へて曰く『君の朝廷をして禮ありて上下相親ましめば、天下の百姓は皆な君の民たらん。將に誰をかこれを攻めんとする。苟くもこの道に違ふときは、民の畔くこと歸するが如くならん。皆な君の讎なり。將に誰と與《とも》にか守らんとする』と。公曰く『善いかな』と。ここに於て、山澤の禁を廢し、關市の稅を弛べ、以て百姓を惠む。

(一)違もと爲に作る。蜀本に從って改む。

(四) 哀公、孔子に問ひて曰く『吾れ聞く「君子は博せず」と。これ有りや』と。孔子曰く『これ有り』と。公曰く『何の爲めぞ』と。對《こた》へて曰く『その二乘あるが爲めなり』と。公曰く『二乘あれば則ち何が爲めに博せざる』と。子曰く『その兼ねて惡道を行ふが爲めなり』と。哀公懼る。問ありて、復た問ひて曰く『かくの若きか、君〔子〕(一)の惡道を惡《にく》むの至甚なることや』と。孔子曰く『君子の惡道を惡《にく》むこと甚しからずんば、則ち善道を好むことも亦甚しからざらん。善道を好むこと甚しからずんば、則ち百姓の上を親むこと亦甚しからざらん。詩に云く「未だ君子に見《あは》ず、憂心惙惙たり。亦既に見《あ》ひ、亦既に覯《あ》はば、我が心則ち悦ばん」と。詩のこれ道を好むの甚しきこと、かくの如し』と。公曰く『美なるかな。それ君子は人の善を成さしめて、人の惡を成さしめず。吾子の言微《なか》りせば、吾れこれを聞かざりしならん』と。

(一)蜀本に從って子字を補す。

(五) 哀公、孔子に問ひて曰く『それ國家の存亡・禍福は信に天命あり、唯に人によるのみに非ざるなり』と。孔子對《こた》へて曰く『存亡・禍福は皆な己れによるのみ。天災・地妖も加ふること能はざるなり』と。公曰く『善し、吾子の言ふこと。豈《いかん》、その事あるか』と。孔子曰く『昔、殷王帝辛の世に、雀、大鳥を城隅に生めること有り。これを占ひたるに、曰く『凡そ小を以て大を生むときは、則ち國家必ず王《さかん》となりて而して名益々昌えん』と。ここに於て、帝辛、雀の德を介《たすけ》として國政を修めず、亢暴極りなかりしかば、朝臣救ふなく、外寇乃ち至り、殷の國以て亡びたり。これ卽ち己れを以て天の時に逆ひ、福に詭《たが》ひて、反つて禍と爲せるものなり。又その先世なる殷王太戊の時、道缺け法圮れ、以て夭蘖を致し、桑・穀、朝(廷)に〔生〕(一)じ、七日にして大さ拱となれり。これを占ひたるもの曰く『桑・穀は野木にして、朝(廷)に生ず合《べ》からず。意ふに國亡びんか』と。太戊恐れ駭き、身を側て行を修め、先王の政を思ひ、民を養ふの道を明にせしかば、三年の後、遠方より義を慕ひ譯を重ねて至れる者、十有六國ありき。これ卽ち己れを以て天の時に逆ひ、禍を得て福と爲せる者なり。故に天災・地妖は人主を儆《いまし》むる所以の者なり、寤夢・徵怪は人臣を儆《いまし》むる所以の者なり。災妖は善政に勝たず、寤夢は善行に勝たず、能くこれを知る者は至治をこれ極むるなり。唯だ明王のみ、これに達す』と。公曰く『寡人鄙固ならずんば、これ亦君子の敎を聞くことを得ざりしならん』と。

(一)羣書治要本に從つて生字を補す。

(六) 哀公、孔子に問ひて曰く『智者は壽なるか。仁者は壽なるか』と。孔子對《こた》へて曰く『然り。人に三死あつて、その命に非ざるなり。己れを行ひて自《みづか》ら取るなり。それ寢處、時あらず、飮食、節あらず、逸勞、度に過ぐる者は、疾共にこれを殺す。下位に居りて上その君を干し、嗜欲厭くなくして求めて止まざる者は、刑共にこれを殺す、少を以て衆を犯し、弱を以て强を侮り、忿怒類ならず、動くに力を量らざるものは、兵共にこれを殺す。この三者の死は命に非ざるなり、人自らこれを取るなり。若しそれ智士・仁人は、身を将《おこな》ふに節あり、動静するに義を以てし、喜怒するに時を以てし、その性を害するなし。壽を得と雖も、亦宜ならずや』と。

孔子家語巻第一（終）

孔子家語卷第二

致思第八

(一) 孔子、北のかた農山に遊ぶ。子路・子貢・顏淵、側に侍す。孔子四望し、喟然として嘆じて曰く『ここに於て思を致せば、至らざる所なし。二三子各々爾《なんぢ》が志を言へ。吾れ將に擇ばんとす』と。子路進みて曰く『由願はくは、白羽、月の若く、赤羽、日の若く、鐘鼓の音、上、天に震ひ、旍旗繽紛として、下、地に蟠るものを得て、由、一隊に當りてこれに敵せんことを。必ずや地を千里に攘《しりぞ》け、旗を搴《と》り、馘を執らん。唯だ由のみこれを能くせん。二子のものをして、我れに從(者)たらしめん』と。夫子曰く『勇なるかな』と。子貢復た進みて曰く『賜願はくは、齊・楚をして漭瀁の野に合戰せしめ、兩壘相望んで塵埃相接《まじは》り、刃を挺きて兵を交ふるとき、賜、縞衣・白冠を著け、その間に陳說せんことを。利害を推論して、國の患を釋かん。唯だ賜のみこれを能くせん。かの二子の者をして、我れに從(者)たらしめん』と。夫子曰く『辯なるかな』と。顏回退きて對《こた》へず。孔子曰く『回よ來れ。汝奚《なん》ぞ獨り願ふ無きや』と。顏回對《こた》へて曰く『文武の事は、則ち二子の者既にこれを言へり。回何をか云はんや』と。『然りと雖も各々爾《なんぢ》が志を言ふなり。

小子言へ』と。對《こた》へて曰く『回聞く「薫・蕕は器を同じくして藏せず、堯・桀は國を共にして治めず」と。その類の異なるを以てなり。回願はくは、明王聖主を得て、これを輔相してその五教を敷き、(民)を導くに禮樂を以てし、民をして城郭をば修めざらしめ、溝池をば越えざらしめ、劍戟を鑄て以て農器と爲さしめ、牛馬を原藪に放たしめ、室家に離曠の思なからしめ、千歲戰鬪の患なからしめん。則ち由もその勇を施す所なく、而して賜もその辯を用ふる所なくならん』と。夫子凜然として曰く『美なるかな、德や』と。子路、手を抗げて、對《こた》へて曰く『夫子は何れをか選ぶ』と。孔子曰く『財をも傷らず、民をも害せず、辭をも繁くせざるは、則ち顏氏の子有り』と。

㈡　魯に儉嗇なる者あり。瓦鬲にて食を煮てこれを食ふ。自《みづか》らそれを美なりと謂《おも》ひて、これを土型の器に盛り、以て孔子に進む。孔子これを受け、歡然として悅び、大牢の饋を受けたるが如し。子路曰く『瓦甂は陋器なり。煮食は薄膳なり。夫子何ぞこれを喜ぶことかくの如くなるや』と。子曰く『それ諫を好む者はその君を思ひ、美を食ふ者はその親を念ふ。吾れ饌具の厚きが爲めを以てするにあらず、その厚きを食して我れこれを思ふを以てなり』と。

㈢　孔子、楚に之《ゆ》く。漁者ありて魚を獻ず。孔子受けず。漁者曰く『天暑く、市遠し。鬻る所なきなり。思慮するに、これを糞壤に棄てんよりは、これを君子に獻ぜんに如かず。故に敢て以て進む』と。ここに於て、夫子再拜してこれを受け、弟子をして地を掃はしめ、將に以て享祭せんとす。門人曰く『彼れ將にこれを棄てんとす。而《しか》るを夫子以てこれを祭るは何ぞや』と。孔子曰く『吾れこれを聞く「その腐餘を惜みて以て施を務めんと欲する者は仁人の偶なり」と。惡《いづく》んぞ仁人の饋を受けて、祭る無き者あらんや』と。

㈣ 季羔、衞の士師たり。人の足を刖る。俄にして衞に蒯聵の亂あり。季羔これを逃れて郭門に走る。刖られたる者、門を守る。季羔に謂ひて曰く『かしこに缺あり』と。季羔曰く『君子は踰えず』と。又曰く『かしこに竇あり』と。季羔曰く『君子は隧せず』と。又曰く『ここに室あり』と。季羔乃ち入る。既にして追ふ者罷む。季羔將に去らんとして、刖者に謂ひて曰く『吾れ主の法を虧くこと能はずして、親《みづか》ら子の足を刖れり。今、吾れ難に在り。これ正に子が怨を報ずるの時なり。而るに我れを逃れしむること三たびなるは、何の故ぞや』と。刖者曰く『足を斷たれしは、固より我れの罪なり。柰何ともすべきなし。曩《さき》者に君、臣を治むるに法令を以てせしとき、人を先にして臣を後にせり。臣の免れんことを欲してなり。臣知れり。獄決し罪定まり、當に刑を論ずべきに臨みて、君愀然として樂まざりき。君の顏色を見て、臣又これを知れり。君豈に臣に私せんや。天、君子を生ずるや、その道固に然るなり。これ臣の君を悅ぶ所以なり』と。孔子これを聞きて曰く『善いかな、吏たること。その法を用ふるは一なれども、仁恕を思ふときは則ち徳を樹て、嚴暴を加ふるときは則ち怨を樹つ。公以てこれを行へるは、それ子羔か』と。
㈤　孔子曰く『季孫の我れに粟千鍾を賜ひてより、交益々親しくなれり。南宮敬叔の我れを車に乗せてより、道加々《ますく》行はれたり。故に道は貴しと雖も、必ず時ありて後に重んぜられ、勢ありて後に行はる。かの二子、財を貺《たま》ふこと微《なか》つせば、則ち丘の道殆んど將に廢れんとせしならん』と。
㈥　孔子曰く『王者は春秋に似たるところあり。文王は王季を以て父と爲し、太任を以て母と爲し、太姒を以て妃と爲し、武王・周公を以て子と爲し、太顛・閎夭を以て臣と爲せり。その本美なるかな。武王はその身を正しうして以てその國を正しうし、その國を正しうして以て天下を正しうし、無道を伐ち、有罪を刑し、(その身)一たび動きて天下正しくなれり。その事成れるかな。春秋その時を致して萬物皆な及ぶがごとく、王者その道を致して萬物皆な治まる。周公、已れを載《おこな》ひて化を行ひ、天下これに順へり。その誠至れるかな』と。
㈦　曾子曰く『この國に入りて、言、群臣に信ぜらるれば、而《すなは》ち留りて可なり。行、卿大夫に忠とせらるれば、則ち仕へて可なり。澤、百姓に施さば、則ち富みて可なり』と。孔子曰く『參の言はこれ善く身を安んずと謂ふべし』と。
㈧　子路、蒲の宰と爲る。水の備の爲めに、その民と與《とも》に溝瀆を修む。民の勞して煩苦せるを以て、人ごとにこれに一簞の食と一壺の漿とを與ふ。孔子これを聞き、子貢をしてこれを止めしむ。

子路忿りて悦ばず、往きて孔子に見《まみ》えて曰く『由や暴雨の將に至らんとするを以て、水災あらんことを恐る、故に民と與《とも》に溝洫を修めて、以てこれに備へんとせり。而《しか》るに民に匱餓する者多し。ここを以て簞食・壺漿して、これに與へたり。(然るに今)、夫子、賜をしてこれを止めしむ。これ夫子、由の仁を行ふを止むるなり。夫子、仁を以て教へ、而《しか》もその行を禁ず。由受けざるなり』と。孔子曰く『汝、民を以て餓ゑたりと爲さば、何ぞ君に白して倉廩を發《ひら》き、以てこれを賑《すく》はざる。而して私に爾《なんぢ》の食を以てこれに饋る。これ汝、君の惠なきを明にして、己れの德の美を見《あらは》すなり。汝速に已むれば、則ち可なり。しからずんば、則ち汝の罪せられんこと必せり』と。

(九) 子路、孔子に問ひて曰く『管仲の人と爲りや如何』と。子曰く『仁なり』と。子路曰く『昔、管仲、襄公に說きたれども、公受けざりき。これ辯ならざるなり。公子糾を立てんと欲したれども、能はざりき。これ智ならざるなり。家、齊に於て殘はれたれども、憂ふる色なかりき。これ慈ならざるなり。桎梏せられて檻車に居たれども、慙づる心なかりき。これ醜《はぢ》なきなり。射し所の君に事へたり。これ貞ならざるなり。召忽これに死したれども、管仲は死せざりき。これ忠ならざるなり。仁人の道は固《まこと》にかくの若きか』と。孔子曰く『管仲、襄公に說き、襄公受けざりしは、公の闇きなり。子糾を立てんと欲して能はざりしは、時に遇はざりしなり。家、齊に於て殘はれて、憂ふる色なかりしは、これ權命を知りたればなり。桎梏せられて慙づる心なかりしは、

自《みづか》ら裁するこ と審なりければなり。射し所の君に事へしは、變に通じたればなり。子糾に死せざりしは、輕重を量りたればなり。それ子糾は未だ君と成りたるにあらず、管仲は未だ臣と成りたるにあらず。管仲才ありて義を度れり。管仲死せずして、束縛せられて、功名を立てたるは、未だ非《そし》るべからざるなり。召忽は死せりと雖も、仁を取るに過ぎたり。未だ多とするに足らざるなり』と。

(10) 孔子、齊に適《ゆ》く。中路にして、哭する者の聲を聞く。その音甚だ哀し。孔子その僕に謂ひて曰く『この哭、哀しきは則ち哀し、然れども喪者の哀しみにあらず』と。驅りて前《すす》ましむ。少し く進みて、異人あるを見る。鎌を擁し、索《なは》を帶にし、哭すれども哀まず。孔子、車を下り、追ひて問ひて曰く『子は何人ぞや』と。對《こた》へて曰く『吾れは丘吾子といふものなり』と。曰く『子は今喪の所にあらず。奚《なん》ぞ哭するの悲しきや』と。丘吾子曰く『吾れに三失あり。晩にして自《みづか》ら覺れり。これを悔ゆれども、何ぞ及ばん』と。曰く『三失得て聞くべきか。願はくは、子、我れに告げよ。隱すこと無かれ』と。丘吾子曰く『吾れ少《わか》かりし時、學を好みて天下を周徧せり。後、還れば、吾が親を喪ひゐたり。これ一の失なり。長じて齊の君に事へたり。君、驕奢にして士を失ひ、臣節遂げざりき。これ二の失なり。吾れ平生交を厚くせり。而《しか》るに今皆な離絕す。これ三の失なり。それ樹靜ならんと欲すれば而《すなは》ち風停《や》まず、子養はんと欲すれば而《すなは》ち親待たず。往きて來らざるものは年なり、再び見るべからざるものは親なり。請ふ、これより辭せん』と。遂に水に投じて死す。孔子曰く『小子これを識《しる》せ。これ戒と爲すに足る』と。これより弟子辭し歸りて親を養へるもの十有三。

(一) 索もと素に作る。蜀本に從つて改む。

(二) 孔子、伯魚に謂ひて曰く『鯉か。吾れ聞く「以て人と與《とも》に終日して倦まざる可きものは、それ唯だ學のみ」と。その容體は觀るに足らざるなり。その勇力は憚るに足らざるなり。その先祖は稱するに足らざるなり。その族姓は道《い》ふに足らざるなり。終に而《しか》も大名ありて、以て四方に顯れ聞え、聲《な》を後裔に流《つた》ふる者は、豈に學の效にあらずや。故に君子は以て學ばざる可からず。その容は以て飭まざる可からず。飭まざれば類なく、類なければ親を失ひ、親を失へば忠ならず、忠ならざれば禮を失ひ、禮を失へば立たず。それ遠くよりして光あるものは飭なり、近くして愈々明なるものは學なり。譬へばこれ汙池なり。水潦注ぎ、雚葦生ずれば、以てこれを觀るものありと雖も、孰《た》れかその源を知らんや』と。

(三) 子路、孔子に見《まみ》えて曰く『重きを負ひて遠きを渉るときは、地を擇ばずして休ふ。家貧しくして親老ゆるときは、祿を擇ばずして仕ふ。昔、由や二親に事へし時、常に藜藿の實を食ひ、親の爲めに米を百里の外に負へり。親歿して後、南のかた楚に遊びしとき、從車百乘、積粟萬鍾、菌を累ねて坐し、鼎を列ねて食へり。藜藿を食ひて親の爲めに米を負はんことを願ひ欲したれども、復た得べからざりしなり。枯魚、索を銜む。幾何ぞ蠹せざらんや。二親の壽、忽たること隙を過ぐるが若し』と。孔子曰く『由や親に事ふること、生けるに事ふるには力を盡し、死せるに事ふるには、思を盡す者と謂ふべきなり』と。

(三) 孔子、郯に之《ゆ》く。程子に塗に於て遭ふ。蓋を傾けて語る。終日甚だ相親む。顧みて、子路に謂ひて曰く『束帛を取りて、以て先生に贈れ』と。子路屑然として對《こた》へて曰く『由これを聞く「士、中間あらずして見《まみ》え、女、嫁するに媒なきときは、君子は以て禮を交へざるなり」と。間ありて、又顧みて子路に謂ふ。子路又對《こた》ふること初の如し。孔子曰く『由よ。詩に云はずや。「美なる一人あり。淸揚、宛たり。邂逅に相遇ひ、我が願に適へり」と。今、程子は天下の賢士なり。ここに於て贈らずんば、則ち身を終ふるまで見《まみ》ゆる能はざらん。小子これを行《な》せ』と。

(四) 孔子、衞より魯に反《かへ》るとき、駕を河梁に息へて觀る。懸水の三十仞なるもの、圜流の九十里なるものあり。魚・鼈も道《ゆ》くこと能はず。黿・鼉も居ること能はず。(然るに)一の丈夫ありて、まさにこれを厲《わた》らんとす。孔子、人をして涯に竝ひて(走り行き)これを止めしめて曰く『この懸水は三十仞、圜流は九十里、魚・鼈・黿・鼉も居ること能はざるなり。意ふに、濟るべきこと難からん』と。丈夫以て意を措かず。遂に渡りて出づ。孔子これに問ひて曰く『子よ道術あるか。

能く入りて而して(能く)出づる所以のものは何ぞや』と。丈夫對《こた》へて曰く『始め吾れの入るや、先づ忠信を以てす。吾れの出づるに及びてや、又從ふに忠信を以てす。忠信もて吾が軀を波流に措きて、吾れ敢て私を用ひず。(これ)能く入りて復た出づる所以なり』と。孔子、弟子に謂ひて曰く『二三子これを識《しる》せ。水すら且つ猶ほ忠信を以て身を成せばこれに親む可し。而《しか》るを況んや人に於てをや』と。

(一)道もと導に作る。蜀本に從って改む。

(一五)孔子將に行かんとす。雨ふりて蓋なし。門人曰く『商やこれを有す』と。孔子曰く『商の人と爲りや、甚だ財を悋《をし》む。吾れ聞く「人と交るには、その長ぜるものを推して、その短なるものを違《す》つ。故に能く久しきなり」と』。

(一六)楚王、江を渡る。江中に物あり。大なること斗の如し。圓くして赤し。直ちに王の舟に觸る。舟人これを取る。王大にこれを怪み、遍く群臣に問ひたれども、これを能く識るものなし。王、使をして魯に聘し、孔子に問はしむ。子曰く『これ謂はゆる萍實といふものなり。剖きてこれを食ふべし。吉祥なり。唯だ霸者のみ能く獲ることを爲す』と。使者返る。王遂にこれを食す。大に美なり。これを久しくして、使來りて以て魯の大夫に告ぐ。大夫、子游に因りて問ひて曰く『夫子、何を以てか、その然るを知れるや』と。曰く『吾れ昔、鄭に之《ゆ》きしとき、陳の野を過ぎて童謡を聞けり。曰く「楚王、江を渡るとき、萍の實を得ん。大さ斗の如く、赤きこと日の如く、剖きてこれを食へば甜《あま》きこと蜜の如くならん」と。これはこれ楚王の應なり。吾れこれを以てこれを知れり』と。

(一七) 子貢、孔子に問ひて曰く『死者は知るあるか、將た知るなきか』と。子曰く『吾れ死はこれ知るありと言はんと欲せば、將に孝子・順孫、生を妨げて以て死を送らんことを恐る。吾れ死はこれ知るなしと言はんと欲せば、將に不孝の子その親を棄てて葬らざらんことを恐る。賜よ。死者の知ることあるか、知ること無きかを知らんと欲せざれ。今の急にあらず。後自《おのづか》らこれを知らん』と。

(一八) 子貢、民を治むる(の道)を孔子に問ふ。子曰く『懍懍焉たること、腐ちたる索を(一)以て(二)扞馬を(三)御するが若くすべし』と。子貢曰く『何ぞそれ畏るるや』と。孔子曰く『それ通達の屬は皆な人なり。道を以てこれを導けば、則ち吾が畜《きう》なり。道を以てこれを導かざれば、則ち吾が讎なり。これを如何ぞそれ畏るる無からんや』と。

(一)以もと持に作る。羣書治要本に從って改む
(二)扞は捍に同じ。馯の譌か。
(三)御もと之に作る。羣書治要本に從って改む。

（一九）魯國の法によれば、諸侯（の國）に于て（魯）人にして臣妾となりをるものを贖ひたるものには、皆金を（官）府より取らす（こととなりをれり）。子貢これを贖ひたれども、辭して金を取らず。孔子これを聞きて曰く『賜はこれを失《あやま》れり。それ聖人の事を擧ぐるや、以て風を移し俗を易ふべくし、敎へ導きて以てこれを百姓に施すべくす。獨り身の行に適ふるのみにあらざるなり。今、魯國には、富めるもの寡くして貧しきもの衆し。人を贖ひて金を受くるを則ち不廉と爲さば、則ち何を以てか相贖はんや。今より以後、魯人は復た人を諸侯（の國）に於て贖はざらん』と。

（二〇）子路、蒲を治む。孔子に請ひ見《まみ》えて曰く『由願はくは敎を夫子に受けん』と。子曰く『蒲はそれ何如』と。對《こた》へて曰く『邑に壯士多く、又治め難し』と。子曰く『然り。吾れ爾《なんぢ》に語げん。恭にして敬あらば以て勇を攝れしむべく、寛にして正しからば以て强を懷《なつ》くべく、愛して恕ならば以て困を容るべく、溫にして斷ぜば以て姦を抑ふべし。かくの如くにしてこれを加《をさ》めなば、則ち正さんこと難からず』と。

三恕第九

（一）孔子曰く『君子に三恕あり。君ありて（己れこれに）事ふること能はざるに、臣ありてその（己れに）使はれんことを求むるは、恕にあらざるなり。親ありて（己れこれに）孝なること能はざるに、子ありてその（已れに）報ぜんことを求むるは、恕にあらざるなり。兄ありて（已れこれを）敬することを能はざるに、弟ありてその（已れに）順はんことを求むるは、恕にあらざるなり。士能く三恕の本を明にせば、則ち身を端しくすと謂ふべし』と。

㈡ 孔子曰く『君子に三思あり。察せざるべからざるなり。少《わか》くして學ばざれば、長じて能《のう》なきなり。老いて教へざれば、死してこれを思ふもの莫きなり。有して施さざれば、窮するもこれを救ふもの莫きなり。故に君子は、少《わか》きときはその長ぜんときを思ひて則ち學を務め、老いてはその死せんときを思ひて則ち教を務め、有してはその窮せんときを思ひて則ち施を務む』と。

㈢ 伯常騫、孔子に問ひて曰く『騫は固《まこと》に周國の賤吏なり、自《みづか》ら不肖を以てせず、將に北面して以て君子に事へんとす。敢て問ふ。正道は宜しく行ふべきなれども、世に容れられず。隱道は宜しく行ふべきなれども、然も亦忍びず。今、身も亦窮せずに、道も亦隱れざらんことを欲す。これを爲すに道ありや』と。孔子曰く『善いかな、子の問や。丘の聞きしところによれば、未だ吾子の問ふ所の若く、辯にして且つ說《ぜい》なるはあらざるなり。丘嘗て君子、道を言ふを聞けり「聽く者、察《あきらか》なる無くんば則ち道入らず、奇偉なることをば稽へ（能は）ずんば則ち道信ぜられず」と。又嘗て君子、事を言ふを聞けり「制に度量なければ、則ち事成らず。その政、曉察なれば、則ち民保《やすん》ぜず」と。又嘗て君子、志を言ふを聞けり「剛折なる者は終へず。徑易なる者は則ち數々《しばしば》傷る。浩倨なる者は則ち親まれず。利に就く者は則ち弊れざるなし」と。又嘗て世を養ふの君子を聞けり「輕きに從ふに、先と爲るなし。重きに從ふに、後と爲るなし。像《のり》を見《しめ》すのみにして、强ふるなし。道を陳ぶるのみにして、(世に)怫《たが》ふなし」と。この四者は丘の聞ける所なり』と。

㈣ 孔子、魯の桓公の廟を觀る。欹器あり。夫子、廟を守る者に問ひて曰く『これを何の器と謂ふ』と。對《こた》へて曰く『これを蓋し宥坐の器と爲す』と。孔子曰く『吾れ聞く「宥坐の器は、虚しきときは則ち欹き、中なるときは則ち正しく、滿つるときは則ち覆る。明君以て至誠と爲し、故に常にこれを坐の側に置けり」と』。顧みて弟子に謂ひて曰く『試みに水を注げ』と。乃ちこれに水を注ぐに、中なれば則ち正しく、滿れば則ち覆る。夫子喟然として歎じて曰く『嗚呼それ物惡《いづく》んぞ滿ちて覆らざるものあらんや』と。子路進みて曰く『敢て問ふ、滿を持するに道ありや』と。子曰く『聰明・睿智なれば、これを守るに愚を以てす。功、天下を被へば、これを守るに讓を以てす。勇力、世に振へば、これを守るに怯を以てす。富、四海を有てば、これを守るに謙を以てす。これ所謂これを損して又これを損するの道なり』と。

㈤ 孔子、東流の水を觀る。子貢問ひて曰く『君子見ゆる所に大水あれば必ずこれを觀るは何ぞや』と。孔子曰く『その息まず、且つ偏く諸の生を與へて、而《しか》も爲したりとせざるを以てなり。それ水は德に似たり。その流るるや、則ち卑下し倨拘(一)して、必ずその理に循(二)ふ。〔これ〕(三)義に似たり。浩浩乎として屈し盡くるの期なし。これ道に似たり。洸行して百仞の谿に赴くとも懼れず。これ勇に似たり。量《あな》に至れば必ずこれを平にす。これ法に似たり。盛《も》りて槩《とかき》を求めず。これ正に似たり。綽約として微に達す。これ察に似たり。源を發して必ず東す。これ志に似たり。以て出で以て入り、萬物就きて以て化絜す。これ善化に似たり。水の德かくの若きものあり。この故に、君子見るときは、必ずこれを觀る』と。

(一)拘もと邑に作る。蜀本に從つて改む。
(二)循もと修に作る。同上に從つて改む。
(三)同上に從つて此字を補す。

(六) 子貢、魯廟の北堂を觀る。出でて、孔子に問ひて曰く『向《さき》に賜、太廟の堂を觀、未だ旣《つく》さずして輟め、還りて(復)瞻る。北蓋みな斷てり。彼れ將た說あるか、匠これを過《あやま》てるか』と。孔子曰く『太廟の堂は、(一)官、良工の匠を致し、匠、良材を致し、その(二)工巧を盡す。蓋は貴きこと久し。尚《かなら》ず說あらん』と。

(一)官もと宮に作る。蜀本に從つて改む。
(二)工もと功に作る。同上に從つて改む。

(七) 孔子曰く『吾れ(一)恥とする所あり、鄙しとする所あり、殆《あやふ》しとする所あり。それ幼にして學を強むる能はず、老いて以て教ふるなきは、吾れこれを恥とす。その鄕を去つて君に事へて達し、卒《にはか》に故人に遇ひて曾て舊言なきは、吾れこれを鄙しとす。小人と處《を》りて、賢を親む能はざるは、吾れこれを殆《あやふ》しとす』と。

（一）恥もと齒に作る。蜀本に從つて改む。

（八）子路、孔子に見ゆ。孔子曰く『智者は若何。仁者は若何』と。子路對《こた》へて曰く『智者は人をして己れを知らしめ、仁者は人をして己れを愛せしむ』と。子曰く『士と謂ふべし』と。子路出で、子貢入る。問ふこと亦かくの如し。子貢對《こた》へて曰く『智者は人を知り、仁者は人を愛す』と。子曰く『士と謂ふべし』と。子貢出て、顏回入る。問ふこと亦かくの如し。對《こた》へて曰く『智者は自《みづか》ら知り、仁者は自《みづか》ら愛す』と。子曰く『士君子と謂ふべし』と。

（九）子貢、孔子に問ひて曰く『子、父の命に從ふは孝か。臣、君の命に從ふは貞か。奚《なに》をか疑はん』と。孔子曰く『鄙なるかな、賜や。汝識らざるなり。むかし、明王萬乘の國に爭臣七人あるときは則ち過擧なく、千乘の國に爭臣五人あるときは則ち社稷危からず、百乘の家に爭臣三人あるときは則ち祿位替《すた》れず、父に爭子あるときは無禮に陷らず、士に爭友あるときは不義を行はざりき。故に子、父の命に從ふは、奚詎《なん》ぞ孝と爲さん。臣、君の命に從ふは、奚詎《なん》ぞ貞と爲さん。それ能くその從ふ所を審にすることを、これ孝と謂ひ、これ貞と謂ふ』と。

(一〇) 子路、盛服して、孔子に見《まみ》ゆ。子曰く『由よ。かく倨倨たるは何ぞや。それ江は始め岷山より出づ。その源は以て觴《さかづき》を濫《うか》ぶべきのみ。(然れども)その江津に至るに及んでや、舟を舫《なら》べず風を避けざれば、則ち以て渉るべからず。(これ)唯だ下流の水の多き(がため)にあらずや。今、爾が衣服既に盛に、顔色充盈せり。天下且《は》た孰《た》れか肯て非を以て汝に告げんや』と。子路趨りて出で、服を改めて入る。蓋し自若たり。子曰く『由よ。これを志《しる》せ。吾れ汝に告げん。言に奮ふ者は華《はなやか》なり。行に奮ふ者は伐《ほこ》る。それ智を色に(あらは)して能を有《ほこり》とする者は小人なり。故に君子はこれを知るを知ると曰ふ。(これ)言の要なり。能はざるを能はずと曰ふ。(これ)行の至なり。言、要なれば、則ち智なり。行、至れば、則ち仁なり。既に仁にして且つ智ならば、悪《いづく》んぞ足らざらんや』と。

(一一) 子路、孔子に問ひて曰く『ここに人あり。褐を被(一)て玉を懐かば何如』と。子曰く『國に道なきときは、これを隱すも可なり。國に道あるときは、則ち袞冕して玉を執るべきなり』と。

(一) 被もと拔に作る。和刻本に従って改む。

好生第十

(一) 魯の哀公、孔子に問ひて曰く『昔、舜は何の冠を冠りしか』と。孔子對《こた》へず。公曰く『寡人、子に問ふあり。而《しか》るに子の言ふなきは何ぞや』と。對《こた》へて曰く『君の問はその大なるものを先にせざるを以ての故に、方《まさ》に對《こたへ》を爲す所以を思ふなり』と。公曰く『その大なるものとは何ぞや』と。孔子曰く『舜の君たるや、その政は生を好んで殺を惡《にく》み、その任は賢に授けて不肖を替て、德は天地の若くにして靜虛に、化は四時の若くにして物を變ぜり。ここを以て、四海、風を承け、異類に暢び、鳳翔り麟至り、鳥獸、德に馴《したが》へり。(これ)他なし、(舜は)生を好みしが故なり。君この道を舍《お》きて、冠冕をこれ問へり。ここを以て緩《おそ》く對《こた》へたり』と。

(二) 孔子、史を讀みて、楚、陳を復するところに至る。喟然として歎じて曰く『賢なるかな、楚王。千乘の國を輕んじて、一言の信を重んぜり。申叔の信にあらずんば、その義を達する能はざりき。莊王の賢にあらずんば、その訓を受くる能はざりき』と。

(三) 孔子常《かつ》て自《みづか》ら筮す。その卦、賁を得たり。愀然として不平の狀あり。子張進みて曰く『師、卜者に聞けり「賁の卦を得るは吉なり」と。而《しか》るに夫子の色に不平あるは何ぞや』と。孔子對《こた》へて曰く『その離なるを以てか。周易に在りては、山の下に火あるを、これを賁と謂ふ。正色の卦に非ざるなり。それ質は黑も白も宜しく正なるべし。今、賁を得たるは、吾が兆にあらざるなり。吾れ聞く「丹漆は文《かざ》らず、白玉は彫らず」と。何ぞや。質、餘ありて、飾を受けざるが故なり』と。

(四)（一）孔子曰く『吾れ甘棠に於て宗廟の敬の甚だしきを見る。その人を思ふときは、必ずその樹を愛す。その人を尊ぶときは、必ずその位を敬す。道なり』と。

（一）この章もと前章に連なる。いま和刻本に從つて分ちて別章と爲す。

(五) 子路、戎服して孔子に見《まみ》ゆ。劍を拔きて舞ひて曰く『古の君子は劍を以て自《みづか》ら衞れるか』と。孔子曰く『古の君子は忠以て質と爲し、仁以て衞と爲し、環堵の室を出でずして千里の外を知り、不善あるときは則ち忠を以てこれを化し、侵暴あるときは則ち仁を以てこれを固《かた》うせり。何ぞ劍を持せんや』と。子路曰く『由乃ち今この言を聞けり。請ふ、齊《もすそ》を攝《をさ》めて以て敎を受けん』と。

(六) 楚王出遊して弓を亡ふ。左右これを求めんことを請ふ。王曰く『止めよ。楚王、弓を失ひて、楚人これを得ん。又何ぞこれを求めん』と。孔子、これを聞きて、『惜しいかな、その大ならざるや。人、弓を遺《おと》して、人これを得んのみと曰はざるや。何ぞ必ずしも楚といはんや』と。

(七) 孔子、魯の司寇と爲り、獄訟を斷ずるとき、衆《もろもろ》の議者を皆進めて、これに問ひて曰く『子は以て奚若と爲す。某は以て何若と爲す』と。皆曰く『云云』と。かくの如くにして、然る後に、夫子曰く『當に某子の是《ぜ》に幾《ちか》きに從ふべし』と。

(八) 孔子、漆雕憑に問ひて曰く『子は臧文仲と武仲と孺子容とに事へたり。この三大夫は孰《た》れか賢《まさ》れる』と。對《こた》へて曰く『臧氏の家に守龜あり。名づけて蔡と曰ふ。文仲は三年にて一兆を爲し、武仲は三年にて二兆を爲し、孺子容は三年にて三兆を爲せり。憑これに從《よ》りてこれを見るのみ。若し三人の賢と不賢とを問はば、未だ敢て識らざる所なり』と。孔子曰く『君子なるかな、漆雕氏の子。その人の美を言ふや隱にして顯なり、人の過を言ふや微にして著なり。智ありながら及ぶ能はざるが而《ごと》くし、明ありながら見る能はざるが而《ごと》くす。孰《た》れか克くかくの如くならんや』と。

(九) 魯の公索氏、將に祭らんとして、その牲を亡《うしな》ふ。孔子これを聞きて曰く『公索氏は二年に及ばずして將に亡びんとす』と。後一年にして亡ぶ。門人問ひて曰く『昔、公索氏その祭の牲を亡へり。而して夫子曰く「二年に及ばずして必ず亡びん」と。今、朞を過ぎて亡びたり。夫子何を以てその然るを知りしか』と。孔子曰く『それ祭は孝子の自《みづか》らその親に盡す所以なり。將に祭らんとしてその牲を亡はば、則ちその餘の亡ふ所のものも多からん。かくの若くにして亡びざる者は未だこれ有らざるなり』と。

(10) 虞・芮の二國、田を爭ひて訟ふ。連年決せず。乃ち相謂ひて曰く『西伯は仁なり。盍ぞ往きてこれに質さざる』と。その境に入れば、則ち耕す者は畔を讓り、行く者は路を讓る。その朝に入れば、士は大夫と爲ることを讓り、大夫は卿と爲ることを讓る。虞・芮の君曰く『嘻、吾が儕《ともがら》は小人なり。以て君子の朝に入るべからず』と。遂に自《みづか》ら相與《とも》に退き、爭ふ所の田を以て咸《ことごと》く間田と爲す。孔子曰く『これを以てこれを觀れば、文王の道はそれ加ふ可からず。令せずして從はれ、教へずして聽かる。至れるかな』と。

（一）爲もと于に作る。説苑君道篇に依つて改む。

（二）曾子曰く『狎るること甚だしきときは、則ち相簡《あなど》る。莊《おごそか》なること甚だしきときは、則ち親まず。この故に、君子の狎るるは歡を交ふるを以て足れりとし、その莊《おごそか》なることは禮を成すを以て足れりとす』と。孔子この言を聞くや、曰く『二三子これを志《しる》せ。孰《た》れか「參や禮を知らず」と謂ふか』と。

（三）哀公問ひて曰く『紳委・章甫は仁に益あるか』と。孔子、色を作《な》して、對《こた》へて曰く『君胡《なん》ぞ然るや。衰《さい》麻・苴杖せる者は、志、樂《がく》に存せず。（これ）耳の聞えざるにあらず、服の然らしむるなり。黼黻・袞冕せる者は、容、褻慢ならず。（これ）性の矜莊なるにあらず、服の然らしむるなり。介冑して戈を執る者は退懦の氣なし。（これ）體の純ら猛なるにあらず、服の然らしむるなり。且つ臣これを聞く「肆を好むものは折を守らず。而して長者は市を爲さず」と。かのそれ益有ると益無きとを竊《み》るは、君子の知る所以なり』と。

（四）（一）孔子、子路に謂ひて曰く『長者を見てその辭を盡さずんば、風雨ありと雖も、吾れその門に入る能はず。故に君子はその能くする所を以て人を敬し、小人はこれに反す』と。

（一）この章もと前章に連なる。いま蜀本に從つて分ちて別章となす。

(四)孔子、子路に謂ひて曰く『君子は心を以て耳目を導き、義を立てて以て勇と爲す。小人は耳目を以て心を導き、不遜以て勇と爲す。故に曰く「(人)これ(已れ)を退くるとも怨みず、(人)これ(已れ)に先んずるときはここに從ふべきのみ」と』。

(五)孔子曰く『君子に三患あり。未だこれを聞かざれば、聞くを得ざらんことを患ふ。既にこれを聞くを得ば、學ぶを得ざらんことを患ふ。既にこれを學ぶを得ば、行ふ能はざらんことを患ふ。その德ありてその言なきは、君子これを恥づ。その言ありてその行なきは、君子これを恥づ。既にこれを得て又これを失ふは、君子これを恥づ。地の餘ありて民の足らざるは、君子これを恥づ。衆寡均しくして而《しか》も人の功の已れに倍するは、君子これを恥づ』と。

(六)魯人に、獨り室に處る者あり。鄰の釐婦亦獨り一室に處る。夜暴《にはか》に風雨至る。釐婦の室壞る。趨りてこれに託す。魯人、戸を閉ぢて、納れず。釐婦、牖よりこれと言《ものい》ふ。「何ぞ不仁にして、我れを納れざるや」と。魯人曰く『吾れ聞く「男女は六十ならざれば同じく居るべからず」と。今、子は幼にして、吾れも亦幼なり。ここを以て爾《なんぢ》を納るることを敢てせざるなり』と。婦人曰く『子は何ぞ柳下惠の如く然せざる。(柳下惠は)不逮門の女を嫗《おほ》ひたれども、國人その亂を稱せざりき』と。魯人曰く『柳下惠は則ち可なり。吾れは固《まこと》に不可なり。吾れ將に吾が不可を以て柳下惠の可を學ばんとす』と。孔子これを聞きて曰く『善いかな。柳下惠を學ばんと欲する者にして、未だこれよりも似たる者あらず。至善を期して、その爲《しわざ》に襲《よ》らず。智と謂ふ可きかな』と。

(一七) 孔子曰く『小辯は義を害し、小言は道を破る。關雎は鳥に興《きよう》して、而して君子これを美とす。その雎雄の別あるに取るなり。鹿鳴は獸に興《きよう》して、而して君子これを大とす。その食を得て相呼ぶに取るなり。若し鳥獸の名を以てこれを嫌はば、固《まこと》に行はるべからざるなり』と。

(一八) 孔子、子路に謂ひて曰く『君子にして强氣なれば、而《すなは》ちその死を得ず。小人にして强氣なれば、則ち刑戮荐《しきり》に臻《いた》る。豳の詩に曰く「天の未だ陰雨せざる殆《あひだ》に、彼の桑土を徹《と》りて、牖戸を綢繆す。今汝下民敢て余を侮るもの或《あ》らんや」と』。孔子曰く『能く國家を治むることかくの如くならば、これを侮らんと欲すと雖も、豈に得べけんや。周は后稷より(以來)、行を積み功を累ねて以て爵土を有《たも》ち、公劉これに重ぬるに仁を以てし、大王亶甫に至るに及びて敦く德を以て讓れり。その根を樹《た》て本を置き、備へ豫めすること遠し。初め大王、豳に都せり。翟人これを侵せり。これに事ふるに皮幣を以てしたれども、免るることを得ざりき。これに事ふるに珠玉を以てしたれども、免るることを得ざりき。ここに於て耆老を屬《あつ》めて、これに告ぐるらく「欲する所は吾が土地なり。吾れこれを聞く、君子は養ふ所を以て人を害せずと。二三子何ぞ君なきを患へんや」と。遂に獨り大姜と與《とも》にこれを去り、梁山を踰え、岐山の下に邑せり。豳人の曰く「仁人の君なり、失ふ可からざるなり」と。これに從ふこと市に歸するが如くなりき。天の周に與《くみ》し、民の殷を去るや久し。かくの若くにして天下を能くせざることは、未だこれ有らざるなり。武庚悪《いづく》んぞ能く侮らんや。鄁の詩に曰く「轡を執ること組の如く、兩驂儛ふが如し」と』。孔子曰く『この詩を爲《つく》れる者は、それ政を知れるか。それ組を爲《つく》る者は紕を此《ここ》に總《す》べて文を彼《かしこ》に成す。それ近きに動きて遠きに行はるるを言へるなり。この法を執りて以て民を御せば、豈に化せざらんや。竿旄の忠告は至れるかな』と。

孔子家語巻第二（終）

孔子家語巻第三

觀周第十一

(一)　孔子、南宮敬叔に謂ひて曰く『吾れ聞く「老聃は古に博く、今を知り、禮樂の原に通じ、道德の歸を明にす」と。則ち吾が師なり。今將に往かんとす』と。對《こた》へて曰く『謹みて命を受く』と。遂に魯の君に言ひて曰く『臣は先臣の命を受けたり。云く「孔子は聖人の後なり。（その先は）宋に於て滅べり。その祖弗父何始め國を有《たも》ちたりしが、厲公に授けたり。正考父に及びて戴・武・宣を佐けたり。三命せられて、玆益《ますます》恭しくせり。故にその鼎の銘に曰く『一命せられて僂す。再命せられて傴す。三命せられて俯す。牆に循ひて走る。亦余を敢て侮るもの莫からん。ここに饘し、ここに粥し、以てその口を餬せん』と。その恭儉なることかくの若くなりき。臧孫紇言へるあり。『聖人の後、若し世に當らざれば、則ち必ず明德(二)にして達する者あらん』と。孔子は少《わか》くして禮を好む。それ將に在らんとす」と。臣に屬して曰く「必ずこれを師とせよ」と。今、孔子將に周に適《ゆ》きて先王の遺制を觀、禮樂の極る所を考へんとす。これ大業なり。君盍ぞ乘を以てこれに資せざる。臣請ふ、與《とも》に往かん』と。公曰く『諾』と。孔子に車一乘・馬二疋を與へ、その侍御を堅くす。敬叔與《とも》に倶《とも》に周に至る。禮を老聃に問ひ、樂《がく》を萇弘に訪ひ、郊社の所を歴、明堂の則を考へ、廟朝の度を察す。ここに於て喟然として曰く『吾れ乃ち今にして、周公の聖と周の王たる所以とを知れり』と。周を去るに及び、老子これを送りて曰く『吾れ聞く「富貴なる者は人を送るに財を以てし、仁者は人を送るに言を以てす」と。吾れ富貴なる能はずと雖も、而《しか》も仁者の號を竊んで、請ふ、子を送るに言を以てせんか。凡そ當今の士、聰明深察にして死に近づく者は好みて人を譏議する者なり、博辯閎達にしてその身を危くするは好みて人の惡を發《あば》く者なり。以て己れを有《ほしいまま》にすること無かれ、人の子たる者。以て己れを惡しくすること無かれ、人の臣たる者』と。孔子曰く『敬《つつし》みて敎を奉ず』と。周より魯に反りて、道彌々尊《たか》し。遠方より弟子の進むもの蓋し三千。

(一)德もと君に作る。蜀本に從って改む。

㈢ 孔子、明堂を觀る。四門の墉を覩るに、堯・舜の容、桀・紂の象ありて、而して各々善惡の狀、興廢の誡あり。又周公、成王を相《たす》け、これを抱きて斧扆を負ひ、南面して以て諸侯を朝せしむるの圖あり。孔子、徘徊してこれを望み、從者に謂ひて曰く『これ周の盛なる所以なり。それ明鏡は形を察《あきらか》にする所以にして、往古は今を知る所以なり。人主、迹をその安存する所以に襲《よ》るを務めずして、危亡する所以に忽怠す。これ猶は未だ以て却走して前人に及ばんことを求めんと欲するに異なることあらざるなり。豈に惑はずや』と。

㈢　孔子、周を觀、遂に太祖后稷の廟に入る。廟堂の右の階の前に金人あり。その口を三緘して、而してその背に銘して曰く『古の言を愼める人なり。これを戒めよ。言を多くする無かれ。言を多くすれば敗多し。事を多くする無かれ。事を多くすれば患多し。安樂には必ず戒めよ。(二)悔いたる所を行ふこと無かれ。謂ふ勿れ、何の傷かあらんと。その禍將に長ぜんとす。謂ふ勿れ、何の害かあらんと。その禍將に大ならんとす。謂ふ勿れ、(誰も)聞かずと。神將に人を伺はんとす。焰焰のときに滅せざれば、炎炎を若何せん。涓涓のときに壅がざれば、終に江河と爲る。綿綿のときに絶たざれば、網羅を成すこと或《あ》り。毫末のときに札《ぬ》かざれば、將に斧柯を尋《もち》ふ(るに至ら)んとす。誠に能くこれを愼むは、福の根なり。口これ何をか傷はん、といふは、禍の門なり。强梁なる者はその死を得ず。勝つことを好む者は必ずその敵に遇ふ。盜は主人を憎み、民はその上を怨む。君子は天下には上るべからざるを知るが故にこれに下り、衆人には先だつべからざるを知るが故にこれに後る。溫恭にして德を愼めば、人をしてこれを慕はしむ。雌を執りて下を持すれば、人これを踰ゆる莫し。人は皆な彼《かしこ》に趨くとき我れは獨り此《ここ》を守り、人は皆なこれに或《まど》ふとき我れは獨り從《うつ》らず、内に我が智を藏めて人に技を示さざれば、我れ尊高なりと雖も、人は我れを害せず。誰れか能くここに於てする。江海は左すと雖も、百川に長たるは、その卑きを以てなり。天道は親無くして能く人に下る。これを戒めよや』と。孔子既にこの文を讀むや、顧みて弟子に謂ひて曰く『小子これを識《しる》せ。この言は實にして中《あた》り、情《まこと》にして信なり。詩に曰く「戰戰兢兢として、深淵に臨むが如く、薄氷を履むが如くす」と。身を行ふことかくの如くんば、豈に口の過を以て患へんや』と。

(一)無行所悔もと無所行悔に作る。羣書治要本に從って改む。

㈣ 孔子、老聃に見《まみ》えて問ひて曰く『甚だしきかな、道の今に於て行ひ難きことや。吾れ比《このごろ》道を執る。而して今、質を委して以て當世の君に求む。而《しか》れども受けざるなり。道の今に於て行ひ難きことや』と。老子曰く『それ說く者は辯に流れ、聽く者は辭に亂る。この二つの者を知るときは、則ち道以て忘るべからざるなり』と。

弟子行第十二

㈠ 衞の將軍文子、子貢に問ひて曰く『吾れ聞く「孔子の敎を施すや、これに先んずるに詩書を以てし、これを道《みちび》くに孝悌を以てし、これに說くに仁義を以てし、これに觀《しめ》すに禮樂を以てし、然して後にこれを成すに文德を以てす。蓋し室に入り堂に升れる者、七十有餘人」と。それ孰《た》れをか賢と爲す』と。子貢對《こた》ふるに知らざるを以てす。文子曰く『吾子常に賢者と與《とも》に學ぶを以てして知らずとは何の謂ぞや』と。子貢對《こた》へて曰く『人を賢《は》むるは妄りにすべからず。賢を知ることは卽ち難し。故に君子の言に曰く「智は人を知るより難きは莫し」と。ここを以て對《こた》ふるを難《はばか》るなり』と。文子曰く『若しそれ賢を知らんとせば、難《かた》からざるなからん。(然れども)今、吾子は親み遊ぶ。ここを以て敢て問ふなり』と。子貢曰く『夫子の門人は蓋し三千あり。これに就いて、賜の逮び及べるあり、未だ逮び及ばざるあり。故に偏く知りて以て告ぐることを得ざるなり』と。文子曰く『吾子の及ぶ所の者(につきて)、請ふその行を問はん』と。子貢對《こた》へて曰く『それ能く夙に興き夜に寐ね、諷誦して禮を崇び、行ひて過を貳びせず、稱《あ》げ言ふこと苟しくもせざるは、これ顔回の行なり。孔子これを説くに、詩を以てして曰く「『茲の一人に媚《いつくし》まれ、應《あた》りて侯《こ》れ德を愼む。永く言《ここ》に孝を思ひ、孝を思ひて惟れ則《のっと》る』」と。若し有德の君に逢はば、世々顯命を受け、厥《そ》の名を失はず。以て天子に御すれば、則ち王者の相なり」と。貧に在ること客の如く、その臣を使ふこと借りたるが如く、怒を遷さず、怨を深くせず、舊罪を錄せざるは、これ冉雍の行也。孔子その材を論じて曰く「有土の君となり、衆の使ふべき有り、刑の用ふべき有らば、然して後に、怒を稱《あ》げん」と。孔子これを告ぐるに詩を以てして曰く「『初有らざるは靡《な》し。克く終有るは鮮《すくな》し』」と。疋夫は怒るべからず。唯以てその身を亡ぼすのみ」と。强禦を畏れず、矜寡を侮らず、その言は性に循ひ、その都は以て富み、材は戎を治むるに任ふるは、これ仲由の行なり。

孔子これを和するに文を以てし、これを說くに詩を以てして曰く「『小共・大共を受けて、下國の駿龐と爲りて、天子の寵《いつくしみ》を荷ふ。戁《おそ》れず悚れず、その勇を敷奏す』と。强乎として武なるかな。（然れども）文その質に勝たず」と。老に恭しく、幼を卹み、賓旅を忘れず、學を好み、藝に博く、物を省みて勤むるは、これ冉求の行なり。孔子これに因みて語《つ》げて曰く『學を好むは則ち智なり、孤を卹むは則ち惠なり、恭なるは則ち禮に近く、勤むるは則ち繼ぐことあり。堯・舜は篤恭にして以て天下に王たり」と。そのこれを稱するや、曰く「宜しく國老と爲すべし」と。齊莊にして能く肅み、志通じて禮を好み、兩君の事を儐相して、篤雅にして節あるは、これ公西赤の行なり。子曰く「禮經三百は勉むれば能くすべし。威儀三千は則ち難し」と。公西赤問ひて曰く「何の謂ぞや」と。子曰く「貌以て禮を儐《たす》け、禮以て辭を儐《たす》くることは、これを難しと爲す」と。衆人これを聞き、以て成れりと爲せり。孔子、人に語《つ》げて曰く「賓客の事に當りては、（赤は）則ち達せり」と。門人に謂ひて曰く「二三子の賓客の禮を學ばんと欲するものは、それ赤に於てせよ」と。滿つれども盈ちたりとせず、實つれども虛しきが如くし、過ぐれども及ばざるが如くすることは、先王もこれを難しとせるに、博くして學ばずといふこと無く、その貌恭しく、その德敦く、その人に言ふや信ならざる所なく、その人に驕るや常に以て浩浩たり、この故に眉壽なるは、これ曾參の行なり。孔子曰く「孝は德の始なり。悌は德の序なり。信は德の厚なり。忠は德の正なり、參はかの四德に中《あた》る者なり」と。これを以てこれを稱せり。美功をも伐《ほこ》らず、貴位をも善しとせず、侮らず、佚《きまま》せず、無告にも傲らざるは、これ顓孫師の行なり。孔子これを言ひて曰く「その伐《ほこ》らざるは則ち猶ほ能くす可きなり。その百姓を弊らざるは則ち仁なり。詩に云く『愷悌の君子は民の父母』と」。夫子その仁を以て大なりと爲せり。學これ深く、送迎には必ず敬あり、上に交り下に接して截するが若きは、これト商の行なり。孔子これを說くに、詩を以てして曰く「『式《あつ》て夷《たひら》ぎ式《あつ》て已む。小人の殆《あやふ》きこと無し』と。商が若きは、それ險《あやふ》からずと謂ふ可し」と。これを貴べども喜ばず、これを賤めども怒らず、民を利することを苟《いやしく》もして己れを行ふに廉に、その上に事へて以てその下を佑くるは、これ澹臺滅明の行なり。孔子曰く「獨り貴く獨り富むことは、君子これを恥づ。(三)かれやこれに中《あた》る」と。先づその慮を成し、事に及んでこれを用ふるが故に、動けば則ち妄ならざるは、これ言偃の行なり。孔子曰く「能を欲すれば則ち學び、知を欲すれば則ち問ひ、善を欲すれば則ち詳にし、給を欲すれば則ち豫《あらかじめ》し、是《ぜ》に當りて而して行ふは、偃やこれを得たり」と。獨り居ては仁を思ひ、公には仁義を言ひ、その詩に於けるや則ち一日に三たび白圭の玷を覆《ふく》するは、これ宮縚の行なり。孔子その能く仁なるを信じて以て異士と爲せり。孔子に見《まみ》えしより(以來)戶を出入するに未だ嘗て禮を越えず、往來してこれを過ぐるときは足、影を履まず、啓蟄には殺さず、長ずるに方りては折らず、親の喪を執りて未だ嘗て齒を見《あらは》さざるは、これ高柴の行なり。孔子曰く「柴が親の喪に於けるは則ち能くし難きなり。啓蟄に殺さざるは則ち人道に順へるなり。長ずるに方りて折らざるは則ち恕仁なり。成湯は恭にして以て恕なりき。ここを以て日々に躋れるなり」と。凡そこの諸子は賜の親しく覩る所の者なり。吾子、命ありて賜に訊ひたれども、賜や固《まこと》に以て賢を知るに足らず』と。文子曰く『吾れこれを聞く「國に道あるときは、則ち賢人興り、中人用ひられ、乃ち百姓これに歸す」と。吾子の論の若くならば、旣に富茂し、壹《み》な諸侯の相なり。抑々世未だ明君あらず。遇せられざる所以なり』と。子貢既に衞の將軍文子と言ひ、魯に適《ゆ》きて孔子に見《まみ》えて曰く『衞の將軍文子、二三子を賜に問へり。壹たびならずして三たびせり。賜や辭したれども命を獲ず、見る所のものを以て對《こた》へたり。未だ中《あた》れるや否やを知らず。請ふ以て告げん』と。孔子曰く『これを言へ』と。子貢その辭狀を以て孔子に告ぐ。子聞きて笑ひて曰く『賜よ。(三)汝は偉《おほ》いに人を知ると爲す』と。子貢對《こた》へて曰く『賜や何ぞ敢て人を知らんや。これ賜の覩る所を以てせしなり』と。孔子〔曰く〕(四)『然らば吾れも亦汝に語《つ》げん。耳の未だ聞かざる所、目の未だ見ざる所の者は、豈に思の至らざる所、智の未だ及ばざる所ならんや』と。子貢曰く『賜願はくはこれを聞くことを得ん』と。孔子曰く『克たんとせず、忌まず、舊怨を念はざるは、蓋し伯夷・叔齊の行なり。天を畏《おそ》れて人を敬し、義を服して信を行ひ、父母に孝に、兄弟に恭に、善に從ひて敎へざるは、蓋し趙文子の行なり。その君に事ふるや敢てその死を愛《をし》まざれども、然れども亦敢てその身を忘れず、その身を謀れどもその友を遺《わす》れず、君陳ぬるときは則ち進みてこれを用ひ、陳ねざるときは則ち行《さ》りて退くは、蓋し隨武子の行なり。その人と爲りや淵源(の如く)、多聞にして誕り難く、内植《た》ちて以てその世を沒ふるに足り、國家に道有るときはその言以て治むるに足り、道無きときはその默以て生くるに足るは、蓋し銅鞮伯華の行なり。外寛にして内正しく、自《みづか》ら隱栝の中に極め、己れを直《ただ》して人を直《ただ》さず、仁に汲汲として、善を以て自《みづか》ら終ふるは、蓋し蘧伯玉の行なり。孝恭にして慈仁あり、德を允にして義を圖り、貨を約《つづまやか》にして怨を去り、財を輕んじて匱しからざるは、蓋し柳下惠の行なり。その言に曰く「君はその身を量らずと雖も、臣は以てその君に忠ならざる可からず。この故に、君は臣を擇んでこれに任じ、臣も亦君を擇んでこれに事ふ。道あるときは命に順ひ、道なきときは命に衡す」とは、蓋し晏平仲の行なり。忠を蹈みて信を行ひ、終日言《ものい》ひて尤《あやまち》の内に在らず、國に道なきときは賤しきに處りて悶《うれ》へず、貧しくして能く樂むは、蓋し老子の行なり。行を易《おさ》めて以て天命を俟ち、下に居てその上を援かず、その四方に觀る(五)やその親を忘れずしてその樂みを盡さず、能はずと以《おも》へば則ち學び、己が終身の憂を爲さざるは、蓋し介子山の行なり』と。子貢曰く『敢て問ふ、夫子の知る所の者は蓋しこれに盡くるのみか』と。孔子曰く『何ぞそれ然りと謂はんや。亦略々《ほほ》耳目の及ぶ所を擧げしのみ。昔、晉の平公、祁奚に問ひて曰く「羊舌大夫は晉の良大夫なり。その行は如何」と。祁奚辭するに知らざるを以てせり。公曰く「吾れ聞く、子は少よりその所に長ぜりと。今、子のこれを掩へるは何ぞや」と。祁奚對《こた》へて曰く「(彼れ)その少《わか》きときは、恭にして順ひ、心に恥づること有れば而《すなは》ちその過をして宿せしめず。その大夫と爲るや、善を悉して而して謙なり、それ端し。その輿尉と爲るや、信にして直を好み、それ功(六)あり。その容を爲すに至りては、溫良にして禮を好み、博聞にして時に出す、それ志あり」と。公曰く「曩者《さき》に子に問ひしに、子奚《なん》ぞ知らずと曰ひしか」と。祁奚曰く「位每に改變し、未だ止る所を知らず。ここを以て敢て知るを得ざりしなり」と。これ又羊舌大夫の行なり』と。子貢跪きて曰く『請ふ、退きてこれを記せん』と。

(一)君もと君子に作る。大戴禮記衞將軍文子篇亦同じ。太宰純曰く、子字衍文と。いまこれに從ふ。
(二)恥もと助に作る。蜀本に從つて改む。
(三)汝偉爲知人もと汝次爲人矣に作る。王注に曰く、人の次を知ると爲すを言ふと。大戴禮記同上に依つて改む。
(四)蜀本に從つて曰字を補す。
(五)觀上もと親字あり。大戴禮記同上に依つて删る。
(六)功下もと言其功直四字あり。王注の文の衍せるなり。蜀本に從つて删る。

賢君第十三

（一）哀公、孔子に問ひて曰く『當今の君孰《た》れをか最も賢なりと爲す』と。孔子對《こた》へて曰く『丘未だこれを見ざるなり。抑々衞の靈公あるか』と。公曰く『吾れ聞く、その閨門の內は別なしと。而《しか》るに子これを賢に次するは何ぞや』と。孔子曰く『臣はその朝廷にての行事を語り、その私家の際を論ぜざるなり』と。公曰く『その事何如』と。孔子對《こた》へて曰く『靈公の弟を（一）公子渠牟と曰ふ。その智は以て千乘を治むるに足り、その信は以てこれを守るに足る。靈公愛してこれに任ず。又士林國といふ者あり。賢を見れば必ずこれを進め、（賢）退けば與《とも》にその（己れの）祿を分つ。ここを以て靈公に遊放の士なし。靈公賢なりとしてこれを尊ぶ。又士に慶足と曰ふ者あり。衞國に大事あれば則ち必ず起ちてこれを治め、國に事なければ則ち退きて賢を容る。靈公悅んでこれを敬す。又大夫史鰌あり。道を以て衞を去りき。而して靈公、郊に舍すること三日、琴瑟御せず、必ず史鰌の入るを待ちて後に敢て入りき。臣はこれを以てこれを取れり。これを賢に次すと雖も、亦可ならずや』と。

（一）公子渠牟もと靈公弟子渠牟に作る。蜀本に從って改む。

（二）子貢、孔子に問ひて曰く『今の人臣孰《た》れをか賢なりと爲す』と。子曰く『吾れ未だ識らざるなり。往者《むかし》は齊に鮑叔あり、鄭に子皮ありて、則ち賢者なりき』と。子貢曰く『齊に管仲なく、鄭に子産なかりしか』と。子曰く『賜よ、汝は徒《ただ》にその一を知りて、未だその二を知らざるなり。汝は力を用ふるを賢と爲すと聞きたるか、賢を進むるを賢と爲す(と聞きたる)か』と。子貢曰く『賢を進むるは賢なるかな』と。子曰く『然り。吾れ聞く、鮑叔は管仲を達し、子皮は子産を達せりと。未だ二子が己れの才に賢《まさ》れる者を達したることを聞かざるなり』と。

㈢ 哀公、孔子に問ひて曰く『寡人聞けり「忘るることの甚だしき者、徙らんとして、その妻を忘れたり」と。これありしや』と。孔子對《こた》へて曰く『これ猶ほ未だ甚だしからざる者なり。甚だしき者は乃ちその身を忘れたり』と。公曰く『得て聞く可きか』と。孔子曰く『昔、夏の桀は貴きこと天子と爲り、富めること四海を有《たも》てり。(然り而して)その聖祖の道を忘れ、その典法を壞り、その世祀を廢し、淫樂に荒み、酒に耽湎せり。(ここに於て)、佞臣は諂諛してその心を窺ひ導き、忠士は口を拑《ふさ》ぎて罪を逃れて言はず、天下(遂に)桀を誅してその國を有《たも》てり。これ謂はゆるその身を忘れたるの甚だしきものなり』と。

㈣ 顏淵將に西のかた宋に遊ばんとし、孔子に問ひて曰く『何を以てか身を爲《をさ》めん』と。子曰く『恭・敬・忠・信のみ。恭なれば則ち患に遠ざかり、敬なれば則ち人これを愛し、忠なれば則ち衆に和し、信なれば則ち人これに任ず。この四つの者を勤むれば以て國をも政《ただ》しくすべし、豈に特に一身のみならんや。故にかの數《き》に比せずして疎に比するは亦遠からずや、その中を修めずして外を修むる者は亦反《そむ》かずや、慮をば先づ定めずして事に臨みて謀るは亦晩からずや』と。

(五) 孔子、詩を讀み、正月の六章に于《おい》て、惕焉として懼るるが如し。曰く『彼の不達の君子は豈に殆《あやふ》からざらんや。上に從ひ世に依れば則ち道廢れ、上に違ひ俗を離るれば則ち身危し。時、善に興らざるに、已れ獨りこれに由れば、則ち曰はる「妖にあらずんば、卽ち妄なり」と。故に賢や既に天に遇はずんば、その命を終へざらんことを恐る。桀が龍逢を殺し、紂が比干を殺せるは、皆なこの類(一)なり。詩に曰く「天は蓋し高しと謂へども、敢て局《せぐくま》らずんばあらず。地は蓋し厚しと謂へども、敢て蹐《ぬきあし》せずんばあらず」と。これ上下に罪を畏れて自《みつか》ら容《い》るるに所なきを言へるなり』と。

(一)是類もと類是に作る。蜀本に從つて改む。

(六) 子路、孔子に問ひて曰く『賢君、國を治むるに、先にする所の者は何ぞ』と。孔子曰く『賢を尊びて不肖を賤むに在り』と。子路曰く『由聞く「晉の中行氏は賢を尊びて不肖を賤めり」と。その亡びしは何ぞや』と。孔子曰く『中行氏は賢を尊びたれども用ふる能はず、不肖を賤みたれども去る能はざりき。賢者はその用ひられざるを知りてこれを怨み、不肖者はその必ず己れを賤むを知りてこれを讎とせり。怨讎は國に竝び存して、鄰敵は兵を郊に構へたり。中行氏亡ぶること無からんと欲すと雖も、豈に得可けんや』と。

(七)　孔子、閒處し、喟然として歎じて曰く『曏《さき》に銅鞮伯華をして死することなからしめば、則ち天下それ定まること有りしならん』と。子路曰く『由願はくはその人となりを聞かん』と。子曰く『その幼なるや、敏にして學を好めり。その壯なるや、勇ありて屈せざりき。その老なるや、道ありて能く人に下れり。この三者あり。以て天下を定めんこと、何ぞ難からんや』と。子路曰く『幼にして學を好み、壯にして勇あるは、則ち可なり。若しそれ道ありて人に下らば、又誰れか(これに)下らんや』と。子曰く『由知らず。吾れ聞く「衆を以て寡を攻むれば尅たざる無きなり。貴を以て賤に下れば得ざる無きなり」と。昔、周公は冢宰の尊に居て天下の政を制したれども、而《しか》も猶ほ白屋の士に下り、日に百七十人を見たり。これ豈に道なきを以てならんや。士を得てこれを用ひんと欲したればなり。惡《いづく》んぞ有道にして天下の君子に下るなきことあらんや』と。

(八)　齊の景公、魯に來適し、公の館に舍す。晏嬰をして孔子を迎へしむ。孔子至る。景公、政を問ふ。孔子答へて曰く『政は財を節するにあり』と。公悅ぶ。又問ひて曰く『秦の穆公は國小に處僻にして霸たりしは何ぞや』と。孔子曰く『その國は小なりと雖も、その志は大なりき。處は僻なりと雖も、而《しか》も政はそれ中《あた》れり。その擧ぐるや果にして、その謀るや和せり。法に私なくして、令は愉《いや》しくもせざりき。首《はじめ》に五羖を拔きてこれを大夫に爵し、與《とも》に語ること三日にしてこれに授くるに政を以てせり。これをもて、これを取れり。王たりと雖も可なり。その霸たりしは少なり』と。景公曰く『善いかな』と。

(九) 哀公、政を孔子に問ふ。孔子對《こた》へて曰く『政の急は民をして富み且つ壽《いのちなが》からしむるより大なるもの莫し』と。公曰く『これを爲すには奈何にすべきや』と。孔子曰く『力役を省き、賦斂を薄くすれば、則ち民富まん。禮教を敦くし、罪疾に遠ざからしめば、則ち民壽《いのちなが》からん』と。公曰く『寡人、夫子の言を行はんと欲すれども、吾が國の貧しくならんことを恐る』と。孔子曰く『詩に云ふ「愷悌の君子は民の父母」と。未だ子富みて父母貧しきものは有らざるなり』と。

(一〇) 衞の靈公、孔子に問ひて曰く『寡人に語《つ》ぐるものあり。「國家を有《たも》つ者これを廟堂の上に於て計れば、則ち政治まる」と。何如』と。孔子曰く『それ可なり。人を愛する者は則ち人これを愛し、人を惡《にく》む者は則ち人これを惡《にく》む。これを己れに得ることを知る者は、則ちこれを人に得ることを知る。謂はゆる、環堵の室を出でずして天下を知るとは、己れに反《かへり》みることを知るの謂なり』と。

(一一) 孔子、宋の君に見《まみ》ゆ。君、孔子に問ひて曰く『吾れ長く國を有《たも》ちて、列都をして(その道を)得しめんと欲す。吾れ民をして惑ふことなからしめんと欲す。吾れ士をして力を竭さしめんと欲す。吾れ日月をして時に當らしめんと欲す。吾れ聖人をして自《みづか》ら來らしめんと欲す。吾れ官府をして治理せしめんと欲す。これを爲すには、柰何にすべきか』と。孔子對《こた》へて曰く『千乘の君、丘に問ふ者多し。而《しか》れども未だ主君の問の若く問の悉せるもの有らざるなり。然して主君の欲する所のものは盡く得可きなり。丘これを聞けり「隣國相親むときは、則ち長く國を有《たも》つ。君に惠あり、臣に忠あるときは、則ち列都(その道を)得。辜《つみ》無きものを殺さず、罪人を釋《ゆる》すことなきときは、則ち民惑はず。士にこれが祿を益すときは、則ち皆な力を竭す。天を尊び、鬼を敬するときは、則ち日月、時に當る。道を崇び、德を貴ぶときは、則ち聖人自《みづか》ら來る。能を任じ、否を黜くるときは、則ち官府治理す」と』。宋の君曰く『善いかな。豈に然らざらんや。寡人、不佞にして、以てこれを致すに足らざるなり』と。孔子曰く『この事は難きにあらず。唯だこれを行はんことを欲せんのみ』と。

辯政第十四

(一) 子貢、孔子に問ひて曰く『昔、齊の君、政を夫子に問ひたるとき、夫子曰く「政は財を節するに在り」と。魯の君、政を夫子に問ひたるとき、子曰く「政は臣を諭すに在り」と。葉公、政を夫子に問ひたるとき、夫子曰く「政は近きものを悦ばして(二)遠きものを來すに在り」と。三者の問は一なり。而して夫子これに應《こた》ふること同じからず。然らば政に異端あるか』と。孔子曰く『各々その事に因るなり。齊の君の國を爲《をさ》むるや、臺榭に奢り、苑囿に淫し、五官の伎樂は時に於て懈らず、一旦にして人に賜ふに千乘の家を以てせること三たびなり。故に曰く「政は財を節するに在り」と。魯の君に臣三人あり、內、比周して以てその君を愚にし、外、諸侯の賓を距《こば》みて以てその明を蔽へり。故に曰く「政は臣を諭すに在り」と。それ荊の地は廣くして、都は狹し。民に離心ありて、その居に安んずるもの莫し。故に曰く「政は近きものを悅ばして遠きものを來すに在り」と。この三者は政を爲す所以殊なるなり。詩に云く「喪亂して蔑《な》し。曾て我が師《もろもろ》を惠まず」と。これ奢侈して節あらす以て亂を爲すことを傷めるなり。又曰く「其の止まるところを共《その》へず。惟れ王を邛《や》ましむ」と。これ姦臣の主を蔽ひて以て亂を爲すことを傷めるなり。又曰く「亂を離《うれ》へ瘼《や》む。奚《いづく》にか其れ適歸せん」と。これ離散して以て亂を爲すことを傷めるなり。この三者を察せば、政の欲する所は豈に同じからんや』と。

(一) 來遠もと遠來に作る。蜀本に從って改む。

(二) 孔子曰く「忠臣の君を諫むるに五義あり。一に曰く譎諫。二に曰く戇諫。三に曰く降諫。四に曰く直諫。五に曰く諷諫。唯だ主を度《はか》りてこれを行ふ。吾れはそれ諷諫に從はんか」と。

(三) 子曰く『それ道は貴ばざる可からざるなり。中行文子は道に倍《そむ》き義を失ひて以てその國を亡ひたれども、能く賢を禮して以てその身を活せり。聖人は禍を轉じて福と爲すとは、これ、これを謂ふか』と。

㈣ 楚王將に荊臺に遊ばんとす。司馬子祺諫む。王これを怒る。令尹子西、殿下に賀し、諫めんとして曰く『今、荊臺の觀は失ふ可からざるなり』と。王喜び、子西の背を拊ちて曰く『子と共にこれを樂まん』と。子西、馬を歩すること十里、轡を引きて止まり曰く『臣願はくは有道の王を言はん。肯てこれを聽くか』と。王曰く『子それ、これを言へ』と。子西曰く『臣聞く「人臣と爲りてその君に忠なる者は爵祿も以て賞するに足らざるなり、その君に諛ふ者は刑罰も以て誅するに足らざるなり」と。それ子祺は忠臣なり。而して臣は諛臣なり。願はくは王、忠を賞して、諛を誅せよ』と。王曰く『我れ今、司馬の諫を聽かん。(然れども)これ獨り能く我れを禁ずるのみ。後世のこれに遊ばんとするものを若何せん』と。子西曰く『後世を禁ずるは易きのみ。大王の萬歳の後に山陵を荊臺の上に起さば、則ち子孫必ず父祖の墓に遊びて以て歡樂を爲すに忍びざるならん』と。王曰く『善し』と。乃ち還る。孔子これを聞きて曰く『至れるかな、子西の諫や。これを十(一)里の上に入れて、これを百世の後に抑ふるものなり』と。

(一)十もと千に作る。和刻本に從って改む。

㈤ 子貢、孔子に問ひて曰く『夫子の子產・晏子に於けるは至れりと謂(一)ふ可し。敢て問ふ、二大夫の爲せる所の目と、夫子のこれに與《くゐ》する所以のものとを』と。孔子曰く『それ子產は民に於けるや惠主たり、學に於けるや博物たり。晏子は君に於けるや忠臣たり、而して行や恭敏たり。故に吾れ皆な以てこれに兄事して愛敬を加ふ』と。

(一)謂もと爲に作る。何本に從つて改む。

㈥　齊に一足の鳥あり、飛びて宮朝に集《とど》まり、下りて殿前に止り、翅を舒べて跳る。齊侯大にこれを怪み、使をして魯に聘して孔子に問はしむ。孔子曰く『この鳥は名を商羊と曰ふ。水の祥なり。昔、童兒その一脚を屈し、兩眉を振訊し、跳り且つ謠ふもの有りて曰く「天將に大に雨ふらんとして商羊鼓舞す」と。今、齊にこれ有るは、その應至れるなり。急に民に告げ、趨に溝渠を治め、堤防を修めよ。將に大水ありて災を爲さんとす』と。頃之《しばらく》して大に霖雨し、水、諸國に溢泛し、民人を傷害す。唯だ齊のみ備ありて敗れず。景公曰く『聖人の言は信にして徵あり』と。

㈦　孔子、宓子賤に謂ひて曰く『子、單父を治めて、衆悅ぶ。子何を施してこれを得たるか。子、丘にこれを爲せる所以のものを語《つ》げよ』と。對《こた》へて曰く『不齊の治むるや、父をしてその子を恤ましめ、その子をして諸孤を恤ましめ、而して喪紀を哀ましめたり』と。孔子曰く『善し。(然れども)小節なり。小民は附かん。猶ほ未だ足らざるなり』と。曰く『不齊が父事する所の者三人、兄事する所の者五人、友事する所の者十一人あり』と。孔子曰く『三人に父事せば、以て孝を敎ふべし。五人に兄事せば、以て悌を敎ふべし。十一人に友事せば、以て善を擧ぐべし。中節なり。

中人は附かん。猶ほ未だ足らざるなり』と。曰く『この地、民に不齊より賢なる者五人あり。不齊これに事へて度を稟く。皆な不齊にこの道を敎ふ』と。孔子歎じて曰く『その大なる者は乃ちこれに於てか有り。昔、堯・舜の天下を聽《をさ》むるや、務めて賢を求めて以て自《みづか》ら輔けたり。それ賢者は百福の宗なり、神明の主なり。惜しいかな、不齊の以て治むる所(の士)は小なり』と。

(八) 子貢、信陽の宰と爲り、將に行かんとして、孔子に辭す。孔子曰く『これを勤めよ。これを愼めよ。天子の時を奉じ、奪ふこと無く、伐つこと無く、暴《あら》すこと無く、盜むこと無かれ』と。子貢曰く『賜や少よりして君子に事ふ。豈に盜を以て累を爲さんや』と。孔子曰く『汝未だこれを詳にせざるなり。それ賢を以て賢に代ふることこれを奪と謂ひ、不肖を以て賢に代ふることこれを伐と謂ひ、令を緩くして誅を急にすることこれを暴と謂ひ、善を取りて自《みづか》ら與ふることこれを盜と謂ふ。盜とは財を竊むの謂のみにあらざるなり。吾れこれを聞く「吏たる(の道)を知る者は法を奉じて以て民を利すれども、吏たる(の道)を知らざる者は法を枉げて以て民を侵す。これ怨の由る所なり」と。官を治むるには平に若くもの莫く、財に臨むには廉に若くもの莫し。廉平をこれ守ることは改む可からざるなり。人の善を匿すこと、これを賢を蔽ふと謂ふ。人の惡を揚ぐること、これを小人と爲す。内にて相訓へずして外にて相謗るは親睦にあらざるなり。人の善を言ふときには、己れこれを有するが若くすべし。人の惡を言ふときには、己れこれを受くるが若くすべし。故に君子は愼まざる所なし』と。

(九) 子路、蒲を治むること三年なり。孔子これに過《よぎ》る。その境に入りて曰く『善いかな、由や恭敬にして以て信なり』と。その邑に入りて曰く『善いかな、由や忠信にして以て寛なり』と。(一)庭に至りて曰く『善いかな、由や明察にして以て斷なり』と。子貢、轡を執りて問ひて曰く『夫子は未だ由の政を見ずして、而して三たびその善を稱せり。その善、聞くを得べきか』と。孔子曰く『吾れその政を見たり。その境に入れば、田疇は盡く易《をさま》り、草萊は甚だ辟《ひら》け、溝洫は深く治まる。これその恭敬にして以て信なるが故に、その民、力を盡したればなり。その邑に入れば、牆屋は完固にして、樹木は甚だ茂る。これその忠信にして以て寛なるが故に、その民偸《いやしくも》せざればなり。その庭に至れば、庭は甚だ淸閒にして、諸下は命を用ふ。これその言ふこと明察にして以て斷なるが故に、その政擾れざればなり。これを以てこれを觀れば、三たびその善を稱すと雖も、庸《なん》ぞその美を盡さんや』と。

(一)庭もと廷に作る。蜀本に從つて改む。

孔子家語卷第三　(終)

孔子家語巻第四

六本第十五

(一) 孔子曰く『己れを行ふに六本あり。然して後に君子と爲るなり。身を立つるに義あり、而して孝を本と爲す。喪紀に禮あり、而して哀を本と爲す。戰陣に列あり、而して勇を本と爲す。政を治むるに理あり、而して農を本と爲す。國に居るに道あり、而して嗣を本と爲す。財を生ずるに時あり、而して力を本と爲す。本を置くこと固からずんば、(一)末を豐にするを務むること無かれ。親戚悅ばずんば、外交を務むること無かれ。事に終始あらずんば、多業を務むること無かれ。聞くところを記して言はば、多說を務むること無かれ。比近のもの安からずんば、遠きものを求むるを務むること無かれ。この故に本に反りて邇きものを修むるは、君子の道なり』と。

(一) 豐末もと農桑に作る。羣書治要本に從って改む。

(二) 孔子曰く『良藥は口に苦《にが》くして病に利あり。忠言は耳に逆ひて行に利あり。湯・武は諤諤を以て昌え、桀・紂は唯唯を以て亡びたり。君に爭臣なく、父に爭子なく、兄に爭弟なく、士に爭友なくして、その過なき者は、未だこれあらざるなり。故に曰く「君これを失へば臣これを得、父これを失へば子これを得、兄これを失へば弟これを得、已れこれを失へば友これを得。ここを以て、國には危亡の兆なく、家には悖亂の惡なく、父子・兄弟には失《あやまち》なく、而して交友には絶つことなきなり」と』。

㈢ 孔子、齊の景公に見《まみ》ゆ。公悦び、廩丘の邑を置きて以て養と爲さんと請ふ。孔子辭して受けず、入りて弟子に謂ひて曰く『吾れ聞く「君子は功に當(一)りて賞を受く」と。今、吾れ齊君に言ひ、君未だこれを行ふあらず、而して吾れに邑を賜ふ。その丘を知らざるも亦甚し』と。ここに於て遂に行《さ》る。

(一)當もと賞に作る。蜀本に從って改む。

㈣ 孔子、齊に在り、外館に舍す。景公これに造《いた》る。賓主の辭既に接す。而して左右白して曰く『周の使適々《たまたま》至り、「先王の廟に災ありたり」と言ふ』と。景公覆《かへ》し問ふ『災ありたるは何王の廟か』と。孔子曰く『これ必ず釐王の廟ならん』と。公曰く『何を以てこれを知る』と。孔子曰く『詩に云ふ「皇皇たる上天、其の命忒《たが》はず。天はこれ善を以て、必ず其の德に報ゆ」と。禍も亦かくの如し。それ釐王は文・武の制を變じて玄黃華麗の飾を作り、宮室は崇峻に、輿馬は奢侈にして、振《すく》ふべからざりしなり。故に天殃宜しくその廟に加はるべき所なり。これを以てこれを占ふに、然りと爲す』と。公曰く『天は何ぞその身に殃せずして、罰をその廟に加ふるか』と。孔子曰く『蓋し文・武の故を以てならん。若しその身に殃せば、則ち文・武の嗣乃ち殄《た》ゆるなからんや。故に當にその廟に殃して、以てその過を彰すべし』と。俄頃《しばらく》にして左右報じて曰く『災ありし所の者は釐王の廟なり』と。景公驚きて起ち、再拜して曰く『善いかな。聖人の智は人に過ぐること遠し』と。

(五) 子夏、三年の喪畢り、孔子に見《まみ》ゆ。子曰く『これに琴を與へよ』と。これをして絃せしむ。侃侃として樂し。作《た》ちて曰く『先王禮を制せり。(一)敢て及ばずんばあらず』と。子曰く『君子なり』と。閔子、三年の喪畢り、孔子に見《まみ》ゆ。孔子これに琴を與へ、これをして絃せしむ。切切として悲し。作《た》ちて曰く『先王、禮を制せり。』敢て過さざるなり』と。子曰く『君子なり』と。子貢曰く『閔子は哀しみ未だ盡きず。夫子曰く「君子なり」と。子夏は哀しみ已に盡く。又曰く「君子なり」と。二者は情を殊にするに、而《しか》も倶に「君子なり」と曰ふ。賜や惑ふ。敢てこれを問ふ』と。孔子曰く『閔子は哀しみ未だ忘れざれども、能くこれを斷つに禮を以てせり。子夏は哀しみ已に盡きたれども、能くこれを引きて禮に及べり。均しくこれ君子なりといふと雖も、亦可ならずや』と。

(一)蜀本に從つて不敢不及子曰君子也閔子三年之喪畢見於孔子孔子與之琴使之絃切切而悲作而曰先王制禮三十九字を補す。

(六) 孔子曰く『無體の禮は敬なり、無服の喪は哀なり、無聲の樂は歡なり。言はずして信あり、動かずして威あり、施さずして仁あり。それ鐘の音は、怒りてこれを撃てば則ち武しく、憂へてこれを撃てば則ち悲し。その志變ずれば、聲も亦これに隨ふ。故に志、誠にこれを感ぜば、金石にも通ず。而《しか》るを況んや人にをや』と。

(七) 孔子、雀を羅《あみ》する者を見る。得る所は皆な黄口の小雀なり。夫子これを問ひて曰く『大雀をば獨り得ざるは何ぞや』と。羅《あみ》する者曰く『大雀は善く驚きて得難し。黄口は食を貪りて得易し。黄口も大雀に從へば、則ち得ず。大雀も黄口に從へば、亦得ざらんや』と。孔子顧みて、弟子に謂ひて曰く『善く驚きて以て害に遠ざかるも、食を利《むさぼ》りて而して患を忘るるも、その心自《よ》りするなり。而して從ふ所を以て禍福を爲す。故に君子はその從ふ所を愼む。長者の慮を以《もち》ふれば、則ち身を全うするの階あり。小者の戇に隨へば、而《すなは》ち危亡の敗あるなり』と。

(八) 孔子、易を讀みて損益に至り、喟然として嘆ず。子夏、席を避けて問ひて曰く『夫子何をか歎ぜる』と。孔子曰く『それ自《みづか》ら損する者は必ずこれを益するあり、自《みづか》ら益する者は必ずこれを決《か》くあり。吾れここを以て歎ずるなり』と。子〔夏〕(二)曰く『然らば則ち學ぶ者は以て益すべからざるか』と。子曰く『非なり。道益するの謂なり。道彌々《いよいよ》益して身彌々《いよいよ》損す。それ學ぶ者はその自《みづか》ら多とするところを損して、虚を以て人を受く。故に能くその滿を成す。博きかな、天道。成れば而《すなは》ち必ず變ず。凡そ滿を持して能く久しき者は未だ嘗て有らざるなり。故に曰く「自《みづか》ら賢とする者は天下の善言をば耳に聞くを得ず」と。昔、堯は天下を治むるの位（に居て）、猶ほ允恭以てこれを持し、克譲以て下に接せり。ここを以て、千歳にして益々盛に、今に迄《いた》りて逾々《いよいよ》彰はる。夏桀・昆吾は自《みづか》ら滿して極り、意を亢《きは》めて節あらず、黎民を斬刈すること草芥の如くなりしかば、天下これを討つこと匹夫を誅するが如くなりき。ここを以て、千歳にして悪著《あきらか》に、今に迄《いた》りて滅せず。これを観るに、行くときは則ち長に譲りて疾く先んぜざるが如く、輿に在りて三人に遇へば則ち下り二人に遇へば則ち軾するが如く、その盈虚を調へて、自《みづから》をして滿せしめざるは、能く久しくする所以なり』と。子夏曰く『商請ふ、これを志《しる》して身を終ふるまで奉行せん』と。

（一）蜀本に従って夏字を補す。

(九) 子路、孔子に問ひて曰く『請ふ、古の道を釋《す》てて、由の意を行はん。可ならんか』と。子曰く『不可なり。昔、東夷の子に諸夏の禮を慕へる（ものあり）、女《むすめ》ありて寡となりしかば、爲めに私壻を内れて身を終ふるまで嫁せざりき。嫁せ〔ざる〕(一)は則ち嫁せざるなり。（然れども）亦貞節の義にあら(二)ざるなり。蒼梧橈は、妻を娶りて美なりしかば、譲りてその兄に與へたり。譲るは則ち譲るなり。然れども禮の譲にあらざるなり。その初を愼まずしてその後を悔ゆとも、何ぞ嗟及《ああ》ばんや。今、汝、古の道を舍《す》てて、子の意を行はんと欲す。庸《いづくん》ぞ知らん、子の意、是《ぜ》を以て非と爲し、非を以て是《ぜ》と爲さざることを。後、悔いんと欲すと雖も、難いかな』と。

(一)蜀本に從つて不字を補す。
(二)非もと有に作る。蜀本に從つて改む。

(一〇)曾子、瓜を耘り、誤りてその根を斬る。曾皙怒り、大杖を建《あ》げて以てその背を擊つ。曾子、地に仆れて人を知らざることこれを久しうす。頃《しばらく》ありて乃ち蘇り、欣然として起ち、曾皙に進みて曰く『嚮《さき》に參、罪を大人に得たり。大人、力を用ひて參に敎へたり。疾む無きを得んや』と。退きて房に就き、琴を援きて歌ひ、曾皙をしてこれを聞きてその體の康《やすら》かなるを知らしめんと欲す。孔子これを聞きて怒り、門弟子に告げて曰く『參來らば、內るる勿れ』と。曾參自《みづか》ら以て罪なしと爲し、人をして孔子に請はしむ。子曰く『汝聞かざるか。「昔、瞽瞍に子あり、舜と曰へり。舜の瞽瞍に事ふるや、これを使はんと欲するときは未だ嘗て側に在らざることなく、索めてこれを殺さんとするときは未だ嘗て得べからず、小棰には則ち過ぐるを待ち、大杖には則ち逃走せり。故に瞽瞍は父たらざるの罪を犯さず、而して舜は烝烝の孝を失はざりき」と。今、參の父に事ふるや、身を委して以て暴怒を待ち、殪れて避けず。既に身死して、而して父を不義に陷《おとしい》る。その不孝孰《た》れかこれより大ならん。汝は天子の民にあらずや。天子の民を殺さば、その罪奚若《いかん》』と。曾參これを聞きて曰く『參の罪大なり』と。遂に孔子に造《いた》りて過を謝す。

(一一)荊の公子、行年十五にして、荊の相の事を攝す。孔子これを聞き、人をして往きてその政を爲すを觀せしむ。使者反《かへ》りて曰く『その朝を視しに、淸淨にして事少かりき。その堂上には五老あり、その廊下には二十壯士ありき』と。孔子曰く『二十五人の智を合はせなば、以て天下を治むるとも、それ固《まこと》に免れん。況んや荆をや』と。

(三) 子夏、孔子に問ひて曰く『顏回の人と爲りは奚若《いかん》』と。子曰く『回の信は丘よりも賢《まさ》れり』と。曰く『子貢の人と爲りは奚若《いかん》』と。子曰く『賜の敏は丘よりも賢《まさ》れり』と。曰く『子路の人と爲りは奚若《いかん》』と。子曰く『由の勇は丘よりも賢《まさ》れり』と。曰く『子張の人と爲りは奚若《いかん》』と。子曰く『師の莊は丘よりも賢《まさ》れり』と。子夏、席を避けて、問ひて曰く『然らば則ち四子は何爲れぞ先生に事ふるや』と。子曰く『居れ。吾れ汝に語《つ》げん。それ回は能く信なれども反する能はず。賜は能く敏なれども詘する能はず。由は能く勇なれども怯なる能はず。師は能く莊なれども同ずる能はず。四子の者の有を兼ぬるとも、以て(吾が有と)易ふることには、吾れ與《くみ》せざるなり。これその吾れに事へて貳《たが》はざる所以なり』と。

(三) 孔子、泰山に遊び、榮啓期《ここ》が郕の野を行くを見る。鹿裘して索を帶にし、瑟瑟として歌ふ。孔子問ひて曰く『先生の以て樂みと爲す所のものは何ぞや』と。期對《こた》へて曰く『吾が樂み甚だ多し。而して至れるもの三あり。天、萬物を生じ、唯だ人を貴しと爲す。吾れ既に人たるを得たり。これ一の樂みなり。男女の別、男は尊く女は卑し。故に人は男を以て貴しと爲す。吾れ既に男たるを得たり。これ二の樂みなり。人生れて、日月をも見ず、繦褓をも免れざる者あり。吾れ既に以《すで》に行年九十五なり。これ三の樂みなり。貧は士の常、死は人の終。常に處りて終を(二)待つ。當に何をか憂ふ可きや』と。　子曰く『善いかな。能く自《みづか》ら寛《ひろ》くする者なり』と。

(一)榮啓期もと榮聲期に作る。王注に曰く、聲宜しく啓に爲るべしと。
(二)待もと得に作る。王注に曰く、得宜しく待に爲るべしと。

(四)孔子曰く『回は君子の道四を有す。義を行ふに強く、諫を受くるに弱く、祿を(一)得るに怵《おそ》れ、身を治むるに愼む。史鰌は(二)君子の道三を有す。仕へざるも上を敬ひ、祀らざるも鬼を敬ひ、己れを直くして人に曲がる』と。曾子侍して曰く『參、昔、常《かつ》て夫子の三言を聞けり。而《しか》れども未だこれを行ふ能はざるなり。夫子は人の一善を見れば、その百非をも忘る。これ夫子の事へ易き(所以)なり。人の善あるを見ること、己れこれを有するが若し。これ夫子の爭はざる(所以)なり。善を聞けば必ず躬らこれを行ひ、然して後これを導く。これ夫子の能く勞する(所以)なり。夫子の三言を學びたれども、未だ行ふ能はず。以て自《みづか》ら知る、終に二子の者に及ばざることを』と。

(一)得もと待に作る。王注に曰く、待宜しく得に爲るべしと。
(二)君もと男に作る。蜀本に從つて改む。

(一五) 孔子曰く『吾が死せし後は、則ち商や日々に益し、賜や日々に損せん』と。曾子曰く『何の謂ぞや』と。子曰く『商や好みて己れに賢《まさ》る者と與《とも》に處り、賜や好みて己れに若かざる者を說《よろこ》ぶ。その子を知らずんばその父を視、その人を知らずんばその友を視、その君を知らずんばその使ふ所を視、その地を知らずんばその草木を視る。故に曰く「善人と居るは、芝蘭の室に入るが如し、久しうしてはその香を聞かず。卽ちこれと化す。不善人と居るは、鮑魚の肆に入るが如し、久しうしてはその臭を聞かず。亦これと化す。丹の藏す所のものは赤く、漆の藏す所のものは黑し。ここを以て君子は必ずその與《とも》に處る所の者を愼む」と』。

(一六) 曾子、孔子に從ひて齊に之《ゆ》く。齊の景公、下卿の禮を以て曾子を聘す。曾子固く辭す。將に行《さ》らんとす。晏子これを送りて曰く『吾れこれを聞く「君子、人に遺るに財を以てするは、善言(を以てする)に若かず」と。今それ蘭本は、三年これを湛《ひた》すに鹿醢を以てし、既に成りてこれを啜ひうれば、則ちこれを匹馬に易ふ。蘭の本性にあらざるなり、湛《ひた》す所以の者美なればなり。願はくは子その湛《ひた》す所の者を詳にせよ。それ君子は居るに必ず處を擇び、遊ぶに必ず方を擇び、仕ふるに必ず君を擇ぶ。君を擇ぶは仕を求むる所以、方を擇ぶは道を修むる所以なり。風を遷すは俗を移す者なるごとく、嗜慾は性を移す。愼まざるべけんや』と。孔子これを聞きて曰く『晏子の言は君子なるかな。賢者に依れば固《まこと》に困まず、富者に依れば固《まこと》に窮せず。馬蚿は足を斬られても復た行くは何ぞや。そのこれを輔くる者衆きを以てなり』と。

(一七) 孔子曰く『富貴を以てして人に下らば、何人か尊ばざらん。富貴を以てして人を愛せば、何人か親まざらん。(我れ)言を發して、(人これに)逆はずんば、言を知ると謂ふべし。(我れ)言ひて、衆これに嚮はば、時を知ると謂ふべし。この故に、富を以てして能く人を富ます者は貧しからんことを欲すとも得べからざるなり、貴を以てして能く人を貴くする者は賤しからんことを欲すとも得べからざるなり、達を以てして能く人を達する者は窮せんことを欲すとも得べからざるなり』と。

(一八) 孔子曰く『中人の情や、餘あれば則ち侈り、足らずんば則ち儉し、禁ずる無くんば則ち淫し、度なくんば則ち逸し、欲に從へば則ち敗る。この故に「鞭扑の子は父の敎に從はず、刑戮の民は君の令に從はず」と。これ、これを疾くすれば忍び難く、これを急にすれば行ひ難きを言へるなり。故に君子は急に斷ぜず、急に制せず、飮食をして量あらしめ、衣服をして節あらしめ、宮室をして度あらしめ、畜積をして數あらしめ、車器をして限あらしむ。亂の原を防ぐ所以なり。それ度量は明にせざるべからず。これ中人の由る所の令なればなり』と。

(一九) 孔子曰く『巧にして度を好めば必ず攻《かた》く、勇にして問を好めば必ず勝ち、智にして謀を好めば必ず成る。愚者はこれに反す。ここを以て、その人にあらずんばこれに告ぐるも聽かず、その地にあらずんばこれに樹《う》うるも生きず、その人を得ば沙を聚めてこれに雨ふらすが如く、その人にあらずんば聾を會《あつ》めてこれに鼓するが如し。それ重に處りて寵を擅にし、事を專にして賢を妒むは、愚者の情なり。位高くんば則ち危く、任重くんば則ち崩るること、立ちて待つ可きなり』と。

(二〇) 孔子曰く『舟は水にあらざれば行かざれども、水、舟に入れば則ち沒す。君は民にあらざれば治らざれども、民、上を犯せば則ち傾く。この故に、君子は嚴ならざる可からざるなり、小人は整一にせざる可からざるなり』と。

(二一) 齊の高庭、孔子に問ひて曰く『庭は山に嚾《へだ》てられず、地に直《ねざ》さず(して遠くここに來り)、穰を衣て贄を提げ、氣を精にして以て問ふ、君子に事ふるの道を。願はくは夫子これを告げよ』と。孔子曰く『貞以てこれを幹とし、敬以てこれを輔け、仁を施して倦むことなく、君子を見れば則ちこれを擧げ、小人を見れば則ちこれを退け、汝の惡心を去りて忠もてこれに與《くみ》せよ。その行を效《いた》し、その禮を修めなば、千里の外も親しきこと、兄弟の如くならん。行效《いた》されず、禮修まらずんば、則ち門を對すとも、汝を通さざらん。それ終日言ひて己れの憂を遺さず、終日行ひて己れの患を遺さざることは、唯だ智者のみこれを能くす。故に自《みづか》ら修むる者は必ず、恐懼以て患を除き、恭儉以て難を避くる者なり。終身、善を爲すとも、一言にして則ちこれを敗ることあり。愼まざる可けんや』と。

辯物第十六

(一) 季桓子、井を穿ち、玉缶の如きものを獲。その中に羊あり。使をして孔子に問はしめて曰く『吾れ井を費に穿ちて、井中に於て一狗を得たり。何ものぞや』と。孔子曰く『丘の聞きし所のもの(を以てすれば)、羊なり。丘これを聞く「木石の怪は夔・蝄蜽、水の怪は龍・罔象、土の怪は羵羊なり」と』。

(二) 呉、越を伐ちて會稽を隳《こぼ》ち、巨骨を獲。一節にて車を專にす。呉子、魯に來聘せしめ、且つこれを孔子に問はしむ。使者に命じて曰く『吾が命を以てすること無かれ』と。賓既に事を將《おこな》ふ。乃ち幣を大夫に發し、孔子に及ぶ。孔子これに爵す。既に俎を徹して燕す。客、骨を執りて、問ひて曰く『敢て問ふ、骨は何如なるを大と爲す』と。孔子曰く『丘これを聞く「昔、禹、群臣を會稽の山に致《まね》きしとき、防風後れて至りしかば、禹殺してこれを戮せり。その骨、車を專にせり。これを大と爲す」と』。客曰く『敢て問ふ、誰《いづれ》を守るを神と爲す』と。孔子曰く『山川の靈の以て天下を紀綱するに足る者、それの守を神と爲す。(一)社稷の守を公侯と爲し、山川の祀(の守)を諸侯と爲す。皆な王に屬す』と。客曰く『防風は何の守ぞ』と。孔子曰く『汪芒氏の君にして、封(山と)嵎山を守れる者なり。漆姓たり。虞・夏・商に在りては汪芒氏と爲し、周に於ては長(二)翟氏と爲し、今は大人と曰ふ』と。(三)客曰く『人の長《たけ》の極は幾何ぞや』と。孔子曰く『焦僥氏は長《たけ》三尺。短の至なり。長《たけたか》き者も十(倍)に過ぎず。數の極なり』と。

(一)社稷上もと諸侯二字あり。蜀本に從つて刪る。注文の衍せるなり。
(二)翟もと瞿に譌す。蜀本に從つて改む。
(三)客もと有客に作る。國語魯語に有字無し。衍文なり。いま刪る。

(三) 孔子、陳に在り。陳の惠公これを上館に賓す。時に隼あり陳侯の庭に集《とどま》りて死す。楛矢これを貫きゐたり。石の砮にして、その(矢の)長さ尺有咫。惠公、人をして隼を持して、孔子の館に如《ゆ》きて問はしむ。孔子曰く『隼の來るや遠し。これ肅愼氏の矢なり。昔、武王、商に克ちたるとき、道を九夷百蠻に通じ、各々をしてその方賄を以て來貢せしめて職業を忘るること無からしめたり。ここに於て、肅愼氏は楛矢石砮を貢せり。その長さ尺有咫ありき。先王その令德の遠物を致せるを昭にし、以て後人に示し、永く鑒みしめんと欲せり。故にその栝に銘して「肅愼氏、楛矢を貢す」と曰ひ、以て大姫に分ち、(大姫を以て)胡公に配してこれを陳に封ぜり。古、同姓に分つに珍玉を以てせるは親を親むことを展《おも》んずる所以なり、異姓に分つに遠方の職貢を以てせるは服を忘るること無からしめんとする所以なり。故に陳に分つに肅愼氏の貢を以てせり。君若し有司をしてこれを故府に求めしめば、それ得べきなり』と。公、人をして求めしめしに、これを金櫝に得しことかくの如し。

(四) 郯子、魯に朝す。魯人問ひて曰く『少昊氏、鳥を以て官に名づけしは、何ぞや』と。對《こた》へて曰く『(少昊氏は)吾が祖なり。我れこれを知る。昔、黄帝は雲を以て官を紀せり。故に(躬は)雲師と爲りて、(百官には)雲もて名づけたり。炎帝は火を以てし、共工は水を以てし、大昊は龍を以てせり。その義は一なり。我が高祖少昊摯の立つや、鳳鳥適々至れり。ここを以てこれを鳥によりて紀せり。故に(躬は)鳥師と爲りて、(百官には)鳥もて名づけたり。(一)顓頊氏より以來は、遠きものを(以て)紀する能はず、乃ち近きものによりて紀せり。(躬は)民師と爲りて、(百官に)命《な》づくるに民事を以てせり。則ち能はざるが故なり』と。孔子これを聞き、遂に郯子を見て學ぶ。既にして人に告げて曰く『吾れこれを聞く「天子、官を失すれば、學、四夷に在り」と。猶は信なり』と。

(一)頊もと項に譌す。蜀本に從つて改む。

(五) 邾の隱公、魯に朝す。子貢これを觀る。邾子は玉を執ること高くして、その容仰ぐ。定公は玉を受くること卑くして、その容俯す。子貢曰く『禮を以てこれを觀るに、二君の者は將に死亡するあらんとす。それ禮は生死・存亡の體なり。將に左右・周旋・進退・俯仰ここに於てかこれを取り、朝・祀・喪・戎ここに於てかこれを觀んとす。今、正月、相朝して、皆な度あらず。心以《すで》に亡せり。嘉事、體あらず。何を以てか能く久しからんや。高く仰げるは驕れるなり、卑く俯せるは替《すた》れるなり。驕れるは亂に近く、替《すた》れるは疾に近し。（一）君は主たれば、それ先づ亡せんか』と。夏五月、公薨じ、又邾子出奔す。孔子曰く『賜は不幸にして言中《あた》る。これ賜をして多言ならしむるなり』と。

（一）君もと若に作る。蜀本に從つて改む。

（六）孔子、陳に在り。陳侯これに就きて燕遊す。行路の人云ふ『魯の司鐸に災あり、宗廟に及べり』と。以て孔子に告ぐ。子曰く『及べる所の者は、それ桓・僖の廟ならん』と。陳侯曰く『何を以てこれを知る』と。子曰く『禮は有功を祖として有德を宗とす。故にその廟を毀たず。今、桓・僖の親は盡く。又功德は以てその廟を存するに足らず。而して魯毀たず。ここを以て天災これに加はれるなり』と。三日にして魯の使至る。これに問へば、則ち桓・僖（の廟）なり。陳侯、子貢に謂ひて曰く『吾れ乃ち今、聖人の貴ぶべきを知れり』と。對《こた》へて曰く『君のこれを知るは可なり。（然れども）未だ若かず、その道を尊《たつと》びて、而してその化を行ふの善なるには』と。

（七）陽虎既に齊に奔り、齊より晉に奔り、趙氏を適《あるじ》とす。孔子これを聞き、子路に謂ひて曰く『趙氏はそれ世々亂あらんか』と。子路曰く『權（陽虎）に在らず。豈に（一）能く亂を爲さんや』と。孔子曰く『汝の知る所にあらず。それ陽虎は富を親みて仁を親まず。季孫に寵ありながら、又將にこれを殺さんとせり。尅たずして奔り、齊に容れられんことを求めたり。齊人これを囚へんとせり。乃ち亡げて晉に歸せり。これ齊・魯の二國は已《すで》にその疾を去れるなり。趙簡子は利を好みて信ずること多し。必ずその說に溺れてその謀に從はん。禍敗の終る所は一世の知るべきにあらざるなり』と。

(一)能もと不に作る。蜀本に從つて改む。

(八) 季康子、孔子に問ひて曰く『今は周の十二月にして、夏《か》の十月なり。而《しか》るに猶ほ螽あるは何ぞや』と。孔子對《こた》へて曰く『丘これを聞く「火伏して後に、蟄する者畢る」と。今、火猶ほ西にて流る。(十二月と爲すは)司歷の過なり』と。季康子曰く『失ふ所の者幾月ぞ』と。孔子曰く『夏《か》に於ては、十月には火既に沒す。今、火の見ゆるは、再び閏を失へるなり』と。

(九) 吳王夫差將に哀公と與《とも》に晉侯を見んとす。子服景伯、使者に對《こた》へて曰く『王、諸侯を合するときには、則ち伯は侯牧を率ゐて以て王に見《まみ》ゆ。伯、諸侯を合するときには、則ち侯は子男を率ゐて以て伯に見《まみ》ゆ。今、諸侯會す。而して君と寡君と與《とも》に晉君に見《まみ》えなば、則ち晉は伯たることと成らん。且つ執事は伯を以て諸侯を召し、而して侯を以てこれを終へば、何の利かこれ有らん』と。吳人乃ち止む。既にしてこれを悔い、遂に景伯を囚ふ。伯、太宰嚭に謂ひて曰く『魯は將に十月上辛を以て上帝・先王に事有り、季辛にして畢らんとす。何《か》や世々これを職《つかさど》るあり。襄〔公〕より已來、(一)〔未だ〕これを改めざるなり。若しそれ會せずんば、則ち祝宗將に「吳實に然《よ》す」と曰はんとす』と。嚭、夫差に言ひてこれを歸す。子貢これを聞き、孔子に見《まみ》えて曰く『子服氏の子は說《ぜい》に拙なり。實を以て囚を獲、詐を以て免を得たり』と。孔子曰く『吳子は夷德たり。欺くべくして、實を以てすべからず。これ聽く者の蔽なり。說く者の拙にあらざるなり』と。

(一)未之改也もと之改之に作る。蜀本に從って未字を補し、下の之字を也に改む。

(10) 叔孫氏の車士を子鉏商と曰ふ。薪を大野に採りて麟を獲、その前左足を折り、載せて以て歸る。叔孫以て不祥と爲し、これを郭外に棄つ。人をして孔子に告げしめて曰く『麕にして角ある者有り、何ぞや』と。孔子往きてこれを觀て曰く『麟なり。胡爲《なんす》れぞ來れるか。胡爲《なんす》れぞ來れるか』と。袂を反して面を拭ひ、涕泣して衿を沾す。叔孫これを聞き、然して後にこれを取る。子貢問ひて曰く『夫子何ぞ泣くこと爾るか』と。孔子曰く『麟の至るは明王の爲めなり。出づることその時に非ずして、而して害せらる。吾れここを以て傷む』と。

哀公問政第十七

(一) 哀公、政を孔子に問ふ。孔子對《こた》へて曰く『文・武の政は布きて方策に在り。その人存すれば則ちその政擧り、その人亡すれば則ちその政息む。天道は生を敏《つと》め、人道は政を敏《つと》め、地道は樹を敏《つと》む。それ政なる者は猶ほ蒲盧のごときなり。化を待ちて以て成る。故に政を爲すは人を得るに在り。人を取るに身を以てし、道を修むるに仁を以てす。仁は人なり、親を親むを大と爲す。義は宜なり、賢を尊ぶを大と爲す。親を親むの敎、賢を尊ぶの等は、禮の生ずる所以なり。禮は政の本なり。ここを以て君子は以て身を修めざるべからず。身を修めんことを思はば、以て親に事へざるべからず。親に事へんことを思はば、以て人を知らざるべからず。人を知らんことを思はば、以て天を知らざるべからず。天下の達道は五あり。そのこれを行ふ所以の者は三。曰く、君臣なり・父子なり・夫婦なり・昆弟なり・朋友なりの五者は天下の達道なり、智・仁・勇の三者は天下の達徳なり。これを行ふ所以の者は一なり。或は生れながらにしてこれを知り、或は學んでこれを知り、或は困んでこれを知る。そのこれを知るに及びては一なり。或は安んじてこれを行ひ、或は利してこれを行ひ、或は勉強してこれを行ふ。その功を成すに及びては一なり』と。公曰く『子の言は美なり、至れり。寡人實に固にして以てこれを成すに足らざるなり』と。孔子曰く『學を好むは智に近く、行を力むるは仁に近く、恥を知るは勇に近し。この三つの者を知らば、則ち身を修むる所以を知る。身を修むる所以を知らば、則ち人を治むる所以を知る。人を治むる所以を知らば、則ち能く天下・國・家を成す者なり』と。公曰く『政はそれ、これに盡くる而已《のみ》か』と。孔子曰く『凡そ天下・國・家を爲《をさ》むるに九經あり。曰く、身を修むるなり、賢を尊ぶなり、親を親むなり、大臣を敬するなり、群臣を體するなり、庶民を子とするなり、百工を來すなり、遠人を柔ぐるなり、諸侯を懷くるなり。それ身を修むれば則ち道立ち、賢を尊べば則ち惑はず、親を親めば則ち諸父・兄弟怨みず、大臣を敬すれば則ち眩せず、群臣を體すれば則ち士の報禮重く、庶民を子とすれば則ち百姓勸《はげ》み、百工を來せば則ち財用足り、遠人を柔ぐれば則ち四方これに歸し、諸侯を懷くれば則ち天下これを畏る』と。公曰く『これを爲すには奈何にすべき』と。孔子曰く『齊潔・盛服し、禮にあらずんば動かざるは、身を修むる所以なり。讒を去り、色を遠ざけ、財を賤みて德を貴ぶは、賢を尊ぶ所以なり。その能を爵し、その祿を重くし、その好惡を同じうするは、親を親むを篤くする所以なり。官をば盛にして、任使せしむるは、大臣を敬ふ所以なり。忠信なるものに祿を重くするは、士を勸むる所以なり。時に使ひ、薄く斂するは、百姓を子とする所以なり。日に省み、月に考へ、(二)餼稟をば事に稱《かな》はしむるは、百工を來す所以なり。往を送り來を迎へ、善を嘉して不能を矜むは、遠人を綏んずる所以なり。絕世を繼ぎ廢邦を擧げ、亂を治め危を持し、朝聘せしむるに時を以てし、往を厚くし來を薄くするは、諸侯を懷くる所以なり。天下・國・家を治むるに九經あり、(而して)そのこれを行ふ所以の者は一なり。凡そ事は豫《あらかじめ》すれば則ち立ち、豫《あらかじめ》せざれば則ち廢る。言は前に定むれば則ち跲《つまづ》かず。事は前に定むれば則ち困まず。行は前に定むれば則ち疚《や》まず。道は前に定むれば則ち窮せず。下位に在りて上に獲られずんば、民得て治むべからず。上に獲らるるに道あり。友に信ぜられずんば、上に獲られず。友に信ぜらるるに道あり。親に順ならずんば、友に信ぜられず。親に順なるに道あり。これを身に反《かへり》みて誠ならずんば、親に順ならず。身に誠なるに道あり。善に明ならずんば、身に誠ならず。誠は天の至道なり。これを誠にするは人の道なり。それ誠なれば、勉めずして中《あた》り、思はずして得、從容として道に中《あた》る。聖人、體定まる所以なり。これを誠にずとは、善を擇びて固くこれを執ることなり』と。公曰く『子の寡人に敎ふること備はれり。敢て問ふ、行の始まる所を』と。孔子曰く『愛を立つるに親より始む。(これ)民に睦を敎ふるなり。敬を立つるに長より始む。(これ)民に順を敎ふるなり。これに慈睦を敎ふれば、民、親あるを貴ぶ。敎ふるに敬を以てすれば、民、命を用ふるを貴ぶ。民既に親に孝に、又順以て命を聽かば、これを天下に措きて可ならざる所なし』と。公曰く『寡人既にこの言を聞くを得たり。懼らくは行を果す能はずして罪咎を獲んことを』と。

(一)騳もと既に作る。蜀本に従つて改む。

(三) 宰我、孔子に問ひて曰く『我れ鬼神の名を聞く。而《しか》れども所謂《いはれ》を知らず。敢て問ふ』と。孔子曰く『人生に氣あり、魂あり。氣は人の盛なり。それ生は必ず死す。死せば必ず土に歸す。これを鬼と謂ふ。魂氣は天に歸す。これを神と謂ふ。鬼と神とを合してこれを享するは、敎の至りなり。骨肉は下に斃《やぶ》れ、化して野土と爲れども、その氣、上に發揚するは、これ神の著《あらは》るるなり。聖人は物の精に因り、制してこれが極を爲し、明に鬼神を命《な》づけて、以て民の則と爲せり。而《しか》れども猶ほこれを以て未だ足らずと爲し、故に宮室を築爲し、宗祧を設爲し、春秋に祭祀し、以て親疎を分ち、(これによつて)、民に、古に反り、始に復り、敢てその由りて生ぜし所を忘れざらんことを敎へしなり。衆人服することこれ自《よ》りし、聽き且つ速なりき。敎ふるに二端を以てし、二端既に立てば、報ずるに二禮を以てせり。朝事を建設し、羶薌を燔燎するは、魄に報ずる所以なり。これ、民に、本を修めて始に反り、愛を崇びて、上下、情を用ふることを敎へしなり。禮の至りなり。君子は古に反り、始に復り、その由りて生ずる所を忘れず。ここを以て、その敬を致し、その情を發し、力を竭して事に從ひ、敢て自《みづか》ら盡さずんばあらず。これ、これを大敎と謂ふ。昔、文王の祭るや、死に事ふること生に事ふるが如く、死を思ふこと生を欲せざるが而《ごと》く、忌日には則ち必ず哀み、諱を稱するときは則ち親を見るが如くなりき。祀の忠なり。これを思ふこと深くして親の愛せし所を見るが如く、祭るに親の顏色を見んと欲せし者は、それ唯だ文王か。詩に云ふ「明發まで寐ねられず、二人を懷ふ有り」と。則ち文王の謂か。祭の明日は、明發まで寐ねられずに二人を懷ふ有り、敬してこれを致し、又從ひてこれを思ふ。祭の日は、樂と哀と半ばす。これを饗くれば必ず樂み、已《すで》に至れば必ず哀む。孝子の情なり。文王能くこれを得たりと爲す』と。

孔子家語卷第四（終）

孔子家語巻第五

顏回第十八

（一）魯の定公、顏回に問ひて曰く『子も亦東野畢の御を善くせるを聞きしか』と。對《こた》へて曰く『善くするは、則ち善くす。然りと雖も、その馬將に必ず佚せんとす』と。定公、色、悅ばず。左右に謂ひて曰く『君子は固《まこと》に人を誣ふることあるか』と。顏回退く。後三日にして、牧來りてこれを訴ふ。曰く『東野畢の馬佚せり。兩驂は兩服を曳きて廐に入れり』と。公これを聞き、席を越えて起ち、駕を促して顏回を召す。回至る。公曰く『前日、寡人、吾子に問ふに東野畢の御を〔善くするを〕以てせり。而《しか》るに子曰く「善くするは則ち善くす。（然れども）その馬將に佚せんとす」と。識らず、吾子は奚《なに》を以てこれを知れる』と。顏回對《こた》へて曰く『政を以てこれを知れり。昔、帝舜は民を使ふに巧にして、造父は馬を使ふに巧なりき。舜はその民の力を窮めず、造父はその馬の力を窮めざりき。ここを以て舜に佚民なく、造父に佚馬なかりき。今、東野畢の御するや、馬に升りて轡を執り、銜體正し。步驟馳騁して、朝禮畢る。險を歷、遠を致して、馬力盡く。然れども猶ほ乃ち馬に求《せ》めて已まず。臣これを以てこれを知れり』と。公曰く『善し。誠に吾子の言の若くなり。吾子の言はその義大なり。願はくは少しく進めよや』と。顔回曰く『臣これを聞く「鳥窮すれば則ち啄み、獸窮すれば則ち攫み、人窮すれば則ち詐り、馬窮すれば則ち佚す」と。古より今に及ぶまで、未だその下を窮めて能く危きことなき者あらざるなり』と。公悦ぶ。遂に以て孔子に告ぐ。孔子對《こた》へて曰く『それ、その顔回たる所以の者は、この類なり。豈に多とするに足らんや』と。

（一）羣書治要本に從って善字を補す。

（二）孔子、衞に在り。昧旦晨に興《お》く。顔回、側に侍す。哭する者の聲甚だ哀しきを聞く。子曰く『回、汝これ何の哭する所なるを知るか』と。對《こた》へて曰く『回以《おも》へらく、この哭聲は但に死者の爲めにするのみにあらず、又生離別ある者なり』と。子曰く『何を以てこれを知る』と。對《こた》へて曰く『回聞けり、桓山の鳥、四子を生み、羽翼既に成りて將に四海に分れんとするとき、その母悲鳴してこれを送れるを。哀聲これに似たる有り。その往きて返らざるを謂《おも》へばなり。回竊に、音の類せるを以て、これを知る』と。孔子、人をして哭する者に問はしむ。果して曰く『父死し、家貧し。子を賣りて以て葬り、これと長く決《わか》れんとす』と。子曰く『回や音を識るに善し』と。

（三）顔回、孔子に問ひて曰く『成人の行は若何』と。子曰く『情性の理に達し、物類の變に通じ、幽明の故を知り、游氣の原を觀る。かくの若くにして成人と謂ふべし。既に能く成人にして、而して又これに加ふるに仁義・禮樂を以てするは、成人の行なり。若し乃ち神を窮め(一)化を知るは、德の盛なるなり』と。

(一)化もと禮に作る。王注に曰く、禮宜しく化に爲るべしと。

㈣　顏回、孔子に問ひて曰く『臧文仲と武仲と孰れか賢なる』と。孔子曰く『武仲は賢なるかな』と。顏回曰く『武仲は世に聖人と稱せり。而《しか》れども身、罪を免れざりき。これ智の稱するに足らざるなり。好みて兵討を言ひて、鋭を邾に於て挫かれたり。これ智名づくるに足らざるなり。それ文仲はその身歿すと雖も、而《しか》も言朽ちず。惡《いづく》んぞ未だ賢ならざることあらんや』と。孔子曰く『身歿して言立つは文仲たる所以なり。然れども猶ほ、不仁なる者三、不智なる者三あり。これ則ち武仲に及ばざるなり』と。回曰く『得て聞くべきか』と。孔子曰く『展禽を下にし、六關を置き、妾に蒲を織らせしは、三不仁なり。虛器を設け、逆祀を縱し、海鳥を祠らしめしは、三不智なり。武仲、齊に在りしとき、齊將に禍あらんとせしかば、その田を受けずして、以てその難を避けたり。これ智の難きものなり。それ臧(一)武仲の智にして、魯に容れられざりしは、抑も由《ゆゑ》あるなり。作して順ならず、施して恕ならざればなるかな。夏書に曰く「茲《これ》を念ふこと、茲《これ》に在り」と。事を順にし、施を恕にすべきなり』と。

(一)武もと文に作る。蜀本に從つて改む。

(五) 顏回、君子を問ふ。孔子曰く『愛は仁に近く、度は智に近く、己れの爲めにすることをば重くせず、人の爲めにすることをば輕くせざるは、君子なるかな』と。回曰く『敢てその次を問ふ』と。子曰く『學ばずして行ひ、思はずして得るなり。小子これを勉めよ』と。

(六) 仲孫何忌、顏回に問ひて曰く『仁者は、一言にして必ず仁智に益ありと。得て聞くべきか』と。回曰く『一言にして智に益あるは、豫に如くは莫し。一言にして仁に益あるは、恕に如くは莫し。それ、その由《おこな》ふべからざる所を知らば、ここにその由《おこな》ふべき所を知らん』と。

(七) 顏回、小人を問ふ。孔子曰く『人の善を毀りて以て辯と爲し、狡訐にして詐を懷きて以て智と爲し、人の過あるを幸《こひねが》ひ、學ぶを恥ぢて不能を羞づるは、小人なり』と。

(八) 顏回、子路に問ひて曰く『力、德よりも猛くして、而してその死を得る者は、鮮し。盍《なん》ぞこれを愼まざる』と。孔子、顏回に謂ひて曰く『人この道の美を知らざる莫し。而《しか》るにこれを御《ま》つ莫く、これを爲す莫きは、何ぞや。聞くことを爲す者盍《なん》ぞ日々思はざるや』と。

(九) 顏回、孔子に問ひて曰く『小人の言、君子に同じき者あり。察せざるべからざるなり』と。孔子曰く『君子は行を以て言ひ、小人は舌を以て言ふ。故に君子は義を爲すの上にて相疾《にく》めども退きては而《すなは》ち相愛し、小人は亂を爲すの上に於て相愛すれども退きては而《すなは》ち相惡《にく》む』と。

(一〇) 顏回問ふ『朋友の際《まじはり》は如何』と。孔子曰く『君子の朋友に於けるや、心に必ず非とするありて而《しか》も（これを）謂ふこと能はずんば、吾れその仁人たるを知らざるなり。久德を忘れず、久怨を思はざるは、仁なるかな』と。

（二）叔孫武叔（一）、顔回を見る。武叔、多く人の過を稱して、已れこれを評論す。顔回曰く『固《まこと》に子の來ること辱《かたじけな》し。宜しく回より得ることあるべし。吾れこれを孔子より聞知せり、曰く「人の惡を言ふは、已れを美《よ》くする所以に非ず。人の枉を言ふは、已れを正しくする所以に非ず。故に君子は、その惡を攻めて、人の惡を攻むることなし」と』。

（一）もと叔孫武叔見未仕於顔回回曰賓之武叔多稱人之過に作る。何本に從つて未仕二字及び回曰賓之四字を刪る。

（三）顔回、子貢に謂ひて曰く『吾れこれを夫子に聞けり「身、禮を用ひずして禮を人に望み、身、德を用ひずして德を人に望むは、亂なり」と。夫子の言は思はざるべからざるなり』と。

子路初見第十九

（一）子路、孔子に見《まみ》ゆ。子曰く『汝は何をか好樂《げう》する』と。對《こた》へて曰く『長劍を好む』と。孔子曰く『吾れこれをこれ問ふにあらざるなり。徒《ただ》謂ふ、子の能くする所を以てして、これに加ふるに學問を以てせば、豈に及ぶべけんや』と。子路曰く『學豈に益あらんや』と。孔子曰く『それ人君にして諫臣なくんば則ち正を失ひ、士にして敎友なくんば則ち聽を失ふ。狂馬を御するには策を釋てず、弓を操るには檠に反《そむ》かず。木は繩を受くれば則ち直く、人は諫を受くれば則ち聖となる。學を受けて重ねて問はば、孰《た》れか順ならざらんや。仁を毀り仕を惡《にく》まば、必ず刑に近づく。君子は學ばざるべからず』と。子路曰く『南山に竹あり、揉めずして自《おのづか》ら直く、斬りてこれを用ふれば犀革に達す。これを以てこれを言へば、何の學ぶことかこれ有らん』と。孔子曰く『括してこれに羽つけ、鏃してこれを礪かば、その入ること亦深からずや』と。子路再拜して曰く『敬《つつし》みて敎を受けん』と。

(三) 子路將に行かんとして、孔子に辭す。子曰く『汝に贈るに車を以てせんか。汝に贈るに言を以てせんか』と。子路曰く『請ふ、言を以てせんことを』と。孔子曰く『强ならずんば達せず、勞せずんば功なく、忠ならずんば親なく、信ならずんば復するなく、恭ならずんば禮を失ふ。この五者を愼まんのみ』と。子路曰く『由請ふ、終身これを奉ぜん。敢て問ふ、親しく交はりて親を取るは若何、言寡くして行ふ可きは若何、長く善士と爲りて犯す無きは若何』と。孔子曰く『汝の問ふ所は苞《か》ねて五者の中に在り。親しく交はりて親を取るは、それ忠なり。言寡くして行ふ可きは、それ信なり(一)。長く善士と爲りて犯す無きは、(二)それ禮なり』と。

(一)信也もと信乎に作る。和刻本に從つて改む。
(二)其禮也もと於禮也に作る。和刻本に從つて改む。

(三) 孔子、魯の司寇と爲り、季康子に見《まみ》ゆ。康子悦ばず。孔子又これに見《まみ》ゆ。宰予進みて曰く『昔、予や嘗てこれを夫子に聞けり。曰く「王公にも、我れを聘せずんば、則ち動かず」と。今、夫子の司寇となるに於けるや、日少くして、而《しか》も節を屈すること數々《しばしば》なり。以て已むべからざるか』と。孔子曰く『然り。魯國は、衆を以て相陵《しの》ぎ、兵を以て相暴するの日久し。而して、有司治めず。則ち、將に亂れんとす。その我れを聘する者、孰れかこれより大ならんや』と。魯人これを聞きて曰く『聖人將に治めんとす。何ぞ先づ自《みずか》ら刑罰に遠ざからざる』と。これよりして後、國に爭ふ者無し。孔子、宰予に謂ひて曰く『を山違《さ》ること十里にして、蝒蛄の聲猶ほ耳に在り。故に政事はこれに應ずるに若くは莫し』と。

(四) 孔子の兄の子に孔篾といふ者あり。宓子賤と偕に仕ふ。孔子往きて、孔篾に過《よぎ》りてこれに問ひて曰く『汝の仕へしより、何をか得、何をか亡《うしな》ひたる』と。對《こた》へて曰く『未だ得る所あらず、而《しか》も亡《うしな》ふ所の者は三あり。王事は襲《よ》（こ）るが若し。學焉《いづく》んぞ習ふを得ん。ここをもつて學は明にするを得ざるなり。俸祿少くして、饘粥だも親戚に及ばず。ここをもつて骨肉益々疎となれり。公事に急多くして、死を弔ひ疾を問ふを得ず。ここをもつて朋友の道闕くるなり。その亡《うしな》ふ所の者三とは、即ちこれを謂ふなり』と。孔子悦ばず。往きて子賤に過《よぎ》る。問ふこと孔篾への如くす。對《こた》へて曰く『來り仕へしより、亡《うしな》ふ所なし。その得る所のものは三あり。始はこれを誦し、今は得てこれを行ふ。ここをもつて學益々明となるなり。俸祿の供する所、親戚にも被り及ぶ。ここをもつて骨肉益々親むなり。公事ありと雖も、而《しか》れども兼ねて以て死を弔ひ疾を問ふ。ここをもつて朋友篤くなるなり』と。孔子喟然として子賤を謂ひて曰く『君子なるかな若《かくのごと》き人。魯に君子者なくんば、則ち子賤焉《いづく》よりこれを取らん』と。

(一)襲もと龍に作る。王注に曰く、龍宜しく讋に爲るべし、前後相因る也と。說苑政理篇襲に作る。讋は襲の譌なるべし。いま襲に改む。

(五) 孔子、哀公に侍坐す。これに桃と黍とを賜ふ。哀公曰く『請ふ、食せよ』と。孔子先づ黍を食ひて後に桃を食ふ。左右皆な口を掩ひて笑ふ。公曰く『黍は桃を雪《ぬぐ》ふ所以のものなり。これを食ふ爲めにあらざるなり』と。孔子對《こた》へて曰く『丘これを知れり。然れどもかの黍は五穀の長なり。郊禮・宗廟には、以て上盛と爲す。菓の屬は六あり、而して桃を下と爲す。祭祀には用ひず、郊廟に登せず。丘これを聞く「君子は賤を以て貴を雪《ぬぐ》ふ」と。貴を以て賤を雪《ぬぐ》ふを聞かず。今、五穀の長を以て菓の下なる者を雪《ぬぐ》ふは、これ上より下を雪《ぬぐ》ふなり。臣以て敎に妨あり義に害ありと爲す。故に敢てせず』と。公曰く『善いかな』と。

(六) 子貢曰く『陳の靈公、婬を朝に宣《しめ》せり。泄治正諫し、而して(公)これを殺せり。これ比干の諫めて死せると同じ。仁と謂ふべきか』と。子曰く『比干の紂に於けるや、親は則ち諸父たり。

官は則ち少師たり。忠報の心、宗廟に在りしのみ。固《もと》より必らず死を以てこれを爭ひ、身死せし後に紂の將に悔寤せんとするを冀へるなり。それ本より志情、仁に在る者なり。泄治の靈公に於けるや、位は大夫に在り、骨肉の親なし。寵を懷ひて去らず、亂朝に仕へて區區の一身を以て一國の婬昏を正さんと欲せり。死して益なし。損つと謂ふべし。詩に云ふ「民これ辟《よこしま》多きときは、自《みづか》ら辟《のり》を立つること無かれ」と。それ泄治の謂か』と。

(七) 孔子、魯に相たり。齊人その將に霸たらんとするを患へ、その政を敗らんと欲し、乃ち好女子八十人を選び、衣するに文飾を以てして容璣を舞はしめ、文馬四十駟と及《とも》に、以て魯の君に遺《おく》る。魯の城南の高門の外に女樂《がく》を陳ね、文馬を列ぬ。季桓子、微服して、往きてこれを觀ること再三。將に受けんとす。魯君に告げて、道を周《めぐ》りて遊觀を爲し、これを觀ること終日、政事に怠る。子路、孔子に言ひて曰く『夫子以て行《さ》るべし』と。孔子曰く『魯、今、且《まさ》に郊せんとす。若し膰を大夫に致さば、これ則ち未だその常を廢せざるなり。吾れ猶ほ以て止まるべきなり』と。桓子既に女樂《がく》を受く。君臣婬荒すること三日、國政を聽かず。郊すれども、又膰俎を致さず。孔子遂に行《さ》る。郭屯に宿す。師以送りて曰く『夫子は罪にあらざるなり』と。孔子曰く『吾れ歌はん。可ならんか』と。歌ひて曰く『彼の婦人の口(により、君子)以て出走す可し。彼の婦人の請(により、君子)以て死敗ずべし。優なるかな、游なるかな。聊か以て歲を卒へん』と。

(八) 澹臺子羽は君子の容あり。而して行その貌に勝《た》へず。宰我は文雅の辯あり。而して智その辯に克《た》へず。孔子曰く『里語に云ふ「馬を相するには輿を以てし、士を相するには居を以てす」と、廢すべからず。容を以て人を取らば、則ちこれを子羽に失す。辯を以て人を取らば、則ちこれを宰予に失す』と。

(九) 孔子曰く『君子はその能くせざる所を以て人を畏れ、小人はその能くせざる所を以て人を信ぜず。故に君子は人の才を長とし、小人は人を抑へて勝を取る』と。

(10) 孔篾、己れを行ふの道を問ふ。子曰く『知るのみにして爲さざるは、知る勿きに如《し》くは莫し。親むのみにして信ぜざるは、親む勿きに如《し》くは莫し。樂の方《まさ》に至るときは、樂め、而《しか》れども驕ること勿れ。患の將に至らんとするときは、患へ、而《しか》れども憂ふること勿れ』と。孔篾曰く『行(かくのごとき)のみか』と。子曰く『その能くせざる所を攻《をさ》めて、その備はらざる所を補へ。その能くせざる所を以て、人を疑ふこと毋れ。その能くする所を以て、人に驕ること毋れ。終日言ひて己れの憂を遺《のこ》すこと無く、終日行ひて己れの患を遺《のこ》さざるは、唯だ智者のみこれ有り』と。

在厄第二十

(一) 楚の昭王、孔子を聘す。孔子往きて拜禮せんとし、路して陳・蔡に出づ。陳・蔡の大夫相與《とも》に謀りて曰く『孔子は聖賢なり。その刺譏する所、みな諸侯の病に中《あた》る。若し楚に用ひられなば、則ち陳・蔡は危からん』と。遂に徒兵をして孔子を距《はば》ましむ。孔子行くことを得ず。糧を絶つこと七日、外には通ずる所なく、藜羹だも充たず。従者皆な病む。孔子愈々慷慨し、講〔誦〕(二)絃歌して衰へず。乃ち子路を召して、これに問ひて曰く『詩に云ふ「兕に匪《あら》ず、虎に匪《あら》ず。彼の曠野に率ふ」と。吾が道非なるか。爰爲《なんす》れぞここに至れる』と。子路慍《いきどほ》りて色を作《な》して對《こた》へて曰く『君子は困む所なし。意ふに、夫子は未だ仁ならざるか、人の吾れを信ぜざるは。意ふに、夫子は未だ智ならざるか、人の吾れを行かしめざるは。且つ由や昔これを夫子に聞けり。曰く「善を爲す者には、天これに報ゆるに福を以てす。不善を爲す者には、天これに報ゆるに禍を以てす」と。今、夫子は德を積み義を懷き、これを行ふこと久し。爰《なに》ごとぞ、この窮や』と。子曰く『由未だこれを識らざるなり。吾れ汝に語《つ》げん。汝、仁者を以て必ず信ぜらるると爲すか。(果して然らば)則ち伯夷・叔齊は首陽に餓死せざりしなり。汝、智者を以て必ず用ひらるると爲すか。(果して然らば)則ち王子比干は心《むね》を剖かれざりしなり。汝、忠者を以て必ず報いらるると爲すか。(果して然らば)則ち關龍逢は刑せられざりしなり。汝、諫者を以て必ず聽かるると爲すか。(果して然らば)則ち伍子胥は殺されざりしなり。それ遇と不遇とは時なり、賢と不肖とは才なり。君子、博學・深謀にして、時に遇はざる者衆し。何ぞ獨り丘のみならんや。且つ芝蘭は深林に生ずれども、人なきを以て芳しからずんばあらず。君子は道を修め徳を立て、窮困の(二)爲めに節を改めず。これを爲す者は人なり。生死は命なり。ここを以て、晉の重耳の霸心あるは曹・衞に於て(これを)生じ、越王句踐の霸心あるは會稽に於て(これを)生ぜるなり。故に下に居て而して憂なき者は則ち思遠からず、身を處して而して常に逸《やす》んずる者は則ち志廣からず。庸《あつ》てその終始を知らんや』と。子路出づ。子貢を召す。告ぐること子路への如くす。子貢曰く『夫子の道は至つて大なり。故に天下能く容るる莫し。夫子盍《なん》ぞ少しく貶《おと》さざる』と。子曰く『賜よ。良農は能く稼すれども、必ずしも能く穡せず。良工は能く巧なれども、能く順を爲さず。君子は能くその道を修め、綱してこれを紀すれども、必ずしもそれ能く容れられず。(然るに)今その道を修めずして、その容れられんことを求む。賜よ。爾《なんぢ》の志は廣からず、思は遠からず』と。子貢出づ。顏回入る。問ふこと亦かくの如くす。顏回曰く『夫子の道は至つて大なり。天下能く容るる莫し。然りと雖も、夫子推してこれを行へ。世我れを用ひざるは、國を有する者の醜《はぢ》なり。夫子何ぞ病《うれ》へん。容れられずして然して後に君子を見る』と。孔子欣然として歎じて曰く『これあるかな、顏氏の子。(一)爾《なんぢ》をして財多からしめば、吾れ爾《なんぢ》が宰と爲らん』と。

(一)蜀本に從って誦字を補す●
(二)爲もと謂に作る。蜀本に從って改む。

(二)もと我亦使爾多財に作る。何本に從つて我亦二字を刪る。

㈡ 子路、孔子に問ひて曰く『君子も亦憂あるか』と。子曰く『無きなり。君子、行を修むるや、その未だこれを得ざるときは則ちその意を樂み、既にこれを得たるときは又その治を樂む。ここを以て終身の樂ありて、一日の憂なし。小人は則ち然らず。その未だ得ざるや、これを得ざらんことを患ふ。既にこれを得ば、又これを失はんことを恐る。ここを以て、終身の憂ありて、一日の樂なきなり』と。

㈢ 曾子、弊衣して魯に耕す。魯君これを聞きて邑を致《おく》る。曾子固く辭して受けず。或ひと曰く『子の求めたるにあらずして、君自《みづか》らこれを致《おく》れるなり。奚《なん》ぞ固く辭するや』と。曾子曰く『吾れ聞く「人の施を受くる者は常に人を畏れ、人に與ふる者は常に人に驕る」と。縱《たと》ひ君賜ふありて我れに驕らずとも、吾れ豈に能く畏るる勿からんや』と。孔子これを聞きて曰く『參の言は以てその節を全うするに足るなり』と。

㈣ 孔子、陳・蔡に於て厄せられ、從者、七日まで食はず。子貢、齎す所の貨を以て、竊に圍を犯して出で、糴を野人に告げ、米一石を得たり。顏回・仲由これを壞屋の下に於て炊ぐ。埃墨ありて飯中に墮つ。顏回取りてこれを食ふ。子貢、井よりこれを望見し、悅ばず。以爲《おも》へらく、竊みて食へりと。入りて孔子に問ひて曰く『仁人・廉士も窮すれば節を改むるか』と。孔子曰く『節を改めば、即ち何ぞ仁廉と稱せんや』と。子貢曰く『回の若きは、それ節を改めざるか』と。子曰く『然り』と。子貢、飯《くら》ふ所を以て孔子に告ぐ。子曰く『吾れ回の仁たるを信ずること久し。汝云ふありと雖も、以て疑はざるなり。それ或は必ず故あらんか。汝止まれ。吾れ將にこれを問はんとす』と。顏回を召して曰く『疇昔、われ夢に先人を見たり。豈に我れを啓祐せんとする或《あ》るか。子炊ぎて飯を進めよ。吾れ將に進めんとす』と。對《こた》へて曰く『向《さき》に埃墨ありて飯中に墮ちたり。これを置かんと欲すれば則ち潔からず。これを棄てんと欲すれば則ち惜む可し。回即ちこれを食へり。祭るべからざるなり』と。孔子曰く『然るか。吾れも亦これを食はん』と。顏回出づ。孔子顧みて二三子に謂ひて曰く『吾れの回を信ずるや(一)特《ただ》に今日のみに非ざるなり』と。二三子これに由りて乃ちこれに服す。

(一)特もと待に作る。岡白駒曰く、待當に特に作るべし、字の誤也と。

入官第二十一

(一)子張、入官を孔子に問ふ。孔子曰く『身を安んじ譽を取るを難しと爲す』と。子張曰く『これを爲すには如何にすべきか』と。孔子曰く『已れ善あるときは、專にすること勿れ。不能に敎へて怠ること勿れ。(人)已に過てりとも、發《あば》くこと勿れ。(人)言を失《あやま》つとも、掎《あしと》ること勿れ。不善をば遂ぐること勿れ。行ふべき事をば留むること勿れ。君子、官に入るに、この六の者を有せば、則ち身安く譽至りて、而して政從はれん。且つそれ忿ることをば數々《しば〳〵》するは官獄の由りて生ずる所なり、諫を距《はば》むは慮の塞がる所以なり、慢易は禮の失はるる所以なり、怠惰は時の後るる所以なり、奢侈は財の足らざる所以なり、專獨は事の成らざる所以なり。君子、官に入りて、この六の者を除かば、則ち身安く譽至りて、而して政從はれん。故に君子、南面して官に臨むや、大域の中にしてこれを公治し、精しく知りこれを略行し、この忠信を合し、この大倫を考へ、この美惡を存し、この利を進めてこの害を除き、その報を求むるなし。而して民の情得べきなり。それ、これに臨むに民に抗するの志(一)なく、これに勝つに民を犯すの言なく、これを量るに民に佼《もと》るの辭なく、これを養ふにその時を擾るなく、これを愛するに刑法を寛にするなし。かくの如くんば、則ち身安く譽至りて、而して民得られん。君子以て官に臨むや、見る所則ち邇《ちか》きが故に明蔽ふ可からざるなり、求むる所をば邇《ちか》きに於てするが故に勞せずして得るなり、治むる所以のもの約なるが故に衆を用ひずして譽立つ。凡そ法象は內に在るが故に、法遠からずして、而して源泉竭きず。ここを以て、天下積みて而して本寡からず、短長その量を得て人志治りて亂れず、政德は心を貫き志に藏し色に形れ聲に發す。かくの若くなれば、而《すなは》ち身安く譽至り、民咸な自《おのづか》ら治まらん。この故に、官に臨みて治めずんば則ち亂れ、亂生ずれば則ちこれを爭ふ者至り、爭の至は又亂に於てす。明君は必ず寛裕以てその民を容れ、慈愛してこれを優柔し、而して民自《おのづか》ら得らる。行は政の始なり。說は情の導なり。善政は行ひ易くして、民怨みず。言調ひ說和すれば、則ち民變ぜず。法、身に在れば、則ち民象《かたど》る。明、己れに在れば、則ち民これを顯す。若し乃ち己れに供して節せずんば、則ち財利の生ずる者微なり。貪りて以て得ずんば、則ち善政必ず簡なり。苟《かりそめ》にして以てこれを亂れば、則ち善言も必ず聽かれざるなり。詳《つまびらか》にして以てこれを納るれば、則ち規諫日々至る。言の善なる者は、日々聞く所に在り。行の善なる者は、能く爲す所に在り。故に君上は民の儀なり、有司・執政は民の表なり、邇臣・便僻は群僕の倫なり。故に儀正しからずんば則ち民失《あやま》ち、表端《ただ》しからずんば則ち百姓亂れ、邇臣・便僻(廉ならずんば)則ち群臣汙る。ここを以て人主は三倫を敬《つつし》まざるべからず。君子、身を修めて道に反り、理言を察してこれを服《おこな》はば、則ち身安く譽至り、終始ここに在らん。故にかの女子は必ず自《みづか》ら絲麻を擇び、良工は必ず自《みづか》ら完(三)材を擇ぶ(がごとくに)、賢君は必ず自《みづか》ら左右を擇び、人を取るに勞して事を治むるに佚す。君子、譽を欲せば、則ち必ずその左右を謹む。上たる者は、譬へば木に緣るが如し。高きを務むれば、下を畏るること滋々《ますます》甚し。六馬の乖離するは必ず四達の交衢に於てす。萬民のこれ道に叛くは必ず君上の失政に於てす。上なる者は尊嚴にして危く、民なる者は卑賤にして神なり。これを愛すれば則ち存し、これを惡《にく》めば則ち亡ぶ。民に長たる者は必ずこの要を明にす。故に南面して官に臨むや、貴くして驕らず、富みて能く供し、本ありて能く末を圖り、事を修めて能く業を建て、久しく居りて滯らず、情近くして遠きに暢ぶ。一物を察《み》て多を貫き、一物を治めて萬物能く亂れざる者は、身を以て本とすればなり。君子、民に蒞むや、以て民の性を知り、諸民の情に達せざるべからず。既にその性を知り、又その情に習はば、然して後に、民乃ち命に從ふ。故に世擧がれば則ち民これに親み、政均しければ則ち民怨むなし。故に君子、民に蒞むや、臨むに高きを以てせず、導くに遠きを以てせず、民の爲さざる所を責めず、民の能はざる所を强ひず。明王の功を以てすとも、その情に因らずんば、則ち民嚴《はばか》りて迎へず。これを篤くするに累年の業を以てすとも、その力に因らずんば、則ち民引きて從はず。若し民の爲さざる所を責め、民の能はざる所を强ひなば、則ち民疾《にく》む。疾《にく》まば則ち僻す。古、聖主の冕して旒を前にせしは明を蔽ふ所以なり、紘紞をば耳に充《あ》てしは聽を掩ふ所以なり。水は至淸なれば卽ち魚なく、人は至察なれば則ち徒なし。枉げてこれを直くして自《みつか》らこれを得せしめ、優しくしてこれを柔げて自《みつか》らこれを求めしめ、揆りてこれを度《はか》りて自《みつか》らこれを索めしめ、民に小罪あるときは必ずその善を求めて以てその過を赦し、民に大罪あるときは必ずその故を原ねて仁を以て化を輔け、如《も》し死罪あるときはそのこれをして生きしむるは、則ち善なり。ここを以て上下親みて離れず、道の化流れて蘊《とどこほ》らず。故に德は政の始なり。政和せずんば、則ち民その敎に從はず。敎に從はずんば、則ち民習はず。

習はずんば、則ち(民)得て使ふべからざるなり。君子、言の信ぜられんことを欲せば先づその內を虛にするより善きは莫く、政の速に行はれんことを欲せば身を以てこれに先んずるより善きは莫く、民の速に服せんことを欲せば道を以てこれを御するより善きは莫し。故に(道を以てこれを御するにあらずんば)服すと雖も必ず強ふるなり、忠信に非ざる自《よ》りは則ち以て親を百姓に取るべきものなく、內外相應せずんば則ち(三)以て信を庶民に取るべきものなし。これ民を治むるの至道なり、官に入るの大統なり』と。子張既に孔子のこの言を聞き、遂に退きてこれを記す。

(一)無抗民之志もと無抗民之戀に作る。王注に曰く、民を治むるに抗揚の志無しと。大戴禮記子張問入官篇、無抗民之志に作る。いまこれに從ふ。
(二)完もと貌に作る。蜀本に從つて改む。
(三)以もと巳に作る。同上に從つて改む。

困誓第二十二

(一) 子貢、孔子に問ひて曰く『賜は學に倦み、道に困む。願はくは君に事ふるに息はん。可ならんか』と。孔子曰く『詩に云ふ「溫恭に朝夕し、事を執りて恪《つつし》むあり」と。君に事ふるは、これ難し。焉《いづくん》ぞ息ふべけんや』と。曰く『然らば則ち賜願はくは息ひて親に事へん』と。孔子曰く

『詩に云ふ「孝子匱《とぼ》しからず。永く爾《なんぢ》に類を錫《たま》ふ」と。親に事ふるは、これ難し。焉《いづくん》ぞ以て息ふべけんや』と。曰く『然らば、賜願はくは妻子に息はん』と。孔子曰く『詩に云ふ「寡妻に刑《のり》となり、兄弟に至り、以て家邦を御《ただ》す」と。妻子はこれ難し。焉《いづくん》ぞ以て息ふべけんや』と。曰く『然らば、賜願はくは朋友に息はん』と。孔子曰く『詩に云ふ「朋友の攝する攸《ところ》、攝するに威儀を以てす」と。朋友はこれ難し。焉《いづくん》ぞ以て息ふべけんや』と。曰く『然らば則ち賜願はくは耕に息はん』と。孔子曰く『詩に云ふ「晝は爾《なんぢ》于《ゆ》きて茅《ちがやか》れ。宵《よる》は爾《なんぢ》索綯《なはな》へ。亟《すみやか》に其れ屋に乘《の》れ。其れ百穀を播《ま》き始めよ」と。耕はこれ難し。焉《いづくん》ぞ以て息ふべけんや』と。曰く『然らば則ち賜將に息ふべき所の者なからんとするか』と。孔子曰く『ここに有る耳(一)。その廣を望めば、則ち皐如たり。その高を視れば、則ち塡如たり。その從を察《み》れば、則ち隔如たり。これその以て息ふべき所なり』と。子貢曰く『大なるかな、死や。君子も焉《ここ》に息ひ、小人も焉《ここ》に休ふ。大なるかな、死や』と。

(一)耳もと自に作る。列子天瑞篇に依つて改む。

(三) 孔子、衞より將に晉に入らんとして、河に至る。趙簡子が竇犨鳴犢及び舜華を殺せるを聞き、乃ち河に臨みて歎じて曰く『美なるかな、水。洋洋乎たり。丘のこれを濟らざるは、命なるかな』と。子貢趨りて進みて曰く『敢て問ふ、何の謂ぞや』と。孔子曰く『竇犨鳴犢と舜華とは晉の賢大夫なり。趙簡子未だ志を得ざりし時は、この二人を須《ま》ちて而して後に政に從へり。その已《すで》に志を得るに及んでや、これを殺せり。丘これを聞く「胎を刳き夭を殺せば、則ち麒麟その郊に至らず。澤を竭して漁すれば、則ち蛟龍その淵に處らず。巢を覆し卵を破れば、則ち鳳凰その邑に翔らず。何となれば則ち君子はその類を傷る者を違《さ》ればなり」と。鳥獸すらこれ不義に於ては、尙ほこれを避くるを知る。況んや人に於てをや』と。遂に還りて鄒に息ひ、槃〔操〕(一)を作り、琴して以てこれを哀む。

(一)何本に從つて操字を補す。

(三) 子路、孔子に問ひて曰く『ここに人あり。夙に興き夜《よは》に寐ね、耕耘・樹藝し、手足胼胝して以てその親を養ふ。然り而して名、孝を稱せられざるは、何ぞや』と。孔子曰く『意《おも》ふに、身の敬ならざるか、辭の順ならざるか、色の悅ばざるかなり。古の人言へるあり、曰く「人か、己れか。汝を欺かず」と。今、力を盡して親を養ひ、而して三者の闕くるなくんば、何謂《なんす》れぞ孝の名なからんや』と。孔子(更に)曰く『由よ。汝これを志《しる》せ。吾れ汝に語《つ》げん。國士の力ありと雖も而《しか》も自《みづか》らその身を擧ぐること能はざるは、力の少きにあらず、勢の不可なればなり。それ內行の修まらざるは身の罪なり、行修まれども名の彰はれざるは友の罪なり。(一)故に君子入りては則ち行を篤くし、出でては則ち賢に交はる。何謂《なんす》れぞ孝の名なからんや』と。

(一)罪也下もと行修而名自立六字あり。何本に從つて刪る。

㈣ 孔子、陳・蔡の間に於て厄に遭ひ、糧を絶つこと七日。弟子餒ゑ病む。孔子絃歌す。子路入りて見《まみ》えて曰く『夫子の歌ふは禮か』と。孔子應へず。曲終りて曰く『由よ、來れ。吾れ汝に語《つ》げん。君子、樂《がく》を好むは、驕るなきが爲めなり。小人、樂《がく》を好むは、懾るるなきが爲めなり。それ誰れの子ぞや、我れを知らずして我れに從ふ者は』と。子路悦び、戚を援りて舞ひ、三終して出づ。明日、厄より免る。子貢、轡を執りて曰く『二三子、夫子に從ひて、この難に遭ふ。それ忘れざらん』と。孔子曰く『善し。惡《ああ》、何ぞや。夫れ陳・蔡の間は丘の幸なり。二三子の丘に從ふものは皆幸なり。吾れこれを聞く「君も困まずんば王を成さず。烈士も困まずんば行彰はれず」と。庸《なん》ぞその激憤・厲志の始はここに於てか在るにあらざるを知らんや』と。

㈤ 孔子、宋に之《ゆ》かんとす。匡人簡子、甲士を以てこれを圍む。子路怒り、戟を奮ひて將に「こ(二)れ」と戰はんとす。孔子これを止めて曰く『惡《いづく》んぞ仁義を修めて、世俗の惡《にくみ》を免れざる者あらんや。それ詩書をこれ講ぜず、禮樂をこれ習はずといふならば、これ丘の過なり。若し先王を述べ、古法を好むを以て咎となすならば、則ち丘の罪にあらざるなり。命なるかな。歌へ。予汝に和せん』と。子路、(三)劒を彈じて歌ふ。孔子これに和す。曲三終す。匡人、甲を解きて罷む。孔子曰く『高崖を觀ずんば、何を以て顚墜の患を知らん。深泉に臨まずんば、何を以て沒溺の患を知らん。巨海を觀ずんば、何を以て風波の患を知らん。これを失ふ者は、それ、これに在らんや。士この三者を愼まば、則ち身に累なからん』と。

(一)何本に從つて之字を補す。

(二)翺もと翠に作る。史記孔子世家索隱引家語に依つて改む。

㈥ 子貢、孔子に問ひて曰く『賜既に人の下と爲れり。而《しか》るに未だ人の下たるの道を知らず。敢てこれを問ふ』と。子曰く『人の下たる者は、それ猶ほ土のごときか。これを汨《ほ》ることこれ深ければ、則ち泉を出す。その壤に樹うれば、則ち百穀滋る。草木ここに植《しげ》り、禽獸ここに育つ。生るれば則ちここを出で、死すれば則ちここに入る。その功多くして、意とせず。その志を弘くして、容れざるなし。人の下たる者はこれを以てすべきなり』と。

㈦ 孔子、鄭に適《ゆ》かんとし、弟子と相失ひ、獨り東郭門外に立つ。或る人、子貢に謂ひて曰く『東門外に一人あり。その長《たけ》九尺有六寸、河目にして隆顙、その頭は堯に似、その頸は皐繇に似、その肩は子產に似たり。然れども腰より已下は禹に及ばざること三寸、纍然として喪家の狗の如し』と。子貢以て告ぐ。孔子欣然として歎じて曰く『形狀は未だし。喪家の狗の如しとは、然らんかな、然らんかな』と。

㈧ 孔子、衞に適《ゆ》かんとし、路して蒲に出づ。會々《たまたま》公叔氏、蒲を以て衞に叛く。而してこれを止む。孔子の弟子に公良儒といふ者あり。人と爲り賢。長《たけたか》くして勇力あり。私車五乘を以て、孔子に從ひて行く。喟然として曰く『昔、吾れ夫子に從ひて、匡に於て難に遇ひ、又宋に於て樹を伐られ、今、(又)ここに於て困に遇ふ。命なるかな。それ夫子の仍《しき》りに難に遇ふを見んよりは、寧ろ我れ鬭ひて死せん』と。劍を挺きて衆に合し、將にこれと戰はんとす。蒲人懼れて曰く『苟に衞に適《ゆ》くこと無くんば、吾れ則ち子を出さん』と。以て孔子を盟はせて、これを東門より出す。孔子遂に衞に適《ゆ》く。子貢曰く『盟は負《そむ》く可きか』と。孔子曰く『我れを要して以て盟はせしは義にあらざるなり』と。衞侯、孔子の來るを聞き、喜びて郊に於てこれを迎ふ。蒲を伐たんことを問ふ。對《こた》へて曰く『可なるかな』と。公曰く『吾が大夫以爲《おも》へらく、蒲は衞の晉・楚を待つ所以なりと。これを伐つは乃ち不可なる無きか』と。孔子曰く『その男子は死するの志あり。吾れの伐つ所の者は四五人に過ぎざらん』と。公曰く『善し』と。(然れども)卒《つひ》に伐つことを果さず。他日靈公又夫子と語る。飛鴈の過ぐるを見て、仰ぎてこれを視、色悅ばず。孔子乃ち逝《さ》る。

(九) 衞の蘧伯玉は賢なれども、靈公用ひず。彌子瑕は不肖なれども、反つてこれに任ず。史魚驟《しは》驟《しほ》諫む。而《しか》れども(公)從はず。史魚病みて將に卒せんとす。その子に命じて曰く『吾れ衞の朝に在り、蘧伯玉を進めて彌子瑕を退くる能はず。これ吾れ臣と爲りて君を正す能はざるなり。生きてその君を正す能はずんば、則ち死して以て禮を成すなし。我れ死せば、汝、屍を牖下に置け。我れに於て畢れり』と。その子これに從ふ。靈公これを弔し、怪みてこれを問ふ。その子その父の言を以て公に告ぐ。公愕然として容を失ひて曰く『これ寡人の過なり』と。ここに於て、これに命じて客位に殯せしめ、蘧伯玉を進めてこれを用ひ、彌子瑕を退けてこれを遠ざく。孔子これを聞きて曰く『古の烈しくこれを諫めし者も、死すれば則ち已む。未だ史魚の若く、死して屍諫し、忠のその君を感ぜしめし者あらざるなり。直と謂ふべからずや』と。

五帝徳第二十三

(一) 宰我、孔子に問ひて曰く『昔、吾れこれを榮伊に聞けり。曰く「黄帝は三百年」と。請ひ問ふ、黄帝なる者は人なるか、抑も人にあらざるか。何を以て能く三百年に至れるか』と。孔子曰く『禹・湯・文・武・周公すら勝げて以て觀るべからざるなり。而《しか》るに上世の黄帝をこれ問ふは、將に先生これを言ひ難しと謂はんとするが故か』と。宰我曰く『上世の傳、隱微の說、卒采の辯、闇忽の意は君子の道にあらざる者、則ち予の問ふや固《いや》し』と。孔子曰く『可なり。吾れ略々《ほぼ》その說を聞けり。黄帝は少昊の子なり。軒轅と曰へり。生れながらにして神靈、弱にして能く言ひ、幼にして齊叡、莊にして敦敏・誠信、長じて聰明、五氣を治め、五量を設け、萬民を撫し、四方を度《はか》り、牛を服し馬に乘り、猛獸を擾馴し、以て炎帝と阪泉の野に戰ひ、三戰して後これに剋てり。始めて衣裳を垂れ、黼黻を作爲せり。民を治めて以て天地の紀に順ひ、幽明の故を知り、死生・存亡の說に達せり。時《こ》の百穀を播き、草木を嘗味し、仁厚なること鳥獸昆蟲に及び、日月星辰を考へ、耳目を勞し、心力を勤《くるし》め、水火・財物を用ひて以て民を生《いか》せり。民その利に賴ること百年にして死し、民その神を畏ること百年にして亡し、民その敎を用ふること百年にして移れり。故に「黃帝は三百年」と曰ふ』と。(二)宰我曰く『帝顓頊を請ひ問ふ』と。孔子曰く『五帝〔を知らんに〕は說を用ひ、三王〔を知らんに〕は度有り。汝は一日にして徧く遠古の說を聞かんと欲す。躁なるかな、予や』と。宰我曰く『昔、予やこれを夫子に聞けり。曰く「小子よ、〔問を〕宿する或《あ》る毋れ」と。故に敢て問ふ』と。(三)孔子曰く『顓頊は黃帝の孫にして、昌意の子なり。高陽と曰へり。淵にして謀あり、疏通して以て遠きを知り、財を養ひて以て地に任じ、時を履みて以て天に象り、鬼神に依りて義を制し、氣性を治めて以て衆を敎へ、潔誠にして以て祭祀し、四海を巡りて以て民を寧んじ、北は幽陵に至り、南は交趾に曁《およ》び、西は流沙に抵り、東は蟠木を極めたり。動靜の神、小大の物、日月の照すところ、底屬せざるは莫かりき』と。(三)宰我曰く『帝嚳を請ひ問ふ』と。孔子曰く『玄枵の孫にして、喬極の子なり。高辛と曰へり。生れながらにして神異、自《みづか》らその名を言へり。博く施し厚く利し、その身に於てせざりき。聰以て遠きを知り、明以て微を察し、仁以て威あり、惠にして信あり、以て天地の義に順へり。民の急にする所を知り、身を修めて、而して天下服せり。地の財を取りてこれを節用し、萬民を撫敎してこれを誨利し、日月の生朔を歴にしてこれを迎送し、鬼神を明にしてこれに敬事せり。その色や和し、その德や重く、その動くや時あり、その服するや哀めり。春夏秋冬に天下を育護し、日月の照すところ、風雨の至るところ、化に従はざるは莫かりき』と。(四)宰我曰く『帝堯を請ひ問ふ』と。孔子曰く『高辛氏の子にして、陶唐と曰へり。その仁は天の如く、その智は神の如く、これに就けば日の如く、これを望めば雲の如くなりき。富みて驕らず、貴くして能く降れり。伯夷は禮を典《つかさど》り、夔・龍は樂《がく》を典《つかさど》れり。舜は時にして仕へ、趨りて四時を視、民を先にしてこれを始めんことを務め、四凶を流して天下服せり。その言は忒はず、その德は回《よこしま》ならず、(五)四海のうち舟輿の及ぶところ夷説《えつ》せざるは莫かりき』と。(六)宰我曰く『帝舜を請ひ問ふ』と。孔子曰く『蟜牛の孫にして瞽瞍の子なり。有虞と曰へり。舜の孝友なること四方に聞えたり。陶漁して親に事へたり。寛裕にして温良に、敦敏にして時を知り、天を畏れて民を愛し、遠きを恤みて近きを親めり。大命を承受し、二女に依り、叡明知通にして、天下の帝と爲れり。二十二臣に命じて堯の舊職に率はしめ、己れを躬《うやうや》しくせるのみ。天平《たひらか》に、地成れり。四海を巡狩すること、五載に一たび始めたり。三十年(攝)位に在りき。帝に嗣ぎてより五十載にして方岳に陟り、蒼梧の野に死して而して葬れり』と。宰我曰く『禹を請ひ問ふ』と。孔子曰く『高陽の孫にして、鯀の子なり。夏后と曰へり。敏給にして克く齊ひ、その德は爽《たが》はず、その仁は親むべく、その言は信ずべく、聲は律となり、身は度となり、亹亹穆穆として紀となり綱となり、その功は百神の主と爲り、その惠は民の父母と爲り、準繩を左にし、規矩を右にし、四時を履《おこな》ひ、四海に據り、皐繇・伯益に任じて以てその治を贊《たす》けしめ、六師を興して以て不序を征せり。四極の民敢て服せざるは莫かりき』と。孔子曰く『予よ。大なる者は天の如く、小なる者は言の如く民悦びて至る。予やその人にあらざるなり』と。宰我曰く『予や足らず。以て戒め、敬《つつし》みて承《う》けん』と、他日、宰我以て子貢に語《つ》ぐ。子貢以て孔子に復《まう》す。子曰く『吾れ顏狀を以て人を取らんと欲しては、則ち滅明に於て改めたり。吾れ辭言を以て人を取らんと欲しては、則ち宰我に於てこれを改めたり。吾れ容貌を以て人を取らんと欲しては、則ち子張に於てこれを改めたり』と。宰我これを聞き、懼れて敢て見《まみ》えず。

(一)宰我曰以下もと行を新にして別章となす。いま蜀本に従って前章に連ぬ。
(二)孔子曰以下同上。
(三)宰我曰以下同上。
(四)宰我曰以下同上。
(五)先もと元に作る。蜀本に従って改む。
(六)宰我曰以下もと行を新にして別章となす。いま蜀本に従って前章に連ぬ。
(七)宰我曰以下同上。

孔子家語巻第五　(終)

孔子家語巻第六

五帝第二十四

(一) 季康子、孔子に問ひて曰く『舊、五帝の名を聞きて、その實を知らず。請ひ問ふ、何をか五帝と謂ふ』と。孔子曰く『昔、丘やこれを老聃に聞けり。曰く「天に五行あり、水火金木土なり。時を分けて化育し、以て萬物を成す。その神をばこれを五帝と謂ふ」と。古の王者、代を易へて號を改むるには、法を五行に取れり。五行更々《かはるがはる》王《さかん》となり、終始して相生ず。（王者の相繼ぐも）亦その義に象れり。故にその明王たりし者は、死して五行に配せられたり。ここを以て太皞は木に配せられ、炎帝は火に配せられ、黄帝は土に配せられ、少皞は金に配せられ、顓頊は水に配せられたり』と。康子曰く『太皞氏をば、そのこれを木に始むるは何如』と。孔子曰く『五行、事を用ふるには、先づ木に起る。木は東方なり。萬物の初は皆これより出づ。この故に、王者これに則りて、首《はじめ》に木德を以て天下に王たり。その次は則ち生ずる所の行を以て、轉じて相承けたるなり』と。康子曰く『吾れ聞く「句芒は木正たり。祝融は火正たり。蓐收は金正たり。玄冥は水正たり。后土は土正たり。これ五行の主にして亂れず」と。稱して帝と曰ふは何ぞや』と。孔子曰く『凡そ五正は五行の官名なり。五行は上帝を佐け成して而して五帝と稱す。太皡の屬をこれに配して亦帝と云ふ。(これ)その號に從ふなり。昔、少皡氏の子に四叔あり、重と曰ひ、該と曰ひ、脩と曰ひ、熙と曰ひき。實に金木及び水を能くせり。重をして句芒と爲り、該をして蓐收と爲り、脩及び熙をして玄冥と爲らしめたり。顓頊氏の子を黎と曰ひ、祝融と爲れり。共工氏の子を句龍と曰ひ、后土と爲れり。この五者は各々その能くする所の業を以て官職と爲し、生きては上公と爲り、死しては貴神と爲りしもの、別に五祀と稱して帝に同じきを得ず』と。康子曰く『この言の如くならば、帝王、號を改むるには、五行の德に於て各々統ぶる所あり。則ちその相變ずる所以の者は、皆何事を主《おもん》ずるや』と。孔子曰く『尙《たつと》ぶ所は、則ち各々その王たる所の德の次に從ふなり。夏后氏は金德を以て王たりしかば、色は黑を尙《たつと》び、大事には斂するに昏を用ひ、戎事には驪《くろうま》に乘り、牲には玄《くろ》を用ひたり。殷人は水德を用《もつ》て王たりしかば、色は白を尙《たつと》び、大事には斂するに日中を用ひ、戎事には翰《しろうま》に乘り、牲には白を用ひたり。周人は木德を以て王たりしかば、色は赤を尙《たつと》び、大事には斂するに日出を用ひ、戎事には騵《あかうま》に乘り、牲には騂《あか》を用ひたり。これ三代の同じからざる所以なり』と。康子曰く『唐・虞の二帝その尙《たつと》ぶ所の者は何色なりしぞ』と。孔子曰く『堯は火德を以て王たりしかば、色は黃を尙《たつと》べり。舜は土德を以て王たりしかば、色は靑を尙《たつと》べり』と。康子曰く『陶唐・有虞・夏后・殷・周をば獨り五帝に配せざるは、意《おも》ふに、德の上古に及ばざるがためか、將た限りあるがためか』と。孔子曰く『古、水土を平治し及び百穀を播殖せし者は衆かりしも、唯だ句龍氏のみを社に兼食し、棄のみを稷神と爲し、代を易ふるもこれを奉じて敢て益す無きは與《とも》に等しくすべからざるを明にするなり。故に太皞より以降、顓頊に逮ぶまでにも、その五行に應じて王たりしものの數ただに五のみにして五帝に配せるにあらず、これその德以て多くす可からざればなり』と。

執轡第二十五

(一)　閔子騫、費の宰と爲り、政を孔子に問ふ。子曰く『德を以てし、法を以てす。それ德法は民を御するの具なること、猶ほ馬を御するに銜勒あるがごときなり。君は人なり。吏は轡なり。刑は策なり。それ人君の政はその轡策を執るのみ』と。子騫曰く『敢て古の爲政を問ふ』と。孔子曰く『古は、天子は內史を以て左右の手と爲し、德法を以て銜勒と爲し、百官を以て轡と爲し、刑罰を以て策と爲し、萬民を以て馬と爲せり。故に天下を御すること數百年にして失はざりき。善く馬を御するには、銜勒を正しうし、轡策を齊《ととの》へ、馬力を均しうし、馬心を和ぐ。故に口に聲なくして馬應じ、轡策擧げずして千里を極む。善く民を御するには、その德法を壹にし、その百官を正しうし、以て民力を均齊にし、民心を和安す。故に令再びせずして民順從し、刑用ひずして天下治まる。ここを以て天地これを德として、而して兆民これに懷《なつ》く。それ天地の德とする所は兆民の懷《なつ》く所なり。その政は美、その民は（善にして）而して衆これを稱す。今、人、五帝・三王を言へば、その盛なること偶《たぐひ》なく、威察存するが若し。その故何ぞや。その法盛にして、その德厚ければなり。故にその德を思へば、必ずその人を稱し、朝夕これを祝す。（ここを以て）天に升聞し、上帝倶に歆《う》け、用《もつ》てその世を永くして、而してその年を豐にす。民を御する能はざる者は、その德法を棄てて、專ら刑辟を用ふ。譬へば猶ほ馬を御するに、その銜勒を棄てて、專ら箠策を用ふるがごとし。その制せざるや必ずべし。それ銜勒無くして箠策を用ふれば、馬必ず傷き、車必ず敗る。德法無くして刑を用ふれば、民必ず流れ、國必ず亡ぶ。國を治むるに德法無ければ、則ち民修むる無し。民修むるなければ、則ち迷惑して道を失ふ。かくの如くんば、上帝必ずそれを以て天道を亂ると爲さん。苟しくも天道を亂るときは、則ち刑罰は暴となり、上下相諛ひ、忠を念ふを知る莫からん。倶に道無きが故なり。今、人、惡を言へば必ずこれを桀・紂に比す。その故何ぞや。その法聽かれず、その德厚からざればなり。故に民その殘虐を惡《にく》みて吁嗟せざるなく、朝夕これを祝す。（ここを以て）天に升聞し、上帝蠲《いさぎよ》しとせず、これに降すに禍罰を以てし、災害竝び生じ、用《もつ》てその世を殄《た》つ。故に曰く「德法は民を御するの本なり」と。古、天下を御せる者は、六官を以て總べ治めたり。冢宰の官は以て道を成し、司徒の官は以て德を成し、宗伯の官は以て仁を成し、司馬の官は以て聖を成し、司寇の官は以て義を成し、司空の官は以て禮を成せり。六官、手に在り、以て轡と爲せり。仁を均しくして以て納と爲せり。故に曰く「四馬を御する者は六轡を執り、天下を御する者は、六官を正す」と。この故に善く馬を御する者は、身を正しうして以て轡を總べ、馬力を均しくし、馬心を齊《ととの》へ、回旋・曲折ただその之《ゆ》く所のままにす。故に以て長道を取るべく、以て急疾に赴くべし。これ聖人の天地と人事とを御する所以の法則なり。天子は內史を以て左右の手と爲し、六官を以て轡と爲し、已にして三公と與《ともな》ひて六官を執り五敎を均しくし五法を齊《ととの》ふることを爲す。故に亦唯だその引く所のままにして、志の如くならざるなし。以て道に之《ゆ》けば則ち國治り、以て德に之《ゆ》けば則ち國安く、以て仁に之《ゆ》けば則ち國和し、以て聖に之《ゆ》けば則ち國平ぎ、以て禮に之《ゆ》けば、則ち國安く、以て義に之《ゆ》けば則ち國義《たひら》ぐ。これ政を御するの術なり。過失は人の情、有らざるなし。過ちて而してこれを改むれば、これ、過たずと爲す。故に、官屬理《おさま》らず、分職明ならず、法政、一ならず、百事、紀を失ふを亂と曰ふ。亂なれば則ち冢宰を飭《いまし》む。地にして殖せず、財物蕃《しげ》からず、萬民饑寒し、敎訓行はれず、風俗淫僻にして、人民流散するを危と曰ふ。危なれば則ち司徒を飭《いまし》む。父子親まず、長幼、序を失ひ、君臣・上下乖離して志を異にするを不和と曰ふ。不和なれば則ち宗伯を飭《いまし》む。賢能にして官爵を失ひ、功勞ありて賞祿を失ひ、士卒疾怨し、兵弱くして用ふべからざるを不平と曰ふ。不平なれば則ち司馬を飭《いまし》む。刑罰暴亂にして、姦邪勝へざるを不義と曰ふ。不義なれば則ち司寇を飭《いまし》む。度量審ならず、事を擧ぐるに理を失ひ、都鄙修らず、財物、所を失ふを貧と曰ふ。貧なれば則ち司空を飭《いまし》む。故《まこと》に御者はこの車馬を同じくするも、或るものは以て千里を取り、或るものは數百里にも及ばざるは、その謂はゆる進退の緩急異なればなり。それ治者はこの官法を同じくするも、或るものは以て平を致し、或るものは以て亂を致すは、亦その進退の緩急を爲す所以異なればなり。古は天子常に季冬を以て德を考へ、法を正し、以て治亂を觀たり。德盛なる者は治まるなり。德薄き者は亂るるなり。故に天子、德を考ふれば、則ち天下の治亂は廟堂の上に坐してこれを知るべし。それ德盛なれば則ち法修まり、德盛ならざれば則ち法と政とを飭《つつし》む。（法と政と）咸な德（に合する）あれば而《すなは》ち衰《へら》さず。故に曰く「王者は又孟春を以て〔吏の〕（一）德及び功能を論ず。能く德法ある者をば有德と爲し、能く德法を行ふ者をば有行と爲し、能く德法を成す者をば有功と爲し、能く德法を治むる者をば有智と爲す」と。故に天子、吏を論じて而して德法行はるれば、事治まりて功成る。それ季冬に法を正し、孟春に吏を論ずるは、治國の要なり』と。

（一）蜀本に從つて吏字を補す。

（三）子夏、孔子に問ひて曰く『商聞く「易の人及び萬物・鳥獸・昆蟲を生ずるや、各々奇耦あり、氣分同じからず。而して凡人はその情を知る莫く、唯だ德に達する者のみ能くその本を原ぬ。天は一、地は二、人は三(三)。三三にして九。九九は八十一。一は日を主る。日の數は十。故に人は十月にして生る。八九は七十二。偶以て奇に從ふ。奇は辰を主る。辰を月と爲す。月は馬を主る。故に馬は十二月にして生る。七九は六十三。三は斗を主る。斗は狗を主る。故に狗は三月にして生る。六九は五十四。四は時を主る。時は豕を主る。故に豕は四月にして生る。〔五九は四十五。五を音と爲す。音は猨を主る。故に猨は五月にして生る。〕四九は三十六。六を律と爲す。律は鹿を主る。故に鹿は六月にして生る。三九は二十七。七は星を主る。星は虎を主る。故に虎は七月にして生る。二九は一十八。八は風を主る。風を蟲と爲す。故に蟲は八月にして生る。その餘は各々その類に從ふ。鳥魚は陰に生じて陽に屬す。故に皆卵生なり。魚は水に遊び、鳥は雲に遊ぶ。故に立冬には、則ち燕雀、海に入り、化して蛤となる。蠶は食ひて飮まず。蟬は飮みて食はず。蜉蝣は飮まず食はず。萬物の同じからざる所以なり。介鱗は夏に食ひて冬に蟄す。齕呑する者は八竅にして卵生す。齟齬する者は九竅にして胎生す。四足の者には羽翼なし。角を戴く者には上齒なし。角なく前齒なき者には膏あり。角なく後齒なき者には脂あり。晝生るる者は父に類《に》、夜生るる者は母に似る。これ至陰は牝を主り、至陽は牡を主るを以てなり」と。敢て問ふ、それ然るか』と。孔子曰く『然り。吾れ昔、老聃に聞けるところも亦汝の言の如し』と。子夏曰く『商聞けり。山書に曰く「地は東西を緯と爲し、南北を經と爲す。山を積德と爲す。川を積刑と爲す。

高き者を生と爲す。下《ひく》き者を死と爲す。丘陵を牡と爲す。谿谷を牝と爲す。蚌・蛤・龜・珠は日・月と與《とも》に盛虚す。この故に堅土の人は剛、弱土の人は柔、墟土の人は大、沙土の人は細、息土の人は美、埆土の人は醜、水を食ふ者は善く游ぎて寒に耐へ、土を食ふ者は無心にして息せず、木を食ふ者は多力にして治らず、草を食ふ者は善く走りて愚、桑を食ふ者は緒ありて蛾、肉を食ふ者は勇毅にして捍、氣を食ふ者は神明にして壽、穀を食ふ者は智惠ありて巧、食はざる者は死せずして神なり」と。故に曰く「羽蟲は三百有六十にして、鳳これが長たり。毛蟲は三百有六十にして、麟これが長たり。甲蟲は三百有六十にして、龜これが長たり。鱗蟲は三百有六十にして、龍これが長たり。倮蟲は三百有六十にして、人これが長たり。これ乾坤の美なり、殊形・異類の數なり。王者は動くに必ず道を以て動き、靜なるに必ず道を以て靜に、必ず理に順ひて、以て天地の性を奉じ而してその主る所を害せず。これを仁聖と謂ふ」と』。子夏言ひ終りて出づ。子貢進みて曰く『商の論や何如』と。孔子曰く『汝は何と謂《おも》ふか』と。對《こた》へて曰く『微なることは則ち微なり。然れども則ち世を治むるの待にあらざるなり』と。孔子曰く『然り。(然れども、これ亦)各々その能くする所なり』と。

(一)蜀本に從つて三の字を補す。
(二)同上に從つて五九四十五五爲音音主猨故猨五月而生十七字を補す。

本命解第二十六

(一) 魯の哀公、孔子に問ひて曰く『人の命と性とは何の謂ぞや』と。孔子對《こた》へて曰く『道より分るることをば、これを命と謂ふ。一より形《あらは》るることをば、これを性と謂ふ。陰陽より化し、形に象りて發することをば、これを生と謂ふ。化窮り數盡くることをば、これを死と謂ふ。故に命は性の始なり、死は生の終なり。始あれば則ち必ず終あり。人始めて生れて具《ととの》はざる者五あり。目見るなく、食ふ能はず、行く能はず、言ふ能はず、化する能はざるなり。生れて三月に及びて徴《すこ》しく眴して、然して後に見るあり。八月にして齒を生じて、然して後に能く食ふ。三年にして顋(二)合して、然して後に能く言ふ。十有六にして精通じて、然して後に能く化す。陰窮りて陽に反るが故に陰は陽を以て變じ、陽窮りて陰に反るが故に陽は陰を以て化す。ここを以て、男子は八月にして齒を生じ、八歳にして齓し、(三)〔十有六歳にして化し〕、女子は七月にして齒を生じ、七歳にして齓し、十有四〔歳〕(三)にして化す。一陽一陰、奇偶相配して、然して後に、道合して化成る。性命の端ここに形《あらは》るるなり』と。公曰く『男子は十六にして精通じ、女子は十四にして化すれば、これ則ち以て民を生むべし。而《しか》るに禮に「男子は三十にして室あり。女子は二十にして夫あり」と。豈に晩からずや』と。孔子曰く『それ禮はその極のこれに極ぎざるを言へるなり。男子は二十にして冠す。人の父と爲るの端あり。女子は十五にして許嫁す。人に適《ゆ》くの道あり。これより して往《のち》は、則ち自《みづか》ら婚す。群生は陰に閉藏して化育の始を爲す。故に聖人、時に因みて以て男(四)女を合偶す。天の數を窮むるなり。(五)霜降りて婦功成れば、嫁娶する者行ふ。氷泮けて農桑起れば、婚禮而《すなは》ちここに殺《さい》す。男子は、天道に任じて、萬物を長ずる者なり。爲すべきを知り、爲すべからざるを知り、言ふべきを知り、言ふべからざるを知り、行ふべきを知り、行ふべからざる事を知る者なり。この故にその倫を審にして、その別を明にす。これを知と謂ふ。匹夫の(六)德を效す所以なり。女子は、男子の敎に順ひて、その理を長ずる者なり。この故に、專制の義なくして、三從の道あり。幼にしては父兄に從ひ、既に嫁しては夫に從ひ、夫死しては子に從ふ。再醮の端なきを言へるなり。敎令は閨門より出でず、事は酒食を供するに在るのみ。閫外の非も儀もなきなり。境を越えて喪に奔らず。事をば擅に爲すことなく、行をば獨り成すことなし。參《まじは》り知りて後に動き、驗すべくして後に言ふ。晝は庭に遊ばず、夜行くには火を以てす。匹婦の德を效す所以なり』と。孔子遂に言ひて曰く『女に五不取あり。逆家の子なる者、亂家の子なる者、世々刑人ある(家)の子なる者、惡疾ある(家)の子なる者、父を喪せる長子(これ)なり。婦に七出・三不去あり。七出とは、(七)父母に順ならざる者、子無き者、淫僻なる者、嫉妬する者、惡疾ある者、口舌多き者、竊盜する者なり。三不去とは、謂く、取《めと》る所ありて歸る所なきもの、與《とも》に共に三年の喪を更たるもの、先に貧賤にして後に富貴となれるもの。凡そこれは聖人が、男女の際を順にして、婚姻の始を重んずる所以なり』と。

(一)顖もと顒に譌す。葛本に從つて改む。
(二)何本に從つて十有六歳而化六字を補す。
(三)同上に從つて歳字を補す。
(四)女もと子に作る。何本に從つて改む。
(五)霜上もと極字あり。蜀本に從つて刪る。
(六)德もと聽に作る。王注に曰く、聽宜しく德に爲るべしと。今從つて改む。
(七)不順父母者もと不順父母出者に作る。何本に從つて出字を刪る。

(三) 孔子曰く『禮の象る所以は五行なれども、その義は四時なり。故に喪禮にこれを擧ぐるあり。恩あり、義あり、節あり、權あり。その恩厚き者には、その服重し。故に父母の爲めに斬衰《さい》三年するは、恩を以て制せしものなり。門內の治には恩は義を掩ひ、門外の治には義は恩を掩ふ。父に事ふるに資りて以て君に事ふ、而して敬同じ。尊を尊び、貴を貴ぶは、義の大なるものなり。故に君の爲めにも亦衰《さい》を服すること三年なるは、義を以て制せしものなり。三日にして食ひ、三月にして沐し、期(年)にして練し、毀するも性を滅せず、死を以て生を傷らず、喪は三年に過ぎず、齊《し》衰《さい》補はず、墳墓修めず、服を除くの日に素琴を鼓するは、終あることを民に示すなり。凡そこれ節を以て制せしものなり。父に事ふるに資りて以て母に事ふ、而して愛同じ。天に二日なく、國に二君なく、家に二尊なく、以てこれを治む。故に父在せば、母の爲めに齊衰《しさい》すること期(年)とするは、二尊なきを見《しめ》すなり。百官備り、百物具り、言はずして事行はるる者は、扶けられて起つ。言ひて而して後に事行はるる者は、杖つきて起つ。身自《みづか》ら事を執りて行ふ者は、面垢つくのみ。これ權を以て制せしものなり。親始めて死すれば、三日怠らず、三月懈らず、期(年)まで悲號し、三年まで憂ふ。哀の殺《さい》なり。聖人、殺《さい》によりて以て節を制せしなり』と。

論禮第二十七

(一) 孔子閒居す。子張・子貢・言游侍す。論、禮に及ぶ。孔子曰く『居れ、汝《なんぢら》三人の者よ。吾れ汝《なんぢら》に語《つ》ぐるに、禮の周流して遍からざるなきを以てせん』と。子貢、席を越えて對《こた》へて曰く『敢て問ふ、如何』と。子曰く『敬して禮に中《あた》らざるをば、これを野と謂ふ。恭にして禮に中《あた》らざるをば、これを給と謂ふ。勇にして禮に中《あた》らざるをば、これを逆と謂ふ』と。子曰く『給なれば慈仁を奪《みだ》る』と。子貢曰く『敢て問ふ、將に何を以てこの禮に中《あた》る者と爲さんとするか』と。子曰く『禮か。それ禮は中を制する所以なり』と。子貢退く。言游進みて曰く『敢て問ふ、禮は惡を領《をさ》めて好を全くする者か』と。子曰く『然り』と。子貢問ふ『何ぞや』と。子曰く『郊社の禮は鬼神に仁なる所以なり。禘嘗の禮は昭穆に仁なる所以なり。饋奠の禮は死喪に仁なる所以なり。射饗の禮は鄉黨に仁なる所以なり。食饗の禮は賓客に仁なる所以なり。郊社の義・禘嘗の禮を明にせば、國を治むること、それ、これを掌に指すが如くならんのみ。この故に、(これを)家に居るに(以《もち》ふれば)禮あるが故に長幼辨じ、これを閨門に以《もち》ふれば禮あるが故に三族和し、これを朝廷に以《もち》ふれば禮あるが故に官爵序し、これを田獵に以《もち》ふれば禮あるが故に戎事閑《なら》ひ、これを軍旅に以《もち》ふれば禮あるが故に武功成る。ここを以て、宮室その度を得、鼎俎その象を得、物その時を得、樂《がく》その節を得、車その軾を得、鬼神その享を得、喪紀その哀を得、辯說その黨を得、百官その體(二)を得、政事その施を得、身に加へて前に措けば凡そ衆の動その宜しきを得るなり』と。言游退く。子張進みて曰く『敢て問ふ、禮とは何の謂ぞ』と。子曰く『禮は即ち事の治なり。君子その事あれば、必ずその治あり。國を治めて禮なくんば、譬へば猶ほ瞽の相《たすけ》なきがごとし。倀乎として何の所にか之《ゆ》かん。譬へば猶ほ終夜、幽室の中に於て求むるあるがごとし。燭にあらずんば、何を以てか見ん。故に禮なくんば、手足措く所なく、耳目加ふる所なく、進退・揖讓制する所なし。(三)ここを以てその居處は長幼その別を失ひ、閨門は三族その和を失ひ、朝廷は官爵その序を失ひ、田獵は戎事その策を失ひ、軍旅は武功その勢を失ひ、宮室はその度を失ひ、鼎俎はその象を失ひ、物はその時を失ひ、樂《がく》はその節を失ひ、車はその軾を失ひ、鬼神はその享を失ひ、喪紀はその哀を失ひ、辯說はその黨を失ひ、百官はその體を失ひ、政事はその施を失ひ、身に加へて前に措けば凡そ衆の動その宜しきを失ふ。かくの如くなれば、則ち以て四海を祖洽することなし』と。子曰く『愼みてこれを聽け、汝《なんぢら》三人の者。吾れ汝《なんぢら》に禮を語《つ》げん。猶ほ九あり。(その中)、大饗(の禮に屬するもの)四あり。苟しくもこれを知らば、畎畝の中に在りと雖も、(衆みな)これに事へて聖人と爲さん。兩君相見るときは、揖讓して門に入る。門に入れば、懸興る。揖讓して堂に升る。堂に升れば樂《がく》闋む。(三)(樂工)下りて象舞を管し、夏籥序いで興る。その薦俎を陳ね、その禮樂を序し、その百官を備ふ。かくの如くにして後、君子、仁を知る。行は規に中《あた》り、旋は矩に中《あた》り、鑾和は采齊に中《あた》る。客出づるときには雍を以てし、徹するときには振羽を以てす。この故に君子は物として禮に在らざる無し。門に入れば而《すなは》ち金作《おこ》るは情を示すなり。(樂工)升りて淸廟を歌ふは德を示すなり、下りて象舞を管するは事を示すなり。この故に、古の君子は、必ずしも親ら相與《とも》に言《あひい》はず、禮樂を以て相示せるのみ。それ禮は理なり、樂《がく》は節なり。(四)理なくんば動かず。節なくんば作さず。詩を能くせずんば、禮に於て謬《あやま》る。樂《がく》を能くせずんば、禮に於て素なり。德に於て薄ければ、禮に於て虛なり』と。子貢作《た》ちて問ひて曰く『然らば則ち夔はそれ(禮に)窮せるか』と。子曰く『古の人か。上古の人なり。禮に達して樂《がく》に達せざるをば、これを素と謂ふ。樂《がく》に達して禮に達せざるをば、これを偏と謂ふ。それ夔は樂《がく》に達せしも禮に達せざりき。

ここを以てこの名を傳ふるなり。古の人なり。凡そ制度は禮に在り、文爲は禮に在り、これを行ふはそれ人に在るかな』と。三子のもの既にこの論を夫子より聞くを得るや、煥として矇を發きたるが若し。

(一)體もと禮に作る。蜀本に從って改む。
(二)是以もと是故以に作る。同上に從って故字を删る。
(三)君もと軍に作る。禮記仲尼燕居篇に依って改む。
(四)理もと禮に作る。蜀本に從って改む。

(三) 子夏、孔子に侍坐す。曰く『敢て問ふ。詩に云ふ「愷悌の君子は民の父母」と。何如なるをか、これを民の父母と謂ふべき』と。孔子曰く『それ民の父母は必ず禮樂の源に達し、以て五至を致して而して三無を行ひ、以て(これを)天下に横《み》たす。四方に敗あれば、必ず先きにこれを知る。これをこれ民の父母と謂ふ』と。子夏曰く『敢て問ふ。何をか五至と謂ふ』と。孔子曰く『志の至る所は詩も亦至る。詩の至る所は禮も亦至る。禮の至る所は樂《らく》も亦至る。樂《らく》の至る所は哀も亦至る。詩禮相成し、哀樂相生ず。ここを以て、正に目を明にしてこれを視るも得て見るべからず、耳を傾けてこれを聽くも得て聞くべからず、志氣、天地に塞《み》ちて、これを行へば四海に充つ。これをこれ五至と謂ふ』と。子夏曰く『敢て問ふ。何をか三無と謂ふ』と。孔子曰く『無聲の樂、無體の禮、無服の喪これを三無と謂ふ』と。子夏曰く『敢て問ふ。三無には何の詩かこれに近き』と。孔子曰く『「夙夜、命を基《はじ》めて宥密す」とは、無聲の樂《がく》なり。「威儀逮逮、選ぶべからざるなり」とは、無體の禮なり。「凡そ民に喪あるときは、扶伏して之を救ふ」とは、無服の喪なり』と。子夏曰く『言は則ち美なり、大なり。言これに盡きるのみか』と。孔子曰く『何謂《なんす》れぞそれ然らん。吾れ汝にその義を語《つ》げん。猶ほ五起あり』と。子夏曰く『何如』と。孔子曰く『無聲の樂《がく》は氣志違はず、無體の禮は威儀遲遲たり、無服の喪は内恕にして孔だ悲む。無聲の樂《がく》は願ふ所必ず從ひ、無體の禮は上下和同し、無服の喪は施きて萬邦に及ぶ。既に然り。而して又これを奉ずるに三無私を以てして天下を勞ふ。これをこれ五起と謂ふ』と。子夏曰く『何をか三無私と謂ふ』と。孔子曰く『天に私覆なく、地に私載無く、日月に私照無し。その詩に在り、曰く「（上）帝の命に違はず、湯に至りて（その德、天心に）齊《ひと》しくなれり。湯の（賢士に）降ること遲からず、聖敬（の德）日《ひび》に躋《のぼ》れり。（威德）昭《あきらか》にして（遍く）假《いた》り（化行はれて寛舒）遲遲たり、上帝（その德を）これ祗《うやま》へり。（上）帝命じて九圍に式《のり》とならしめたり」と。これ湯の德なり』と。子夏蹶然として起ち、牆を負ひて立ちて曰く『弟子敢てこれを志《しる》さざらんや』と。

孔子家語巻第六（終）

孔子家語巻第七

觀鄕射第二十八

一　孔子、鄕射を觀る。喟然として歎じて曰く『射るに禮樂を以てするや、何を以て射、何を以て聽く。身を修めて發し、正鵠を失はざる者は、それ唯だ賢者か。若しそれ不肖の人は則ち將た安《いづく》んぞ能く以て飮《のま》ずことを求めん。詩に云ふ「彼の有的に發し、以て爾《なんぢ》の爵を祈《もと》む」と。祈は求なり。中《あた》るを求めて以て爵を辭す。酒は老を養ふ所以なり、病を養ふ所以なり。中《あた》るを求めて以て爵を辭するは、その養はるるを辭するなり。この故に、士これを射しめられ、能はざれば、則ち辭するに病を以てす。弧を懸くるの義なり』と。ここに於て、退きて門人と射を矍相の圃に習ふ。蓋し觀るもの堵牆の如し。(將に)射んとして司馬(を立つる)に至りたるとき、子路をして(司馬と爲らしめ)、弓矢を執り、列を出で、射る者を延《すす》め、謂はしめて曰く『賁軍の將、亡國の大夫、與《あづか》りて人の後《ようぎ》と爲れる者は入るを得ざれ。その餘は皆入れ』と。蓋し去る者半なり。又公罔之裘・序點をして觶を揚げて語《つ》げしめて曰く『幼壯にして孝悌あり、耆老にして禮を好み、流俗に從はず、身を修めて以て死を俟つ者は、この位に在れ』と。蓋し去る者半なり。序點また觶を揚げて語《つ》げて曰く『學を好みて倦まず、禮を好みて變ぜず、耄期にして道を稱して亂れざる者は、この位に在れ』と。蓋し僅に存する有り。射既に闋《をは》る。子路進みて曰く『由と二三子のものとの司馬たるや何如』と。孔子曰く『(射者)能く命を用ひたり』と。

(三) 孔子曰く『吾れ鄕(飮酒の禮)を觀て、王道の易易たるを知る。主人自《みづか》ら賓及び介を速《まね》き、而して衆賓皆これに從ふ。正門の外に至れば、主人、賓及び介を拜す。而して衆自《みづか》ら入る。(ここに)貴賤の義別たる。三揖して(主賓ともに)階に至り、三讓して賓を以《ひき》ゐて升る。至るを拜して獻酬し、辭讓の節繁し。介升るに及べば則ち省く。衆賓に至りては、升りて爵を受け、坐して祭り、立ちて飮み、酢せずして降る。(ここに)(一)隆殺の義辨《わか》たる。工入り、升りて歌ひ、三終すれば、主人、賓に獻ず。笙入りて三終すれば、主人又これに獻ず。間歌三終し、合樂《がく》三闋すれば、工、樂《がく》備はるを告げて、遂に出づ。一人、觶を揚ぐ。乃ち司正を立つ。(ここに)その能く和樂《らく》して流せざるを知る。賓は主人に酬し、主人は介に酬し、介は衆賓に酬ず。賓は少長、齒を以てす。沃洗する者に終る。(ここに)その能く長に悌にして遺《わす》るる無きを知る。降りて屨を脱し、升りて坐す。爵を修《めぐら》すこと算なし。飮酒の節、旰は朝を廢せず、暮は夕を廢せず。賓出づるときは、主人迎送し、節文終り遂ぐ。(ここに)その能く安燕して亂れざるを知る。貴賤既に明に、(二)隆殺既に辨《わか》ち、和樂して流れず、長に悌にして遺《わす》るるなく、安燕して亂れず。この五者は以て身を正し國を安んずるに足る。かの國安ければ而《すなは》ち天下安し。故に曰く「吾れ鄕（飲酒の禮）を觀て王道の易易たるを知る」と』。

（一）蜀本に從つて隆字を補す。
（二）隆もと降に作る。禮記鄕飲酒義篇に依つて改む。

㊂ 子貢、蜡を觀る。孔子曰く『賜や、樂しかりしか』と。對《こた》へて曰く『一國の人皆狂せるが如くなりき。賜未だその樂みたるを知らざるなり』と。孔子曰く『百日の勞（の後における）一日の樂・一日の澤は爾《なんぢ》の知る所にあらざるなり。張りて弛めざるは、文・武も能くせず。弛めて張らざるは、文・武は爲さず。一張一弛は文・武の道なり』と。

郊問第二十九

㈠ 定公、孔子に問ひて曰く『古の帝王必ずその祖を郊祀して以て天に配せるは何ぞや』と。孔子對《こた》へて曰く『萬物は天に本づき、人は祖に本づく。郊の祭は大に本に報じて始に反るなり。故に以て上帝に配す。天は象を垂れ、聖人これに則る。郊は天道を明にする所以なり』と。公曰く『寡人、郊を聞く。而して同じかる莫きは何ぞや』と。孔子曰く『郊の祭は長日の至るを迎ふるなり。大に天に報じて日を主とし、配するに月を以てす。故に周の始めて郊するや、その月は日至を以てし、その日は上辛を用ひ、啓蟄の月に至れば、則ち又穀を上帝に祈《もと》めたり。この二者は天子の禮なり。魯に冬至大郊の事なきは天子に降殺するなり。ここを以て同じからざるなり』と。公曰く『その郊と言ふは何ぞや』と。孔子曰く『丘を南に兆するは陽位に就く所以なり。郊に於てするが故にこれを郊と謂ふ』と。曰く『その牲器は何如』と。孔子曰く『上帝の牛は角の繭栗なるものにして、必ず滌に在ること三月なるべし。后稷の牛は唯だ具ふ。天神と人鬼とに事ふるを別くる所以なり。牲に騂を用ふるは赤を尙《たつと》ぶなり。犢を用ふるは誠を貴ぶなり。地を掃ひて祭るは、その質に於てするなり。器に陶匏を用ふるは、以て天地の性に象るなり。萬物これに稱《かな》ふべき者なし。故にその自然の體に因るなり』と。公曰く『天子の郊、その禮儀聞くを得べきか』と。孔子對《こた》へて曰く『臣聞く「天子、郊をトするには、則ち命を祖廟に受けて、龜を禰宮に作《おこな》ふ。祖を尊び考を親むの義なり。トするの日、王親《みづか》ら澤宮に立ちて以て誓命を聽く。教諫を受くるの義なり。既にトすれば、命を庫門の內に獻ず。百官を誠むる所以なり。將に郊せんとするときは、則ち天子、皮弁して以て報を聽く。民に上を嚴《たつと》ぶことを示すなり。郊の日、喪ある者は敢て哭せず、凶服の者は敢て國門に入らず。汜《あまね》く掃ひて路を淸くし、行く者必ず止まる。命ぜずして民聽く。敬の至なり。天子、大裘して以てこれを黼す。袞を被て天に象る。素車に乘るは、その質を貴ぶなり。旂十有二旒、龍章にして設くるに日月を以てするは、天に法る所以なり。既に泰壇に至れば、王、裘を脱し、袞を服し、以て燔柴に臨む。冕璪十有二旒を戴くは、天の數に則《のっと》れるなり」と。臣これを聞く「詩三百を誦するも以て一獻に足らず。一獻の禮も以て大饗に足らず。大饗の禮も以て大旅に足らず。大旅具はるも以て帝を饗するに足らず」と。ここを以て君子は敢て輕々しく禮を議すること無きなり』と。

五刑解第三十

(一) 冉有、孔子に問ひて曰く『古、三皇・五帝は五刑を用ひざりきと。信なるか』と。孔子曰く『聖人の防を設くるは、その犯さざるを貴ぶなり。五刑を制したれども用ひざるは、至治たる所以なり。凡そ(二)民の姦邪・竊盜・靡法・妄行を爲すは不足より生ず。不足は度無きより生ず。度無ければ、則ち小なる者は偸盜、大なる者は侈靡、各々節を知らず。ここを以て、上に制度あれば則ち民止まる所を知り、民止まる所を知れば則ち犯さず。故に姦邪・賊盜・靡法・妄行の獄ありと雖も、刑に陷るの民なし。不孝は不仁より生ず。不仁は喪祭の禮の明なら〔ざる〕(三)より生ず。喪祭の禮は仁愛を敎ふる所以なり。能く仁愛を敎ふれば則ち喪して思慕し、祭祀して解《おこた》らず。人子饋養するの道なり。喪祭の禮明なれば、則ち民孝となる。故に不孝の獄ありと雖も、刑に陷るの民なし。上を殺《しい》するは不義より生ず。義は貴賤を分ち尊卑を明にする所以なり。貴賤別あり、尊卑序あれば、則ち民、上を尊びて長を敬せざるなし。朝聘の禮は義を明にする所以なり。義必ず明なれば、則ち民犯さず。故に上を殺《しい》するの獄ありと雖も、刑に陷るの民なし。鬬變することは、相陵ぐより生ず。相陵ぐことは長幼序無くして、敬讓を遺《わす》るるより生ず。鄉飲酒の禮は、長幼の序を明にして敬讓を崇ぶ所以なり。長幼必ず序あれば、民、敬讓を懷ふ。故に鬬變の獄ありと雖も、刑に陷るの民なし。淫亂は男女、別なきより生ず。男女、別なければ、則ち夫婦、義を失ふ。(三)〔婚〕禮・聘享は、男女を別ちて夫婦の義を明にする所以なり。男女既に別あれば、夫婦既に明なり。故に淫亂の獄ありと雖も、刑に陷るの民なし。この五者は刑罰の生ずる所以にして各々源あり。豫めその源を塞がずして、輒ちこれを繩すに刑を以てするを、これ、民の爲めに穽を設けてこれを陷《おとしい》ると謂ふ。刑罰の源は、嗜慾の節あらざるより生ず。それ禮度は、民の嗜慾を禦ぎて而して好惡を明にし、天の道に順ふ所以なり。禮度既に陳り、五教畢く修り、而して民猶ほ未だ化せざるものあらば、尙ほ必ずその法典を明にし、以て申《かさ》ねてこれを固くす。その姦邪・靡法・妄行の獄を犯す者（あらば）則ち制量の度を飭へ、不孝の獄を犯す者あらば則ち喪祭の禮を飭へ、上を殺《しい》するの獄を犯す者あらば則ち朝覲の禮を飭へ、鬬變の獄を犯す者あらば則ち鄉飲酒の禮を飭へ、淫亂の獄を犯す者あらば則ち婚聘の禮を飭ふ。三皇・五帝の民を化する所の者かくの如くなりき。五刑をこれ用ふるありと雖も亦可ならずや』と。孔子曰く『大罪に五有り。而して人を殺すを下と爲す。天地に逆ふ者は、罪、五世に及ぶ。文・武を誣ふる者は、罪、四世に及ぶ。人倫に逆ふ者は、罪、三世に及ぶ。鬼神を謀る者は、罪、二世に及ぶ。手づから人を殺す者は、罪その身に及ぶ。故に曰く「大罪に五あり。而して人を殺すを下と爲す」と』。

(一)民もと夫に作る。蜀本に従って改む。
(二)大戴禮記盛德篇に依って不字を補す。
(三)蜀本に従って婚字を補す。

(三) 冉有、孔子に問ひて曰く『先王、法を制するや、刑をして大夫に上らざらしめ、禮をして庶人に下らざらしめたりと。然らば則ち、大夫は罪を犯すとも以て刑を加ふべからず。庶人の行事には以て禮を治むべからざるか』と。孔子曰く『然らず。凡そ君子を治むるには、禮を以てその心を御す。これに屬するに廉恥の節を以てする所以なり。故に古の大夫、その不廉汚穢に坐して退放せらるるものあれば、これを不廉汚穢にして退放すと謂はずして、則ち簠簋飭はずと曰へり。淫亂にして男女別なきに坐する者あれば、これを淫亂にして男女別なしと謂はずして、則ち帷幕修らずと曰へり。上を罔《なみ》して忠ならざるに坐する者あれば、これを上を罔《なみ》して忠ならずと謂はずして、則ち臣節未だ著れずと曰へり。罷軟にして任に勝へざるに坐する者あれば、これを罷軟にして任に勝へずと謂はずして、則ち下官不職と曰へり。國の紀を干すに坐する者あれば、これを國の紀を干すと謂はずして、則ち事を行ふに請はずと曰へり。この五者は、大夫既に自《おのづか》ら定りて罪名あり。而《しか》るに猶ほ斥然正しく以てこれを呼ぶに忍びず、既にしてこれが爲めに諱むは、これを愧恥せしむる所以なり。この故に大夫の罪、その五刑の域に在る者、聞して譴發すれば、則ち白冠・氂纓(一)し、盤水に劍を加へ、闕に造《いた》りて自《みづか》ら罪を請へり。君、有司をして縛を執りて牽掣してこれに加へしめざりしなり。その大罪ある者、命を聞けば、則ち北面・再拜し、跪きて自裁せり。君、人をして捽引して而して刑殺せしめざりしなり。曰く「子大夫自らこれを執らんのみ。吾れ子を遇するに禮あり」と。刑、大夫に上らざるを以てして、大夫も亦その罪を失はざるものは、敎然らしむるなり。謂はゆる、禮、庶人に下らざるものは、庶人その事を遽にして禮を充す能はざるを以ての故に、これを責むるに禮を備ふるを以てせざるなり』と。冉有、跪然として席を免《はな》れて曰く『言は則ち美なり。求未だこれを聞かざりき』と。退きてこれを記す。

(一)氂もと釐に作る。群書治要本に從つて改む。

刑政第三十一

(一)仲弓、孔子に問ひて曰く『雍聞く「至刑は政を用ふる所なく、至政は刑を用ふる所なし。至刑は政を用ふる所なしとは、桀・紂の世これなり。至政は刑を用ふる所なしとは、成・康の世これなり」と。信なるか』と。孔子曰く『聖人の治化は必ず刑政相參《まじ》ゆ。太上は德を以て民を敎へ、而して禮を以てこれを齊ふ。その次は政を以て民を導き、刑を以てこれを禁ず。刑あれども刑せざるなり。これを化するも變ぜず、これを導くも從はず、義を傷りて以て俗を敗れば、ここに於てか刑を用ふ。五刑を制(二)するには、必ず天倫に卽く。刑罰を行ふには、則ち輕きをも赦すことなし。刑は侀なり。侀は成なり。壹たび成らば而《すなは》ち更ふ可からず。故に君子は心を盡す』と。仲弓曰く『古、訟を聽くには、尤罰は事に麗《つ》き、その心を以てせざりきと。聞くを得べきか』と。孔子曰く『凡そ五刑の訟を聽《さば》くには、必ず父子の情に原《もとづ》き君臣の義を立てて以てこれを權《はか》り、意ひて輕重の序を論じ愼みて淺深の量を測りて以てこれを別ち、その聰明を悉しその忠愛を正して以てこれを盡す。大司寇は刑を正し、辟《つみ》を明にし、以て獄を察す。獄は必ず三訊す。指《むね》あるも簡《まこと》なければ、則ち聽《さば》かざるなり。附くることは輕きに從ひ、赦すことは重きに從ふ。疑獄は則ち泛《あまね》く衆とこれを共にし、(衆)疑へば則ちこれを赦す。皆小大の比を以て成すなり。この故に、人に爵するには、必ず朝に於てす。衆とこれを共にするなり。人を刑するには、必ず市に於てす。衆とこれを棄つるなり。古は、公家は刑人を畜《やしな》はず、大夫は(これを)食《やしな》はず、士はこれに塗に遇ふも以てこれと言《あひい》はず、これを四方に屛けて唯だその之《ゆ》く所のままにし、政に與《あづか》るに及ばしめざりき。これを生さんことを欲せざればなり』と。仲弓曰く『獄を聽《さば》くとき、獄の成るは、何の官に成るか』と。孔子曰く『獄を成すは吏に成る。吏は獄の成るを以て正に告ぐ。正既にこれを聽き、乃ち大司寇に告ぐ。〔大司寇〕(二)これを聽き、乃ち王に奉ず。王は三公・卿・士に命じて棘木の下に參聽せしむ。然して後に乃ち獄の成るを以て王に疑《さだ》めしむ。王これを三宥す。〔有司〕以て命を聽きて而して刑を制す。これを重んずる所以なり』と。仲弓曰く『その禁は何をか禁ずる』と。孔子曰く『言を巧にして律を破り、名を亂(三)して改め作り、左道を執りて、(四)以て政を亂す者は殺す。淫聲を作り、異服を造り、〔奇〕(五)伎・奇器を設けて、以て上の心を蕩する者は殺す。行は僞にして堅、言は詐にして辯、學は非にして博、非に順ひて澤、以て衆を惑はす者は殺す。鬼神・時日・卜筮を假《か》りて、以て衆を疑はしむる者は殺す。この四誅の者は〔棘木の下の〕聽を以《もち》ひず』と。仲弓曰く『その禁これに盡くるのみか』と。孔子曰く『これその急なる者なり。その餘の禁ずる者十有四あり。命服・命車は市に粥《ひさ》がしめず。珪璋・璧琮は市に粥《ひさ》がしめず。宗廟の器は市に粥《ひさ》がしめず。兵車・旍旗は市に粥《ひさ》がしめず。犧牲・秬鬯は市に粥《ひさ》がしめず。戎器・兵甲は市に粥《ひさ》がしめず。用器の度に中《あた》らざるものは、市に粥《ひさ》がしめず。布帛の精麤、數に中《あた》らず、廣狹、量に中《あた》らざるものは、市に粥《ひさ》がしめず。姦色の正色を亂すものは市に粥《ひさ》がしめず。文錦・珠玉の器の雕飾靡麗なるものは、市に粥《ひさ》がしめず。衣服・飲食は市に粥《ひさ》がしめず。菓實の時ならざるものは市に粥《ひさ》がしめず。五木の伐に中《あた》らざるものは市に粥《ひさ》がしめず。鳥獸・魚鼈の殺に中《あた》らざるものは市に粥《ひさ》がしめず。凡そこの禁を執りて以て衆を齊ふる者は過を赦さざるなり』と。

(一)制もと顯に作る。何本に従つて改む。
(二)蜀本に従つて大司寇三字を補す。
(三)亂もと遁に作る。羣書治要本に従つて改む。
(四)以もと與に作る。同上に従つて改む。
(五)同上に従つて奇字を補す。

禮運第三十二

(一)孔子、魯の司寇たりしとき、蜡に與《あづか》る。既に賓事畢り、乃ち出でて觀の上に遊び、喟然として嘆ず。言偃侍す。曰く『夫子何をか嘆ずる』と。孔子曰く『昔、大道の行はれしことと三代の英とは、(その時甚だ遠くして)、吾れ未だこれ(を見る)に逮ばざるなり。而《しか》れども記あり。大道の行はれしときは、天下を公と爲し、賢を選び能く與《くみ》し、信を講じ睦を修めたり。故に人は獨りその親のみを親とせず、獨りその子のみを子とせず、老は終る所あり、壯は用ふる所あり、矜《くわん》・寡・孤・疾は皆食ふ所あり、貨はその地に棄つるを惡《にく》めども必ずしも己れに藏せず、力はその身に出でざるを惡《にく》めども必ずしも(二)己れの爲にせざりき。ここを以て姦謀は閉ぢて興らず。盜・竊・

亂・賊も作《おこ》らざりき。故に外戸にして閉ざざりき。これを大同（の世）と謂ふ。今大道既に隱る。（人君は）天下を（私）家と爲し、（人）各々その親のみを親とし、各々その子のみを子とし、貨は則ち己が爲めにし、力は則ち（己）己れの爲めにす。大人は世及して以て常と爲し、城郭・溝池以て固めと爲す。禹・湯・文・武・成王・周公はこれを由《もち》ひて選《すぐ》れ、未だ禮を謹まざることあらざりき。禮の興る所は天地と竝ぶ。如《も》し禮に由らずして位に在る者あれば、則ち以て殃と爲す』と。言偃復た問ひて曰く『かくの如くなるか、禮の急なること』と。孔子曰く『それ禮は先王、天の道を承けて、以て人の情を治め、その鬼神を列し、喪・祭・鄕射・冠・婚・朝・聘を達せし所以なり。故に聖人、禮を以てこれを示せば、則ち天下・國・家も得て禮を以て正すべし』と。言偃曰く『今の位に在るもの、禮に由るを知る莫きは何ぞや』と。孔子曰く『嗚呼哀しいかな。我れ周道を觀るに、幽・厲傷へり。吾れ魯を捨てて、何《いづ》くにか適《ゆ》かん。（然れども）それ魯の郊及び禘も、皆な禮にあらず。周公それ已《すで》に衰へたり。杞の郊は禹、宋の郊は契、これ天子の事をば守れるなり。天子――杞・宋は二王の後、周公は政を攝し太平を致せるを以て――（この三國をして）天子とこの禮を同じくせしめたるなり。諸侯は社・稷・宗廟を祭り、上下皆なその典を奉じて、祝嘏敢てその常法を易ふる莫し。これを大嘉と謂ふ。今、祝嘏の辭說をして徒らに宗・祝・巫・史に藏せしむるは、禮にあらざるなり。これを幽國と謂ふ。醆斝、尸君に及ぶは禮にあらざるなり。

これを僭君と謂ふ。冕弁・兵車をば私家に藏せしむるは禮にあらざるなり。これを脅君と謂ふ。大夫、官を具へ、祭器をば假《か》らず、聲樂皆具はるは、禮にあらざるなり。これを亂國と爲す。故に公に仕ふるを臣と曰ひ、家に仕ふるを僕と曰ひ、(臣僕にして)三年の喪あるものと新に婚ある者とは、朞まで使(役)せざるなり。衰《さい》(三)裳を以て朝に入ること、家僕と雑居して歯《よはひ》を齊しくすることとは、禮にあらざるなり。これを臣と君と國を共にすと謂ふ。天子には田ありて以てその子孫を處き、諸侯には國ありて以てその子孫を處き、大夫には采ありて以てその子孫を處く。これを制度と謂ふ。天子、諸侯に適《ゆ》けば、必ずその宗廟に舍す。而《しか》れども、禮籍もて入らずんば、これを天子、法を壞り紀を亂ると謂ふ。諸侯、疾を問ひ喪を弔するにあらずして、諸臣の家に入るを、これを君臣、謔を爲すと謂ふ。それ禮は君の柄なり。嫌を別ち、微を明にし、鬼神を儐し、制度を考へ、仁義を列し、政教を立て、君臣・上下を安んずる所以なり。故に政正しからざれば則ち君位危く、君位危ければ則ち大臣倍き小臣竊み、刑肅にして俗弊るれば則ち法に常なく、法に常なければ則ち禮に別なく、禮に別なければ則ち士仕へず民歸せず。これを疵國と謂ふ。この故にかの政は君の以て身を藏する所なり。必ずこれを天に本づけ、效《なら》ひて以て命を降す。命、社より降るをこれ殽地と謂ひ、祖廟より降るをこれ仁義と謂ひ、山川より降るをこれ興作と謂ひ、五祀より降るをこれ制度と謂ふ。これ聖人、身を藏するの固き所以なり。聖人は天地に參し、鬼神に竝び、以て政を治むるなり。その存する所を處するは、禮の序なり。その樂む所を翫ぶは、民の治なり。天は時を生じ、地は財を生じ、人はその父生みて師これを敎ふ。四者は、君、政を以てこれを用ふ。過なきの地に立つ所以なり。君は人に明《たふと》ばる。人を明《たふと》ぶ者にあらざるなり。人に養はる。人を養ふ者にあらざるなり。人に事へらる。人に事ふる者にあらざるなり。それ君、人を明《たふと》べば則ち過あり、人を養へば則ち足らず、人に事ふれば則ち位を失ふ。故に百姓は君を明《たふと》びて以て自《みづか》ら治まり、君を養ひて以て自《みづか》ら安く、君に事へて以て自《みづか》ら顯はる。ここを以て禮達して分定まり、人みなその死を愛《をし》みてその生を患ふ。この故に人の智を用ひてその詐を去り、人の勇を用ひてその怒を去り、人の仁を用ひてその貪を去る。國に患あるとき、君、社稷に死するを、これを義と爲し、大夫、宗廟に死するを、これを變と爲す。凡そ聖人能く天下を以て一家と爲し、中國を以て一人と爲すは、これを意《ほしいまゝ》にするにあらず。必ずその情を知り、その義に從ひ、その利を明にし、その患に達して、然る後にこれを爲す。何をか人の情と謂ふ。喜・怒・哀・懼・愛・惡・欲なり。七の者は學ばずして能くす。何をか人の義と謂ふ。父は慈なること、子は孝なること、兄は良なること、弟は悌なること、夫は義なること、婦は聽なること、長は惠なること、幼は順なること、君は仁なること、臣は忠なることなり。十の者これを人の義と謂ふ。信を講じ、睦を修むるを、これを人の利と謂ふ。爭奪し、相殺すを、これを人の患と謂ふ。聖人、人の七情を治め、十義を修め、信を講じ、睦を修め、辭讓を尙《たつと》び、爭奪を去る所以のもの(は禮なり)、禮を舍きて、何を以てかこれを治めん。飲食・男女は、人の大欲ここに存ず。死亡・貧苦は、人の大惡《を》ここに存す。欲・惡《を》は人の大端なり。人その心に藏して、測度すべからず。美・惡《を》皆その心に在り、その色に見《あらは》さず。一以てこれを窮めんと欲せば、禮を舍きて、何を以てせんや。故に人は天地の德・陰陽の交・鬼神の會・五行の秀なり。天は陽を秉りて日星を垂れ、地は陰を秉りて山川を載せ、五行を四時に播き、四氣を和して後に月生ず。ここを以て、三五にして盈ち、三五にして缺く。五行の動、共に相竭くるなり。五行・四氣・十二月還《めぐ》りて本を相爲し、五聲・五律・十二管還《めぐ》りて宮を相爲し、五味・六和・十二食還《めぐ》りて質を相爲し、五色・六章・十二衣還《めぐ》りて主を相爲す。故に人は天地の心にして、五行の端なり。味を食ひ、聲を別ち、色を被て、生ける者なり。聖人、則を作《つく》るには、必ず天地を以て本と爲し、陰陽を以て端と爲し、四時を以て柄と爲し、日星を以て紀と爲し、月以て量と爲し、鬼神以て徒と爲し、五行以て質と爲し、禮義以て器と爲し、人情以て田と爲し、四靈以て畜《きう》と爲せり。天地を以て本と爲すが故に、物擧ぐべし。陰陽を以て端と爲すが故に、情睹るべし。四時を以て柄と爲すが故に事勸むべし。日星を以て紀と爲すが故に、業別つべし。月以て量と爲すが故に、功に藝あり。鬼神以て徒と爲すが故に、事に守あり。五行以て質と爲すが故に、事復すべし。禮義以て器と爲すが故に、事行はれて考《な》るあり。

人情以て田と爲すが〔(四)故に、人以て奥と爲る〕。四靈以て畜《きう》と爲すが〔(五)故に、飲食由るあり〕。何をか四靈と謂ふ。麟・鳳・龜・龍これを四靈と謂ふ。故に龍以て畜《きう》と爲せば、魚鮪は諗せず。鳳以て畜《きう》と爲せば、鳥は狘せず。麟以て畜《きう》と爲せば、獸は獝せず。龜以て畜《きう》と爲せば、人情失はず。先王、蓍龜を秉り、祭祀を列し、瘞繒し、(六)祝嘏の辭說を宣《あ》げ、制度を設けたり。故に國に禮あり。官に御あり。職に序ありき。先王、禮、下に達せざるを患へたり。故に帝を郊に饗せり。天位を定むる所以なり。社を國に祀れり。地利を列する所以なり。祖廟に禘せり。仁を本づくる所以なり。山川に旅せり。鬼神を儐する所以なり。五祀を祭れり。事を本づくる所以なり。故に宗・祝は廟に在り、三公は朝に在り、三老は學に在り、王は巫を前にして史を後にし、卜・蓍・瞽・侑は皆な左右に在り、王は中心にありて無爲以て至正を守れり。ここを以て、禮、郊に行はれて、百神、職を受け、禮、社に行はれて、百貨極むべく、禮、祖廟に行はれて、孝慈(の道、遠近を)服し、禮、五祀に行はれて、法則を正せり。故に郊・社・宗廟・山川・五祀は義の修にして禮の藏なり。それ禮は必ず太一に本づく。分れて天地と爲り、轉じて陰陽と爲り、變じて四時と爲り、列して鬼神と爲る。その降るを命と謂ふ。その天より官せらるるや、分藝に協ふ。その人に居るや、養と曰ふ。信を講じ、睦を修めて、而して人の肌膚の會・筋骸の束を固くする所以のものなり。生を養ひ、死を送り、鬼神に事ふる所以の大端なり。天道に達し、人情に順ふ所以の大竇なり。唯だ聖人のみ禮の以て已むべからざるを知ると爲す。故に破國・喪家・亡人は、必ず先づその禮を去る。禮の人に於けるは、猶ほ酒の糵あるがごときなり。君子は以て厚く、小人は以て薄し。聖人は義の柄・禮の序を修めて、以て人情を治めたり。人情は聖王の田なりき。禮を修めて以てこれを耕し、義を陳べて以てこれを種ゑ、學を講じて以てこれを耨り、仁に本づきて以てこれを聚め、樂《がく》に播きて以てこれを安んぜり。故に禮は義の實なり。これを義に協《あは》せて協《かな》へば、則ち禮なり。先王未だ有せずと雖も、義を以て起すべし。義は藝の分なり、仁の節なり。藝に協ひ仁に媾《あ》ひて(七)、これを得る者は強く、これを失ふ者は喪ぶ。仁は義の本なり、順の體なり。これを得る者は尊し。故に國を治むるに禮を以てせざるは猶ほ耜なくして耕すがごとく、禮を爲して義に本づかざるは猶ほ耕して種ゑざるがごとく、〔義〕(八)を爲して學を講ぜざるは猶ほ種ゑて耨らざるがごとく、これを講ずるに學を以てして合するに仁を以てせざるは猶ほ耨りて穫せざるがごとく、これを合するに仁を以てしてこれを安んずるに樂《がく》を以てせざるは猶ほ穫して食はざるがごとく、これを安んずるに樂《がく》を以てして順に達せざるは猶ほ食ひて肥えざるがごとし。四體既に正しく、膚革充盈するは、人の肥なり。父子篤く、兄弟睦じく、夫婦和するは家の肥なり。大臣、法あり、小臣、廉あり、官職相序し、君臣相正しきは、國の肥なり。天子、德を以て車と爲し樂《がく》を以て御と爲し、諸侯、禮を以て相與《くみ》し、大夫、法を以て相序し、士、信を以て相考《な》し、百姓、睦を以て相守るは、天下の肥なり。これを大順と謂ふ。順とは生を養ひ、死を送り、鬼神に事ふる所以の常なり。故に事大に積みて苑《とどこほ》らず、竝び行はれて謬らず、細に行はれて失はず、深にして通じ、茂にして間有り、連りて相及ばず、動きて相害はず。これ順の至れるなり。順に明らかにして然して後に乃ち能く危を守る。それ禮の不同にして豐殺せざるは、情を持して危を合する所以なり。山の者は川に居らしめず、渚の者は原に居らしめず。水火金木を用ふると、飲食するとは、必ず時あり。冬は男女を合せ、春は爵位を頒ち、必ず年と德とに當つ。皆順にする所なり。(先王)民を用ふるには必ず順にせり。故に水旱・昆蟲の災なく、民に凶饑・妖孽の疾なし。天はその道を愛《をし》まず、地はその寶を愛《をし》まず、人はその情を愛《をし》まず、ここを以て、天は甘露を降し、地は醴泉を出し、山は器車を出し、河は馬圖を出し、鳳凰・麒麟は皆な郊棷に在り、龜・龍は宮沼に在り、その餘の鳥獸及び卵胎は皆な俯して窺ふべかりき。則ちこれ故なし。先王能く禮に循ひて以て義に達し、信を體して以て順に達したればなり。これ順の實なり』と。

(一)已もと人に作る。何本に従って改む。
(二)已もと人に作る。禮記禮運篇に依って改む。
(三)裳もと嘗に作る。蜀本に従って改む。
(四)蜀本に従って故人以爲奧五字を補す。

(五)同上に從つて故飮食有由五字を補す。

(六)宣祝嘏辭說設制度もと宣祝嘏設制度祝嘏辭說に作る。蜀本に從つて改む。

(七)媾もと講に作る。岡白駒曰く、講は媾と通ず、合也と。いまこれに從ふ。

(八)蜀本に從つて義字を補す。

孔子家語卷第七　(終)

孔子家語巻第八

冠頌第三十三

(一)邾の隱公既に位に卽く。將に冠(禮を行は)んとす。大夫をして、孟懿子に因りて、禮を孔子に問はしむ。子曰く『その禮は世子の冠(禮)の如し。阼に於て冠するは、以て代るを著すなり。客位に於て醮するは、その成るあるに加ふるなり。三たび(冠を)加へて彌々尊くするは、その志を導喩するなり。冠してこれに字するは、その名を敬するなり。天子の元子と雖も、猶ほ士のごときなり。その禮に變なし。天下、生れながらにして貴き者なきが故なり。冠事を行ふには、必ず祖廟に於てす。祼享の禮を以《もち》ひて以てこれを將《おこな》ひ、金石の樂を以てこれを節す。(これ)自《みづか》ら卑くして先祖を尊び、敢て擅にせざるを示す所以なり』と。懿子曰く『天子未だ冠せずして位に卽かば、長じて亦冠するか』と。孔子曰く『古は、王の世子は、幼なりと雖も、その位に卽かば、則ち尊きこと人君たり。人君は成人の事を治むる者なり。何の冠することかこれあらん』と。懿子曰く『然らば則ち諸侯の冠するは、天子に異なるか』と。孔子曰く『君薨ずれば、而《すなは》ち世子、喪を主る。これ亦冠するのみ。(諸侯も)人君、殊なる所なきなり』と。懿子曰く『今、邾君の冠するは、禮にあらざるか』と。孔子曰く『諸侯に冠禮あるは夏の末に造れるなり。自りて來るあり今譏るなし。天子の冠(禮)は、武王崩じたるとき、成王は年十有三にして嗣ぎ立ちしかば、周公、冢宰に居りて政を攝して以て天下を治め、明年夏六月に葬を旣《をは》りたるのち、成王を冠して祖に朝せしめ、以て諸侯に亦君あるを見《しめ》せしに始る。周公、祝雍に頌を作ることを命じて曰く「王を祝するに、達せりとして幼とせざれ」と。祝雍の辭に曰く「王をして民に近く、年に遠く、時を嗇《をし》み、財を惠み、賢を親みて能に任ぜしめん」と。その頌に曰く「令月吉日、王始めて元服を加ふ。王の幼志を去り、袞職を服す。欽みて昊天に若《したが》ひ、六合に是れ式《のり》となる。爾《なんぢ》の祖考に率ひ、永く永く極りなけん」と。これ周公の制なり』と。懿子曰く『諸侯の冠するや、以てその賓主と爲る所のものは何ぞや』と。孔子曰く『公、冠するときは、則ち卿を以て賓と爲す。介なし。公自《みつか》ら主と爲り、賓を迎へて揖し、阼より升り、席の北に立つ。その醴するや則ち士の(禮の)如し。これを饗するに、三獻の禮を以てす。旣に醴すれば、阼階より降る。諸侯、公にあらずして自《みつか》ら主と爲る者は、その以て(公と)異なる所、皆西階より降るにあり。(その餘はみな公と同じ)。(公)玄端を皮弁と與《とも》にするは、(士の禮の玄冠)朝服(緇帶)素韠に異なり。公、冠すること四たびし、玄冕を加へて祭す。その幣を賓に酬《おく》るには、則ち束帛・乘馬(を以て幣)とす。王の太子・庶子の冠(禮)はこれに擬す。皆天子自《みつか》ら主(一)と爲る。その禮、士と變るなし。賓を饗食すること皆同じ』

と。懿子曰く『始めて冠するに、必ず緇布の冠を加ふるは、何ぞや』と。孔子曰く『古を忘れざるを示すなり。太古は(素《しろ》)布を冠にし、齋のときは則ちこれを緇《くま》にせり。その緌や、吾れ未だこれを聞かず。今は則ち冠して而してこれを敝(二)りて可なり』と。懿子曰く『三王の冠その異るは何ぞや』と。孔子曰く『周の弁、殷の冔、夏の收は一なり。三王は皮弁・素緌を共にせり。委貌は周の道なり。章甫は殷の道なり。毋追は夏后氏の道なり』と。

(一)主もと三に作る。蜀本に從つて改む。
(二)敝もと幣に作る。同上に從つて改む。

廟制第三十四

(一)衞の將軍文子、將(一)に先君の廟をその家に立てんとす。子羔をして孔子に訪はしむ。子曰く『公廟を私家に設くるは、古禮の及ぶ所にあらず。吾れ知らず』と。子羔曰く『敢て問ふ。尊卑・上下、廟を立つるの制、得て聞くべきか』と。孔子曰く『天下に王(者の作《おこ》る)あり、地を分ちて國を建て、祖宗を設け、乃ち親疎・貴賤・多少の數を爲《つく》れり。この故に、天子は七廟を立つ。三昭と三穆と太祖の廟となり。七(廟を統して)(二)〔太廟と曰ふ。〕太祖(の廟)と近廟とはみな月ごとにこれを祭る。遠廟を祧と爲し、二祧あり、享嘗して乃ち止む。諸侯は五廟を立つ。二昭と二穆と太祖の廟となり。而して五(廟を統して)祖考廟と曰ひ、享嘗して乃ち止む。大夫は三廟を立つ。一昭と一穆と太祖の廟となり。而して三(廟を統して)皇考廟と曰ひ、享嘗して乃ち止む。士は一廟を立つ。考廟と曰ふ。王考には廟なく、合して享嘗して乃ち止む。庶人は廟なし。四時、寢に於て祭る。これ有虞より以て周に至るまでの變ぜざる所なり。凡そ四代の帝王の謂はゆる郊は皆以て天に配し、その謂はゆる禘は皆五年大祭の及ぶ所なり。應に太祖と爲すべき者は、則ちその廟をば毀たず。太祖たるに及ばずんば、禘郊に在りと雖も、その廟は則ち毀つ。古は有功を祖とし、有德を宗とし、これを祖宗と謂ふ者は、その廟皆な毀たざりき』と。(三)子羔問ひて曰く『祭典に云ふ「昔、有虞氏は顓頊を祖として堯を宗とし、夏后氏も亦顓頊を祖として禹を宗とし、殷人は契を祖として湯を宗とし、周人は文王を祖として武王を宗とせり」と。この四祖・四宗は、或は乃ち異代の(功德あるもの)、或はその考祖の功德あるものなり。(その考祖の功德あるものに)その廟あるは可なり。有虞が堯を宗とし、夏が顓頊を祖とする若きは、皆な異代の功德ある者なり、亦以てその廟を存すべきか』と。孔子曰く『善し。汝が聞ける所の如し。殷・周の祖宗の如きは、その廟以て毀たざるべし。その他の祖宗も功德殊ならざれば、殊代に在りと雖も、(その廟毀たざること)亦以て疑なかるべし。詩に云ふ「蔽芾たる甘棠、翦ること勿れ、伐ること勿れ。邵伯の憩ひし所」と。周人の邵公に於けるや、その人を愛すれば、猶ほその舍《やど》りし所の樹をも敬せり。況んや、その功德を(以て)祖宗とし(たる者にあり)ては、以てその廟を尊奉せざるべけんや』と。

(一)先君もと三軍に作る。蜀本に從つて改む。
(二)何本に從つて曰太廟三字を補す。
(三)子羔問曰以下もと行を新にして別章と爲す。いま蜀本に從つて前章に連ぬ。

辯樂解第三十五

(一) 孔子、琴を師襄子に學ぶ。襄子曰く『吾れ磬を擊つを以て官と爲すと雖も、然れども琴を能くす。今、子、琴に於ては已に習へり。以て益すべし』と。孔子曰く『丘は未だその數を得ざるなり』と。間ありて(襄子)曰く『已にその數を習へり。以て益すべし』と。孔子曰く『丘は未だその志を得ざるなり』と。間ありて(襄子)曰く『已にその志を習へり。以て益すべし』と。孔子曰く『丘は未だその人と爲りを得ざるなり』と。(一)間ありて、孔子(二)繆然として思ふ所あり、睪然として高く望みて遠く眺むる所あり、曰く『丘その人と爲りを得たるに迨《ちか》し。黯として黑く、頎然として長く、曠として望羊の如く、四方を奄有す。文王にあらずんば、それ孰《た》れか能くこれを爲《つく》らん』と。師襄子、席を避け、(三)垂拱して對《こた》へて曰く『(四)子は聖人なり。その傳に、文王操と曰ふ』と。

（一）間下もと曰字あり。葛本に從つて刪る。
（二）繆もと謬に作る。蜀本に從つて改む。
（三）垂もと棄に作る。和刻本に從つて改む。
（四）子もと君子に作る。葛本に從つて君字を刪る。

（三）子路、琴を鼓す。孔子これを聞き、冉有に謂ひて曰く『甚しいかな、由の不才なるや。それ先王の音を制するや、中聲を奏して以て節と爲し、流して南（音）に入れ、北（聲）に歸さざりき。それ南は生育の鄕にして、北は殺伐の域（一）なり。故に君子の音は、溫柔にして中に居り、以て生育の氣を養ふ。憂愁の感、心に加へず。暴厲（二）の動、體に在らず。それ然る者は、乃ち謂はゆる治安の風なり。小人の音は則ち然らず。亢厲・微末にして、以て殺伐の氣に象る。中和の感、心に載せず。溫和の動、體に存せず。それ然る者は、乃ち亂を爲す所以の風なり。昔、舜は五絃の琴を彈じ、南風の詩を造れり。それ詩に曰く「南風の薰ずるや、以て吾が民の慍を解くべし。南風の時なるや、以て吾が民の財を阜《おほい》にすべし」と。唯だこの化を修めたり。故にその興るや勃焉たり。德、泉流の如く、今に至るまで王・公・大人述べて忘れず。殷紂は好みて北鄙の聲を爲せり。（故に）その廢するや忽焉たり。今に至るまで王・公・大人擧げて以て誡と爲す。それ舜は布衣より起り、德を積み和を含みて、而して終に以て帝たり。紂は天子と爲り、荒淫・暴亂にして、終に以て亡びたり。(これ)各々修むる所の致せるにあらずや、由、今や匹夫の徒、曾て先王の制に意なくして而して亡國の聲を習ふ。豈に能くその六七尺の體を保たんや』と。冉有以て子路に告ぐ。子路懼れて自《みづか》ら悔い、靜思して食はず、以て骨立するに至る。夫子曰く『過ちて能く改む。それ進まんか』と。

(一)域もと城に作る。何本に從って改む。
(二)厲もと麗に作る。同上に從って改む。

(三) 周の賓牟賈、孔子に侍坐す。孔子これと言ひて樂《がく》に及ぶ。曰く『それ武のこれを備誡すること以《はなは》だ久しきは何ぞや』と。對《こた》へて曰く『疾くその衆を得ざるを病《うれ》ふるなり』と。『これを詠歎し、これを淫液するは何ぞや』と。對《こた》へて曰く『事に逮《およ》ばざらんを恐るるなり』と。『發揚・蹈厲の已《はなは》だ蚤きは何ぞや』と。對へて曰く『時事に及ばんとするなり』と。『武の坐《ひざまづ》くや、右(膝)を(地に)致して左(膝)を軒《たか》くするは、何ぞや』と。對《こた》へて曰く『武の坐《ひざまづ》きかたに非ざるなり』と。『聲、淫して商に及ぶは、何ぞや』と。對《こた》へて曰く『武の音にあらざるなり』と。孔子曰く『若し武の音にあらずんば、則ち何の音ぞや』と。對《こた》へて曰く『有司その傳を失へるなり』と。孔子曰く『唯。丘これを萇弘に聞けるも、(一)亦吾子の言の若くこれなり。若し有司その傳を失せるにあらざれば、則ち武王の志荒めるなり』と。賓牟賈起ちて、席を免《はな》れて請ひて曰く『それ武のこれを備誡すること以《はなは》だ久しきは、則ち既に命を聞けり。敢て問ふ、遲きを。而して又久しく綴に立つは何ぞや』と。子曰く『居れ。吾れ爾《なんぢ》に語《つ》げん。それ樂《がく》は成に象る者なり。干《たて》を總《と》りて山のごとく立つは武王の事(に象れる)なり。發揚・蹈厲するは太公の志(に象れる)なり。武の亂《をはり》に皆坐《ひざまづ》くは周・邵の治(に象れる)なり。且つそれ武は始成して北出し、再成して商を滅し、三成して南に反り、四成して南國をこれ疆《さかひ》し、五成して陜を分ち、周公は左、邵公は右、六成して綴に復り以てその天子を崇ぶ。衆これを夾振して四伐するは、威を中國に盛にする所以なり。陜を分けて進むは、事の蚤く濟る所以なり。久しく綴に立つは、諸侯の至るを待つ所以なり。今、汝獨り未だ牧野の語を聞かざるか。武王、殷に克ちて商の政を反すや、未だ車より下るに及ばずして、則ち黄帝の後を薊に封じ、帝堯の後を祝に封じ、帝舜の後を陳に封ぜり。車より下りて、又夏后氏の後を杞に封じ、殷の後を宋に封じ、王子比干の墓を封じ、箕子の囚を釋き、人をして商容の舊を行《もと》めしめて以てその位を復し、庶民には政を弛《ゆる》くし、庶士には祿を倍せり。既に河を濟りて西するや、馬はこれを華山の陽に散じて復た乘らず、牛はこれを桃林の野に散じて復た服せず、車甲は則ちこれに釁りてこれを府庫に藏して以て復た用ひざるを示し、干戈を倒載してこれを包むに虎皮を以てし、將率《すゐ》の士は諸侯たらしめたり。これを命《なづ》けて、鞬櫜と曰へり。然して後、天下は武王の復た兵を用ひざるを知れるなり。軍を散じて郊射を修め、左は射るに貍首を以てし、右は射るに騶虞を以てし、而して貫革の射息みたるなり。裨冕して笏を搢みて、而して虎賁の士、劍を脱せり。后稷を郊祀して、而して民、父を尊ぶを知れり。明堂に配して、而して民、孝を知れり。朝覲して、然る後に諸侯、臣たる所以を知れり。籍(田)を耕して、然る後に民、親を敬する所以を知れり。六者は天下の大教なり。三老・五更を太學に養《やしな》ひ、天子、袒して牲を割き、醤を執りて饋し、爵を執りて酳し、冕して干《たて》を總《と》れり。諸侯に悌を教ふる所以なり。かくの如くなれば、則ち周の道は四《よも》に達し、禮樂は交々通ぜり。それ武の遲くして久しきも亦宜ならずや』と。

(一)亦若吾子之言是也もと若非吾子之言是也に作る。蜀本に從って改む。

問玉第三十六

(一) 子貢、孔子に問ひて曰く『敢て問ふ。君子が玉を貴びて珉を賤むは何ぞや。玉の寡くして珉の多きが爲めか』と。孔子曰く『玉の寡きが爲めの故にこれを貴び、珉の多きが故にこれを賤むにあらず。それ昔、君子は德を玉に比せり。溫潤にして澤あるは仁なり。縝密にして以て栗《かた》きは智なり。廉《かど》ありて劌《やぶ》らざるは義なり。これを垂れて墜つるが如くなるは禮なり。これを叩けば、その聲の淸越にして長く、その終の則ち詘然たるは樂《がく》なり。瑕は瑜を掩はず、瑜は瑕を掩はざるは忠なり。孚尹旁《あまね》く達するは信なり。氣、白虹の如くなるは天なり。精神、山川に現《あらは》るるは地なり。珪璋特に達するは德なり。天下貴ばざるものなきは道なり。詩に云ふ「言《わ》れ君子を念ふ。溫なることそれ玉の如し」と。故に君子はこれを貴ぶなり』と。

(三) 孔子曰く『その國に入れば、その敎知るべきなり。その人と爲りや、溫柔・敦厚なるは、詩の敎なり。疏通・知遠なるは、書の敎なり。廣博・易良なるは、樂《がく》の敎なり。潔靜・精微なるは、易の敎なり。恭儉・莊敬なるは、禮の敎なり。屬辭・比事するは、春秋の敎なり。故に詩の失は愚、書の失は誣、樂の失は奢、易の失は賊、禮の失は煩、春秋の失は亂。その人と爲りや、溫柔・敦厚にして愚ならざるは則ち詩に深き者なり、疏通・知遠にして誣ひざるは則ち書に深き者なり、廣博・易良にして奢らざるは則ち樂《がく》に深き者なり、潔靜・精微にして賊《そこ》なはざるは則ち易に深き者なり、恭儉・莊敬にして煩ならざるは則ち禮に深き者なり、屬辭・比事して亂れざるは則ち春秋に深き者なり。天に四時—春夏秋冬—有り、風ふき、雨ふり、霜ふり、露おく。敎にあらざるなきなり。地は神氣を載せ雷霆を吐納し、形を庶物に流《し》く。敎にあらざるなきなり。淸明、躬に在れば、氣志、神の如し。物將に至らんとするあれば、その兆必ず先だつ。この故に、天地の敎は聖人と相參《まじは》る。その詩に在りては曰く「嵩高たり惟れ嶽。峻きこと天に極《いた》る。惟れ嶽、神を降して、甫及び申を生めり。惟れ申及び甫は、惟れ周の翰。四國に蕃(一)となり、四方に宣べたり」と。これ文・武の德なり。「其の文德を矢《つら》ね、此の四國を協《やはら》げたり」と。これ文王の德なり。凡そ三代の王は必ずその令問を先にせり。詩に云く「明明たる天子、令問已まざりき」と。三代の德なり』と。

（一）蕃は藩に通ず。王注に曰く、四國に藩屏たりと。

㈢　子張、聖人の以て敎ふる所を問ふ。孔子曰く『師か。吾れ汝に語《つ》げん。聖人は禮樂を明にし、擧げてこれを措くのみ』と。子張又問ふ。孔子曰く『師よ。爾《なんぢ》以爲《おも》ふか、必ず几筵を布き、揖讓して升降し、酌獻して酬酢し、然して後にこれを禮と謂ふと。爾《なんぢ》以《おも》ふか、必ず綴兆を行《つら》ね、羽籥を執り、鐘鼓を作《な》して、然して後にこれを樂《がく》と謂ふと。言ひて履むべきは禮なり。行ひて樂むべきは樂《がく》なり。聖人この二者を力めて、以て己れを躬《うやうや》しくして南面す。この故に、天下太平にして萬民順伏し、百官、事を承けて上下、禮あるなり。それ禮の興る所以は衆の治まる所以なり、禮の廢《すた》る所以は衆の亂るる所以なり。目巧の室にも則ち隩阼あり。席には則ち上下あり。車には則ち左右あり。行くには則ち竝隨あり。立つには則ち列序あり。（これ）古の義なり。室にして隩阼なくんば、則ち堂室を亂る。席にして上下なくんば、則ち席次を亂る。車にして左右なくんば、則ち車上を亂る。行きて竝隨なくんば、則ち階塗を亂る。列して次序なくんば、則ち著を亂る。昔、明王・聖人は貴賤・長幼を辨じ、男女・內外を正し、親疎・遠近を序し、而して敢て相踰越することを莫からしめしは、皆この塗に由りて出でしめたればなり』と。

屈節解第三十七

㈠ 子路、孔子に問ひて曰く『由聞く「丈夫、世に居り、富貴なるときは物を益するある能はず、貧賤の地に處りては節を屈して以て伸を求むる能はずんば、則ち以て人の域を論ずるに足らず」と』。孔子曰く『君子の己れを行ふは、必ず己れを達せんことを期す。以て屈すべくんば則ち屈し、以て伸ぶべくんば則ち伸ぶ。故に節を屈する者は待つことある所以にして、伸ぶるを求むる者は時に及ぶ所以なり。ここを以て、屈を受くと雖もその節を毀たず、志達すとも義を犯さず』と。

㈡ 孔子、衞に在り。齊國の田常將に亂を爲さんと欲すれども、鮑・晏を憚り、因りてその兵を移して以て魯を伐たんと欲すと聞く。孔子、諸弟子を會して、これに告げて曰く『魯は父母の國なり。救はざるべからず。その敵を受くるを視るに忍びず。今、吾れ節を田常に屈して、以て魯を救はんと欲す。二三子誰れか使たらん』と。ここに於て子路曰く『請ふ、齊に往かん』と。孔子許さず。子張往かんと請ふ。又許さず。子石往かんと請ふ。又許さず。三子退きて、子貢に謂ひて曰く『今、夫子、節を屈して、以て父母の國を救はんと欲す。吾(等)三人使せんことを請ひたれども往くを獲ず。これ則ち吾子、辯を用ふるの時なり。吾子盍《なん》ぞ行かんことを請はざる』と。子貢使せんと請ふ。夫子これを許す。遂に齊に如《ゆ》く。田常に說きて曰く『今、子、功を魯に收めんと欲す。實に難し。兵を吳に移すに若かず。則ち易し』と。田常悅ばず。子貢曰く『それ憂、內に在る者は强を攻め、憂、外に在る者は弱を攻む。吾れ聞く、子三たび封ぜられんとして、三たびとも成らざりきと。これ則ち大臣聽かざればなり。(二)今、戰勝てば以て主を驕らしめ、國を破れば以て臣を尊くす。而して子の功與《あづか》らず。則ち交り日に主に疏からん。而して大臣と爭ふことかくの如くなれば、則ち子の位危からん』と。田常曰く『善し。然れども兵甲已に魯に加へたり。更ふべからず。如何ずべきや』と。子貢曰く『師《いくさ》を緩くせよ。吾れ吳に請ひ、魯を救ひて齊を伐たしめん。子因つて兵を以てこれを迎へよ』と。田常許諾す。子貢遂に南のかた吳王に說きて曰く『王者は國を滅さず、霸者は强敵なし。千鈞の重きも、銖兩を加ふれば移る。今、齊國を以てして千乘の魯を私し、吾と强を爭はんとす。甚だ王の爲めにこれを患ふ。且つそれ魯を救ひて以て名を顯し、以て泗上の諸侯を撫し、暴齊を誅して以て晉を服せば、利これより大なるは莫し。亡魯を存するを名として、實は强齊を困む。智者は疑はず』と。吳王曰く『善し。然れども吳常《かつ》て越を困めたれば、越王いま身を苦め士を養ひて吳に報ゆるの心あり。子、我が越を先にするを待ちて、然して後ならば、乃ち可なり』と。子貢曰く『越の勁は魯に過ぎず、吳の强は齊に過ぎず、而《しか》るに王、齊を置きて越を伐たば、則ち齊必ず魯を私せん。王方《まさ》に亡を存し絕を繼ぐの名を以て、齊を棄てて小越を伐つは、勇にあらざるなり。(三)勇者は難を避けず。仁者は約を窮《くるし》めず。智者は時を失はず。義者は世を絶たず。今、越を存して、天下に示すに仁を以てし、魯を救ひ齊を伐ちて、威、晉國に加はらば、諸侯必ず相率ゐて朝し、霸業盛ならん。且つ王必ず越を惡《にく》まば、臣請ふ、越君に見えて、兵を出して以て從はしめん。これ則ち實は越を害して、而して名は諸侯を從へて以て齊を伐つなり』と。吳王悅び、乃ち子貢をして越に之《ゆ》かしむ。越王郊迎して、自《みづか》ら子貢の爲めに御す。曰く『これ蠻夷の國。大夫何ぞ儼然として辱くもこれに臨むに足らん』と。子貢曰く『今者《このごろ》、吾れ吳王に說くに、魯を救ひ齊を伐つを以てせり。その志これを欲すれども、心に越を畏る。曰く「我が越を伐つを待ちて後ならば可なり」と。則ち越を破らんこと必せり。且つ人に報ずるの志なくして、人をしてこれを疑はしむるは拙なり。人に報ずるの意ありて、人をしてこれを知らしむるは殆《あやふ》し。事未だ發せずして、先づ聞ゆる者は危し。三者は事を擧ぐるの患なり』と。句踐頓首して曰く『孤嘗て力を料らずして吳の難を興し、困を會稽に受け、痛み骨髓に〔入れり〕（三）。（ここを以て）日夜、唇を焦し、舌を乾し、徒らに吳王と踵を接して死せんと欲す。孤の願なり。今、大夫幸に告ぐるに利害を以てせよ』と。子貢曰く『吳王、人と爲り猛暴。群臣堪へず、國家疲弊し、百姓は上を怨み、大臣は內に變じ、申胥は諫を以て死し、太宰嚭は事を用ふ。これ則ち吳に報ゆるの時なり。王誠に能く卒を發し、これを佐けて以てその志を邀射し、而して重寶以てその心を悅ばし、卑辭以てその禮を尊くせば、則ちその齊を伐たんこと必せり。これ聖人の謂はゆる節を屈してその達を求むる者なり。彼れ戰ひて勝たずんば、王の福なり。若し勝たば、則ち必ず兵を以て晉に臨まん。臣、北に還りて、請ふ、晉君に見《まみ》え、共にこれを攻めしめん。その吳を弱めんこと必せり。銳兵は齊に盡き、重甲は晉に困むべし。而して王その弊を制せよ』と。越王頓首して許諾す。子貢返る。五日にして越、大夫文種をして、頓首して吳王に言はしめて曰く『越、境內の士三千人を悉して以て吳に事へん』と。吳王、子貢に告げて曰く『越王身《みづか》ら寡人に從はんと欲す。可なるか』と。子貢曰く『人の衆(四)を悉し、又その君を從ふるは、義にあらざるなり』と。吳王乃ち越王の卒を受け、謝して句踐を留む。遂に自《みづか》ら國內の兵を發し、以て齊を伐ち、これを敗る。子貢遂に北のかた晉君に見《まみ》え、その(吳の)弊《つか》れたるところを承けしむ。吳・晉遂に黃池に遇ふ。越王、吳の國を襲ふ。吳王歸り、越と戰ひて、これに滅ぶ。孔子曰く『それ、その齊を亂し魯を存するは、吾れの始願なり。能く晉を強くして以て吳を弊《つから》し、吳をして亡びしめて越をして霸たらしむるものの若きは、賜のこれを說けるなり。美言は信を傷る。言を愼まんかな』と。

(一)今もと令に作る。何本に從って改む。
(二)者もと而に作る。蜀本に從って改む。
(三)何本に從って入字を補す。

(四)衆上もと牽字あり。蜀本に從って刪る。

(三) 孔子の弟子に、宓子賤といふ者あり。魯に仕へて、單父の宰と爲る。魯君、讒言を聽き、己れをしてその政を行ふを得ざらしめんことを恐る。ここに於て辭し行くとき、故《ことさら》に君の近史二人を請ひて、これと倶に官に至る。宓子その邑吏を戒めんとし、二史をして書せしむ。書するに方りて、輒ちその肘を掣《ひ》く。書善からずんば、則ち從ひてこれを怒る。二史これを患ひ、辭して魯に歸らんと請ふ。宓子曰く『子の書甚だ善からず。子勉《や》めて歸れ』と。二史歸りて、君に報じて曰く『宓子、臣をして書せしめて而して肘を掣《ひ》き、書惡しければ而《すなは》ち又臣を怒れり。邑吏皆これを笑へり。これ臣のこれを去りて來れる所以なり』と。魯君以て孔子に問ふ。子曰く『宓不齊は君子なり。その才は霸王の佐に任ふ。節を屈して單父を治むるは、將に以て自《みづか》ら試みんとするなり。意ふに、これを以て諫と爲すか』と。公寤り、太息して歎じて曰く『これ寡人の不肖なり。寡人、宓子の政を亂して、而してその善を責めしことは非なり。二史微《なか》りせば、寡人以てその過を知ること無かりしならん。夫子微《なか》りせば、寡人以て自《みづか》ら寤ること無かりしならん』と。遽に愛する所の使を發し、宓子に告げて曰く『今より已往、單父は吾が有にあらざるなり。子の制に從はん。民に便なる者あらば、子決してこれを爲し、五年に一たびその要を言へ』と。宓子敬《つつし》みて詔を奉じ、遂にその政を行ふことを得たり。ここに於て單父治まる。躬《みづか》ら敦厚にして親親を明にし、篤敬を尙《たつと》び、至仁を施し、懇誠を加へ、忠信を致し、百姓これに化す。齊人、魯を攻む。道、單父よりす。單父の老請ひて曰く『麥已に熟せり。今、齊の寇至る。人人自《みづか》らその麥を收むるに及ばず。請ふ、民を放ちて出でしめ、皆傅郭の麥を穫らしめ、以て糧を益すべし。且つ寇に資せざらん』と。三たび請ひたれども、宓子聽かず。俄にして齊の寇、麥に逮《およ》ぶ。季孫これを聞きて怒り、人をして宓子を讓《せ》めしめて曰く『民、寒に耕して、熱に耘る。曾《すこし》も食を得ず。豈に哀しからずや。知らずしてならば猶ほ可なり。以て告ぐること三たびにして、子聽かず。民の爲めにする所以にあらざるなり』と。宓子蹙然として曰く『今茲《ことし》麥なくんば、明年樹《う》うべし。若し耕さざる者をして穫らしめば、これ民をして寇あるを樂ましめん。且つ單父の一歲の麥を得るも、魯に於て强を加へず。これを喪ふも、弱を加へず。若し民をして自《ほしいまま》に取るの心あらしめば、その創必ず、數世にして息まざらん』と。季孫これを聞き、赧然として愧ぢて曰く『地若し入るべくんば、吾れ豈に宓子を見るに忍びんや』と。三年にして、孔子、巫馬期をして遠く政を觀せしむ。巫馬期陰に衣を免ぎて弊裘を衣、單父の界に入る。夜漁する者、魚を得ては、輒ちこれを舍つるを見る。巫馬期これに問ひて曰く『凡そ漁するは得んが爲めなり。何を以て魚を得て卽ちこれを舍つるか』と。漁者曰く『魚の大なる者をば名づけて鱒と爲す。吾が大夫これを愛す。その小なる者をば名づけて鱦と爲す。吾が大夫これを長ぜんと欲す。ここを以て二者を得れば輒ちこれを舍つ』と。巫馬期返り、以て孔子に告げて曰く『宓子の德至れり。民をして闇行にも旁に嚴刑あるが若くならしむ。敢て問ふ、宓子何を行ひてこれを得たるか』と。孔子曰く『吾れ嘗てこれと言《ものい》ひて曰く「此に誠ある者は彼に刑《のり》となる」と。宓子はこの術を單父に行へるなり』と。

㈣　孔子の舊を原壤と曰ふ。その母死す。夫子將にこれを助けて以て槨を沐《をさ》めんとす。子路曰く『由や昔これを夫子に聞けり。曰く「己れに如かざる者を友とする無かれ。過ちては則ち改むるに憚る勿れ」と。夫子憚る。姑く已むれば若何』と。孔子曰く『凡そ民に喪あれば、匍匐してこれを救ふ。況んや故舊をや。(原壤は故舊なり。單なる)友にあらざるなり。吾れそれ往かん』と。槨を爲《つく》るに及び、原壤、(槨材の)木に登りて曰く『久しいかな、予の(興を)音に託せざりしことや』と。遂に歌ひて曰く『(槨材の文采あること)貍の首(の毛)の斑然たるがごとく、(槨材の滑澤なること)女の手の卷然たるを執るがごとし』と。夫子これが爲めに隱し、聞かざる佯《まね》して以てこれを過ぐ。子路曰く『夫子、節を屈して、ここに極《いた》る。その興を失す。豈に未だ以て已むべからざるか』と。孔子曰く『吾れこれを聞く「親しき者には、その親たるを失はざれ。故《ふる》き者には、その故《こ》たるを失はざれ」と』。

孔子家語巻第八　(終)

孔子家語巻第九

七十二弟子解第三十八

(一)顔回は魯の人、字は子淵。年二十九にして髪白し。三十一にして早く死す。孔子曰く『吾れ回有りてより門人日々に益々親む』と。回の德行は著名なり。孔子その仁を稱す。

閔損は魯の人、字は子騫。德行を以て名を著はす。夫子その孝を稱す。

冉耕は魯の人、字は伯牛。德行を以て名を著はす。惡疾有り、孔子曰く『命なるかな』と。

冉雍、字は仲弓。伯牛の宗族なり。不肖の父より生れ、德行を以て名を著はす。

宰予、字は子我、魯の人なり。口才ありて名を著はす。

端木賜、字は子貢、衛の人なり。口才ありて名を著はす。

冉求、字は子有。仲弓の族なり。才藝有り。政事を以て名を著はす。

仲由は弁の人、字は子路。勇力・才藝有り。政事を以て名を著はす。

言偃は魯の人、字は子游。文學を以て名を著はす。

卜商は衛の人。(二)字は子夏。文學を以て名を著はす。人と爲り性弘からず、好んで精微を論じ、時人〕以てこれに尙《くは》ふる無し。嘗て衞に返りしとき、史志を讀む者『晉の師、秦を伐ちて、三豕、河を渡る』と云ふを見、子夏曰く『非なり。己亥のみ』と。史志を讀む者これを晉の史に問ひしに、果して『己亥なり』と曰へり。ここに於て、衞、子夏を以て聖と爲せり。孔子卒して後、西河の上《ほとり》に於て敎ふ。魏の文侯これに師事して國政を諮ふ。

顓孫師は陳の人、字は子張。孔子より少きこと四十八歲。人と爲り容貌有り。資質、寬沖にして博く接し、從容として自《みづか》ら務む。居て仁義の行を立つることを務めず。孔子の門人これを友とすれども敬せず。

曾參は南武城の人、字は子輿。孔子より少きこと四十六歲。志、孝道に存す。故に孔子これに因りて以て孝經を作る。齊嘗て聘し、(三)以て卿と爲さんと欲したれども就かず、曰く『吾れ父母老いたり。人の祿を食めば、則ち人の事を憂ふ。故に吾れ親に遠ざかりて人の役と爲るに忍びず』と。參の後母これを遇するに恩無し。而《しか》れども供養衰へず。その妻、藜烝の熟せざるものを以て〔供したるに〕因りて、これを出ださんとするに及ぶ。人曰く『七出に非ざるなり』と。參曰く『藜烝は小物のみ。吾れ熟せしめんと欲したるに、しかも吾が命を用ひず。況んや大事をや』と。遂にこれを出す。終身、妻《めと》を取らず、その子元請ふ。その子に告げて曰く『高宗は後妻を以て孝己を殺し、尹吉甫は後妻を以て伯奇を放てり。吾れ上、高宗に及ばず、中、吉甫に比せず。庸《なん》ぞその非を免るるを得ることを知らんや』と。

澹臺滅明は武城の人、字は子羽。孔子より少きこと四十九歳。君子の姿有り。孔子嘗て容貌を以てその才を望みたるに、その才は孔子の望に充たざりき。然れども、その人と爲り公正にして私無く、以て取與・去就し、諾を以て名を爲す。魯に仕へて大夫と爲る。

高柴は齊の人にして、高氏の別族なり。字は子羔。孔子より少きこと四十歳。長《たけ》六尺に過ぎず。狀貌甚だ悪《みにく》し。人と爲り篤孝にして法正有り。少より魯に居り、名を孔子の門に於て知らる。仕へて武城の宰と爲る。

宓不齊は魯の人、字は子賤。孔子より少きこと四十九歳。仕へて單父の宰と爲る。才智・仁愛有り。百姓欺くに忍びず。孔子これを大なりとす。

樊須は魯の人、字は子遲。孔子より少きこと四十六歳。弱にして季氏に仕ふ。

有若は魯の人、字は子有。孔子より少きこと三十六歳。人と爲り強識にして古道を好む。

公西赤は魯の人、字は子華。孔子より少きこと四十二歳。束帶して朝に立ち、賓主の儀に閑《なら》ふ。

原憲は宋の人、字は子思。孔子より少きこと三十六歳。清淨にして節を守り、貧にして道を樂む。

孔子、魯の司寇と爲りしとき、原憲嘗て孔子の宰と爲れり。孔子卒して後、原憲退きて衞に隱居す。

公冶長は魯の人、字は子長。人と爲り能く恥を忍ぶ。孔子、女《むすめ》を以てこれに妻《めあ》はす。

南宮韜は魯の人、字は子容。智を以て自《みづか》ら將《おこな》ふ。世淸ければ廢てられず、世濁るも汚《けが》されず。孔子、兄の子を以てこれに妻《めあ》はす。

公析哀は齊の人、字は季沈。天下、大夫の家に仕ふる者多きを鄙しむ。この故に未だ嘗て節を屈して人臣たらず。孔子特にこれを歎貴す。

曾點は曾參の父なり。字は子皙。時に禮敎の行はれざるを疾み、これを修めんと欲す。孔子これを善《よみ》す。論語に謂はゆる、沂に浴し舞雩の下に風ぜんといへるものなり。

顏由は顏回の父なり。字は季路。孔子始めて學を闕里に於て敎へたるときよりして學を受く。孔子より少きこと六歲。

商瞿は魯の人、字は子木。孔子より少きこと二十九歲。特に易を好む。孔子これに傳へて志《しる》さしむ。

漆雕開は蔡の人、字は子若。孔子より少きこと十一歲。尙書に習ふ。仕を樂まず。孔子曰く『子の歯以て仕ふ可し。時將に過ぎんとす』と。子若その書を報じて曰く『吾れこれを未だ信ずること能はず』と。孔子悅ぶ。

公良孺は陳の人、字は子正。賢にして勇あり。孔子周行するとき、常に家の車五乘を以て從ふ。

秦商は魯の人、字は不慈。孔子より少きこと四歳。その父堇父は孔子の父叔梁紇と倶に力をもつて聞ゆ。

顏刻は魯の人、字は子驕。孔子より少きこと五十歳。孔子、衞に適《ゆ》けるとき、子驕、僕たり。衞の靈公、夫人南子と車を同じくして出で、宦者雍渠をして參乘たらしめ、孔子をして次乘たらしめ、遊びて市を過ぐ。孔子これを恥づ。顏刻曰く『夫子何ぞこれを恥づる』と。孔子曰く『詩に云ふ「爾《なんぢ》の新婚に覯《あ》ひ、以て我が心を慰《やす》んず」と』。乃ち歎じて曰く『吾れ未だ德を好むこと色を好むが如き者を見ざるなり』と。

司馬黎耕は宋の人、字は子牛。牛の性爲るや躁にして言語を好む。兄桓魋の惡を行ふを見て、牛常にこれを憂ふ。

巫馬期は陳の人、字は子期。孔子より少きこと三十歳。孔子、將に近行せんとし、從者に命じて皆蓋を持たしむ。已にして果して雨ふる。巫馬期問ひて曰く『且に雲無く、既にして日出でたり。而《しか》るに夫子命じて雨具を持たしめたり。敢て問ふ、何を以てこれを知れる』と。孔子曰く『昨暮、月、畢に宿れり。詩に云はずや「月、畢に離《かか》り、滂沱たら俾《し》む」と。これを以てこれを知れり』と。

梁鱣は齊の人、字は叔魚。孔子より少きこと三十九歳。年三十にして未だ子有らず、その妻を出さんと欲す。商瞿謂ひて曰く『子未だし。昔、吾れ年三十八にして子無く、吾が母、吾が爲めに更めて室を取《めと》らんとせり。夫子、吾れをして齊に之《ゆ》かしめんとせしとき、母請ひて吾れを留めんと欲せり。夫子曰く「憂ふる無かれ。瞿、四十を過ぐれば、當に五丈夫子有るべし」と。今果して然り。吾れ恐らくは、子自《おのづか》ら晩生のみ。未だ必ずしも妻の過にあらず』と。これに從ふ。二年にして子有り。

琴牢は衛の人、字は子開、一の字は張、宗魯と友たり。宗魯死すと聞き、往きて弔せんと欲す。孔子許さずして曰く『義に非ざるなり』と。

冉儒は魯の人、字は子魚。孔子より少きこと五十歳。

顔辛は魯の人、字は子柳。孔子より少きこと四十六歳。

伯虔、字は楷。孔子より少きこと五十歳。

公孫龍(三)は衛の人、字は子石。孔子より少きこと五十三歳。

曹卹。孔子より少きこと五十歳。

陳亢は陳の人、字は子亢、一の字は子禽。孔子より少きこと四十歳。

叔仲會は魯の人、字は子期。孔子より少きこと五十歳。孔琁と年相比す。孺子、筆を執りて事を夫子に記する毎に、二人迭ひに左右に侍す。孟武伯、孔子を見て問ひて曰く『この二孺子の幼なるや、學に於て豈に能く壯なるものより識らんや』と。孔子曰く『然り。少にして成るは則ち性の若きなり。習慣は自然の若きなり』と。

秦祖、字は子南。

奚蒧、字は子楷。

公祖茲、字は子之。

廉潔、字は子曹。

公西與、字は子上。

宰父黑、字は子黑。

公西減、字は子尙。

穰駟赤、字は子從。

冉季、字は子產。

薛邦、字は子從。

石處、字は里之。

懸亶、字は子象。

左郢、字は子行。

狄黒、字は哲之。
商澤、字は子秀。
任不齊、字は子選。
榮祈、字は子祺。
顔噲、字は子聲。
原桃、字は子籍。
公肩、字は子仲。
秦非、字は子之。
漆雕從、字は子文。
燕級、字は子思。
公夏守、字は子乘。
句井彊、字は子彊。
歩叔乘、字は子車。
石子蜀、字は子明。
邽選、字は子歛。

施之常、字は子常。
申績、字は子周。
樂欣、字は子聲。
顏之僕、字は子叔。
孔弗、字は子蔑。
漆雕侈、字は子斂。
懸成、字は子横。
顏相、字は子襄。
(四)右の夫子の弟子七十二人は皆堂に升り室に入りし者なり。

(一)蜀本に從って字子夏以文學著名爲人性不弘好論精微時人十九字を補す。
(二)以もと與に作る。同上に從って改む。
(三)寵もと寵に作る。同上に從って改む。
(四)右夫子弟子七十二人もと右件夫子七十二人弟子に作る。蜀本に從って改む。

本姓解第三十九

(一) 孔子の先は宋の後なり。微子啓は帝乙の元子にして紂の庶兄なり。圻内の諸侯を以て入りて王の卿士と爲る。微は國の名、子は爵。初め武王、殷に剋ち、紂の子武庚を朝歌に封じて湯の祀を奉ぜしむ。武王崩じて、而して(武庚)管・蔡・霍三叔と與《とも》に難を作す。周公、成王を相《たす》け、東してこれを征すること二年、罪人ここに得らる。乃ち微子を殷の後《あとつぎ》に命ず。「微子の命」を作る。これに由つて、國を與ふること宋に于てして、殷の子孫を徙す。唯だ微子、先より往きて周に仕ひゐたるが故に、これを封じたるなり。(微子)その弟――仲思と曰ふ、名は衍、或は名は泄――を賢とし、微の後を嗣がしむ。故に微仲と號す。宋公稽を生む。冑子は爵を遷し位を易へて班級その故《もと》に及ばざる者と雖も、故《もと》の官を以て稱と爲すことを得。故に二微、宋公と爲ると雖も、而《しか》も猶ほ微の號を以て自《みづか》ら終へ、稽に至りて乃ち公と稱す。宋公、丁公申を生む。申公、緡公共及び襄公熙を生む。熙、弗父何及び厲公方祀を生む。方祀以下は世々宋の卿と爲る。弗父何、宋父周を生む。周、世子勝を生む。勝、正考甫を生む。考甫、孔父嘉を生む。五世の親盡き、別れて公族と爲る。故に後は孔を以て氏と爲す。一に曰く、孔父とは生時賜はりし所の號なり、ここを以て子孫遂に以て族に氏とすと。孔父、子木金父を生む。金父、(二)睾夷を生む。睾夷、防叔を生む。(防叔)華氏の禍を避けて魯に奔る。防叔、伯夏を生む。伯夏、叔梁紇を生む。(三)「叔梁紇、魯の施氏に娶りて女九人を生む。男無し」。曰く『九女有りと雖も(三)「適無し」、これ子無きなり』と。

その妾、孟皮を生む。孟皮、一の字は伯尼、足の病有り。ここに於て(叔梁紇)乃ち婚を顔氏に求む。顔氏に三女有り、その小を徵在と曰ふ。顔父、三女に問ひて曰く『陬の大夫、父祖は士たりと雖も、然れどもその先は聖王の裔なり。今その人、身長十尺、武力絶倫、吾れ甚だこれを貪《をし》む。年長じ性嚴なりと雖も、疑を爲すに足らず。三子孰《た》れか能くこれが妻たらんか』と。二女對《こた》ふる莫し。徵在進みて曰く『父の制する所に從はん。將た何をか問はん』と。父曰く『卽ち爾《なんぢ》能くせん』と。遂に以てこれに妻《めあは》す。徵在既に往く。廟見す。夫の年大なるを以て、時に男有らざらんことを懼れ、私かに尼丘の山に禱り、以てこれを祈む。孔子を生む。故に丘と名づけ、仲尼と字す。孔子三歲にして叔梁紇卒し、防に葬る。十九に至り、宋の幵(四)官氏より娶る。一歲にして伯魚を生む。魚の生るるや、魯の昭公、鯉魚を以て孔子に賜ふ。君の貺を榮とし、故に因りて以て名づけて鯉と曰ひ、而して伯魚と字す。魚年五十にして孔子に先だちて卒す。

(一)睾もと譌して睪に作る。何本皐に作る。皐睾同字。
(二)何本に從つて叔梁紇娶於魯之施氏生女九人無男十五字を補す。
(三)同上に從つて無適二字を補す。
(四)幵もと幷に作る。同上に從つて改む。

(三)　齊の太史子與、魯に適《ゆ》き、孔子を見る。孔子これと道を言ふ。子與悅びて曰く『吾れは鄙人なり。子の名を聞けども、子の形を覩ざること久し。而してこれが寶の貴きことを知らんことを求めたり。乃ち今にして後、泰山のごとく高く淵海のごとく大なることを知る。惜しいかな、夫子の明王に逢はずして、道德、民に加はらず、而して將に寶を垂れて以て後世に貽さんとすることや』と。遂に退きて南宮敬叔に謂ひて曰く『今、孔子は先聖の嗣なり。弗父何より以來、世々德讓有り、天の祚《さいはひ》する所なり。成湯は武德を以て天下に王たり。その配、文に在り。殷宗より以下未だ始めより有らざるなり。孔子は衰周に生る。先王の典籍錯亂して紀無し。而して乃ち百家の遺記を論じ、その義を考正し、堯・舜を祖述し、文・武を憲章し、詩を删り、書を述べ、禮を定め、樂を理め、春秋を制作し、易道を讚明し、訓を後嗣に垂れて以て法式と爲し、その文德著はる。然して凡そ教誨する所は、束脩より以上、三千餘人。或ひは天將に興して(二)これを素王とせんと欲するか。それ何ぞその盛なるや』と。敬叔曰く『殆んど吾子の言の如し。それ物能く兩つながら大なる莫し。吾れ聞く、聖人の後にして繼世の統に非ずんば、それ必らず興る者有らんと。今、夫子の道至れり。乃ち將にこれを無窮に施さんとす。天の祚を辭せんと欲すと雖も、故《もと》より未だ得ざるのみ』と。子貢これを聞き、二子の言を以て孔子に告ぐ。子曰く『豈にかくの若くならんや。亂るれば而《すなは》ちこれを治め、滯れば而《すなは》ちこれを起すは、吾が志よりするなり。天何ぞ與《あづか》らん』と。

(一)興もと與に作る。何注に曰く、與當に興に作るべしと。いまこれに從ふ。

終紀解第四十

(一) 孔子蚤晨に作《お》き、手を負ひ杖を曳き、門に逍遥して歌ひて曰く『泰山それ頽れんか。梁木それ壞れんか。喆《てつ》人それ萎まんか』と。既に歌ひて入り、戸に當りて坐す。子貢これを聞きて曰く『泰山それ頽れなば、則ち吾れ將に安《いづく》をか仰がんとする。梁木それ壞れなば、〔則ち〕(一)吾れ將に安《いづく》にか杖《よ》らんとする。喆《てつ》人それ萎みなば、〔則ち〕(二)吾れ將に安《いづく》にか放《なら》はんとする。夫子殆《ちか》く將に病まんとす』と。遂に趨りて入る。夫子歎じて言ひて曰く『賜、汝來ること何ぞ遲きや、予、疇昔、夢むらく、坐して兩楹の間に奠せらると。夏后氏は東階の上に殯せり。則ち猶ほ阼に在るがごとくせり。殷人は兩楹の間に殯せり。卽ち賓と主とにてこれを夾めり。〔周人は〕(三)西階の上に殯せり。則ち猶ほこれを賓とするがごとくせり。而して丘は卽ち殷人なり。それ明王興らずんば則ち天下それ孰《た》れか能く余を宗とせん。余將に死せんとするに逮《およ》ぶ』と。遂に病に寢ね、七日にして終る。時に年七十二なり。哀公誄して曰く『旻天弔《あはれ》まず、憖《しばら》くも一老を遺して余一人を屛《たす》けて以て位に在らしめず。煢煢として余、疚に在り。於乎《ああ》哀しいかな、尼父。自《みづか》ら律《のつと》るべきところ無くなれり』と。子貢曰く『公それ魯に沒《おぼ》らざらんか。夫子言へる有り曰く「禮失へば則ち昏く、名失へば則ち愆つ」と。志を失ふを昏と爲し、所を失ふを愆と爲す。生けるとき用ふる能はず、死して而してこれを誄するは、禮に非ざるなり。一人と稱するは名に非ざるなり。君兩つながらこれを失《あやま》てり』と。既に卒す。門人以て夫子に服する所のものを〔疑ふ〕(四)。子貢曰く『昔、夫子の顔回に喪するや、その子に喪するが若くにして而して服無かりき。子路に喪せるときも亦然りき。今請ふ、夫子に喪するには、父に喪するが如くにして、而して服無けん』と。ここに於て弟子みな弔服して麻を加へ、出でて之《ゆ》く所あるときも則ち由《な》ほ經す。子夏曰く『入りては、宜しく經して居る可し。出づるときは、則ち經すべからず』と。子游曰く『吾れこれを夫子に聞けり「朋友に喪するには、居るときは則ち經し、出づるときは則ち否らず。尊ぶ所に喪するには、經して出づと雖も可なり」と』。孔子の喪に、公西〔赤〕(五)、殯葬を掌る。唅に疏米三貝を以てし、襲衣は十有一稱、朝服一を加へ、章甫の冠を冠せしめ、象環の徑五寸なるものを珮ばしめ、而して綦の組綬をす。桐棺四寸、柏椁(六)五寸、牆(七)を飾《ととの》へ、翣を置く。披を設けたるは周なり。崇を設けたるは殷なり。綢練して旐を設けたるは夏なり。三王の禮を兼ね用ひたるは、師を尊び且つ古を備ふる所以なり。魯城の北なる泗水の上《ほとり》に葬る。藏して地に入ること泉に及ばず、而して封じて偃斧の形と爲し、高さ四尺、松柏を樹ゑて志《しるし》と爲す。弟子みな墓に家して心喪の禮を行ふ。既に葬る。燕より來り觀る者有りて子夏氏に舍す。子貢これに謂ひて曰く『吾れも亦人の聖人を葬るなり。聖人の人を葬るに非ざるなり。子奚《なに》をか觀んとする。昔、夫子言ひて曰く「吾れ封の夏屋の若くなる者を見たり、斧の若くなるを見たり。斧の若くなる者に從はん」と。馬鬣(八)封の謂なり。今は徒だ一日にて三たび板を斬りて以て封じたり。尙《こひねが》はくは夫子の志《こころざし》を行はんとせるのみ。何をか觀んや』と。二三子、三年の喪畢りたるとき、或は留まり、或は去る。惟だ子貢は墓に廬すること六年。自後、群弟子及び魯人、墓に處りて家の如くするもの百有餘家。因りてその居を名づけて孔里と曰ふ。

(一)蜀本に從つて則字を補す。
(二)何本に從つて則字を補す。
(三)蜀本に從つて周人二字を補す。
(四)同上に從つて疑字を補す。
(五)同上に從つて赤字を補す。
(六)椁もと棺に作る。何本に從つて改む。
(七)牆もと廟に作る。蜀本に從つて改む。
(八)鬣もと鬛に作る。蜀本に從つて改む。

正論解第四十一

(二) 孔子、齊に在り。齊侯出でて田《かり》す。虞人を招くに旌を以てす。(虞人)進まず。公これを執へしむ。對《こた》へて曰く『昔、先君の田《かり》には、旌以て大夫を招ぎ、弓以て士を招ぎ、皮冠以て虞を招げり。臣、皮冠を見ず、故に敢て進まざりしなり』と。乃ちこれを舍《ゆる》す。孔子これを聞きて曰く『善いかな。道を守るには官を守るに如かず。君子これを韙《よし》とす』と。

(三) 齊の國師(一)、魯を伐つ。季康子、冉求をして左師を率ゐてこれを禦がしむ。樊遲、右たり。〔師、溝を踰えず。樊遲曰く〕(二)『能はざるに非ざるなり。子を信ぜざるなり。請ふ三たび刻《やく》(三)してこれを踰えん』と。かくの如くす。衆これに從ふ。師、齊の軍に入る。齊の軍遁る。冉有、戈を用ふ、故に能く入れるなり。孔子これを聞きて曰く『義なり』と。戰を既《を》ふ。季孫、冉有に謂ひて曰く『子の戰に於けるはこれを學びたるか、性これに達したるか』と。對《こた》へて曰く『これを學びたり』と。季孫曰く『孔子に從事す。惡《いつく》にか學びたる』と。冉有曰く『卽ちこれを孔子に學びたるなり。それ孔子は大聖なり。該《か》ねざる無し。文武並び用ひ、兼ね通ず。求や適々その戰法を聞きたれども、猶ほ未だこれを詳にせざるなり』と。季孫悅ぶ。樊遲以て孔子に告ぐ。孔子曰く『季孫ここに於てか人の能有るを悅ぶと謂ふ可し』と。

(一)國師は齊卿の名。蜀本、國書に作る。左傳哀公十一年亦同じ。
(二)左傳同上に依つて師不踰溝樊遲曰七字を補す。

(三)刻は約なり。

(三) 南容説・仲孫何忌既に喪を除く。而して昭公、外に在り、未だこれに命ぜず。定公、位に即き、乃ちこれに命ず。辭して曰く『(一)先臣、遺命あり。曰く「それ禮は人の幹なり。禮に非ざれば則ち以て立つ無し」と。家老に囑して二臣に命ぜしむるらく、必ず孔子に事へて禮を學び以てその位を定めよと』。公これを許す。二子、孔子に學ぶ。孔子曰く『能く過を補ふ者は君子なり。詩に云ふ「君子にこれ則りこれ傚ふ」と。孟僖子には則り傚ふ可し。已れの病める所に懲りて、以てその嗣に誨へたり。大雅に謂はゆる「厥《そ》の孫に謀を詒《のこ》して、以て子を燕翼す」とは、この類なるかな』と。

(一)先臣は孟僖子を指す。南容説・仲孫何忌二人の父なり。

(四) 衞の孫文子、罪を獻公に得て戚に居る。公卒す。未だ葬らず。文子、鐘を撃つ。延陵の季子、晉に適《ゆ》かんとして戚を過ぎ、これを聞きて曰く『異なるかな。夫子のここに在るは猶ほ燕子の幕に巣ふがごときなり。懼るるも猶未だし。又何ぞ樂《がく》せん。君又殯に在り。可ならんや』と。文子これより終身、琴瑟を聽かず。孔子これを聽きて曰く『季子は能く義を以て人を正し、文子は能く己れに克ちて義に服せり。善く改めたりと謂ふ可し』と。

(五) 孔子、晉志を覽る。晉の(一)趙穿、靈公を殺したるとき、(二)趙盾(既に)亡げ(て難を避け、國外に出でんとして途にありしが、これを聞き)、未だ(晉境の)山に及ばずして還れり。(三)史書す『趙盾、君を弑す』と。盾曰く『然らず』と。史曰く『子は正卿たり。亡げたれども境を出でず、返りたれども賊を討ぜず。(弑逆の責を負ふべきものは)子に非ずして誰ぞや』と。盾曰く『嗚呼、「我れこれ懷へり。自《みづか》ら伊《こ》の戚《うれひ》を詒《のこ》せり」とは、それ我れの謂か』と。孔子嘆じて曰く『董狐は古の良史なり。法を書して隱さざりき。趙宣子は古の良大夫なり。法の爲めに惡(名)を受けたり。惜しいかな、境を越ゆれば乃ち(惡名を受くることを)免れたりしに』と。

(一)趙穿は趙盾の從弟。
(二)趙盾は卽ち趙宣子。
(三)史は晉の太史董狐。

(六)鄭、陳を伐ちてこれに入り、子產をして捷を晉に獻ぜしむ。晉人、陳の罪を問ふ。子產對《こた》へて曰く『陳は周の大德を亡《わす》れ、介《おほい》に楚の衆を恃みて、弊邑を馮陵せり。ここを以て往年の告ありき。未だ命を獲ざりしうち則ち又東門の役ありき。陳の隧に當る者は、井は陻《ふさ》がれ、木は刊《き》られ、弊邑大に懼れたり。天その衷を誘《みちび》きて弊邑の心を啓きしかばその罪を知りて首を我れに校《いた》せり。用《もつ》て敢て功を獻ず』と。晉人曰く『何の故に小を侵せる』と。對《こた》へて曰く『先王の命に「惟だ罪の在る所には、各々その辟《つみ》を致せ」と。且つ昔、天子は一圻、列國は一同、(或は)これより以て喪《そ》げり。周の制なりき。今、大國は多くは數圻なり。若し小を侵したること無くんば、何を以てかここに至らん』と。晉人曰く『その辭順なり』と。孔子これを聞き、子貢に謂ひて曰く『志にこれ有り「言は以て志を足し、文は以て言を足す」と。言はずんば、誰れかその志を知らん。言ふとも文無くんば、行はるるとも遠からず。晉(一)は伯たり。鄭(その命を待たずして恣に師を用ひて)陳に入れり。(何を以てか晉の討を免れん)。文辭に非ざれば功を爲さず。小子愼めや』と。

(一)晉爲伯鄭入陳もと晉爲鄭伯入陳に作る。蜀本に從つて改む。

(七) 楚の靈王汰侈なり。右尹子革侍坐す。左史倚相趨りて過ぐ。王曰く『これ良史なり。子善くこれを視よ。これ能く三墳・五典・八索・九丘を讀む』と。對《こた》へて曰く『それ良史は君の過を記し、君の善を揚ぐ。而《しか》るにこの子は潤辭を以て官と爲す。良史と爲す可からず、日《さき》に臣乃ち嘗てこれに問(二)へり。昔、周の穆王その心を肆《きは》めんと欲し、將に天下を過行して皆車轍並びに馬迹有らしめんとしたるとき、祭公謀父、祈昭を作りて以て王の心を止め、王ここを以て文宮に瘞(三)することを獲たり。臣その詩を問(三)ひたれども知らざりき。若し遠きを問はば、それ焉《いづく》んぞ能く知らんや』と。王曰く『子能くするか』と。對《こた》へて曰く『能くす。その詩に曰く「祈招(の樂《がく》)の愔愔たる(を聽きて)、式《もつ》て德音を昭にせよ。我が王の(法)度を思ひて、式《もつ》て(これを)玉の如くに、式《もつ》て(これを)金の如くに(美に)せよ。民の力を刑《はか》りて、(民をして過勞せしむるなかれ)。(已れの欲に克ちて)、酔飽せんとする心ある無かれ」と』。靈王揖して入り、饋すれども食はず、寢ぬれども寐ねられざること數日。(然れども遂に)則ち固《まこと》にその情に勝つこと能はず、以て難に及ぶ。孔子その志を讀みて曰く『古者、志有り「己れに克ちて禮に復するを仁と爲す」と。信に善いかな、楚の靈王若し能くかくの如くなりせば、豈にそれ(四)乾谿に於て辱しめられんや。子革の左史を非《そし》るは、風する所以なり。詩を稱して以て諫むるは順なるかな』と。

(一)間もと聞に作る。蜀本に從つて改む。
(二)歿もと殆に作る。同上に從つて改む。
(三)間もと聞に作る。左傳昭公十二年に依つて改む。
(四)其もと期に作る。蜀本に從つて改む。

(八)　叔孫穆子、難を避けて齊に奔り、庚宗の邑に宿す。庚宗の寡婦これに通じて牛を生む。穆子、魯に返り、牛を以て內豎と爲し、家に相たらしむ。牛、叔孫の二人を讒してこれを殺す。叔孫、病有り、牛その饋を通ぜず。(叔孫)食はずして死す。牛遂に叔孫の庶子昭を輔けてこれを立つ。昭子既に立ち、その家衆を朝せしめて曰く『豎牛、叔孫氏に禍して亂をして大に從はしめ、適を殺して庶を立て、又その邑を披《さ》き(一)て以て罪を舍《ゆる》さんことを求めたり。罪これより大なるは莫し、必ず速にこれを殺せ』と、遂に豎牛を殺す。孔子曰く『叔孫昭子の(豎牛を)勞とせざるは能くす可からざるなり。周任言へる有り、曰く「政を爲す者は私勞を賞すべからず、私怨を罰すべからず」と。詩に云く「覺《なほ》き徳行有れば、四國これに順ふ」と。昭子これ有り』と。

(一)拔もと被に作る。蜀本に從って改む。

(九) 晉の邢侯、雍子と田を爭ふ。叔魚、理を攝す。罪、雍子に在り。雍子その女を叔魚に納る。叔魚、獄を邢侯に弊《さだ》む。邢侯怒り、叔魚と雍子とを朝に殺す。韓宣子、罪を叔向に問ふ。叔向曰く『三姦、坐を同じくす。生に施《おこな》ひ死を戮して可なり。雍子は自《みづか》らその罪を知りて而して賂して以て直を買へり。(一)鮒は獄を鬻げり。邢侯は殺を專《ほしいまま》にせり。その罪は一なり。己れ惡にして而して美を掠むるを昏と爲し、貪りて以て官を敗るを默と爲し、人を殺して忌まざるを賊と爲す。夏書に曰く「昏・默・賊は殺す」と。咎陶の刑なり。請ふ、これに從はん』と。乃ち邢侯に施《おこな》ひて、而して雍子と叔魚とを市に尸す。孔子曰く『叔向は古の遺直なり。國を治め刑を制するに親《しん》にも隱《ま》げず、三たび叔魚の罪を數へて末《うす》くすることを爲さざりき。或るひと(彼れを許して)義と曰ふ。(然れども)直と謂ふ可きなり。平丘の會にて、その(叔魚の收)賄を數《せ》めて以て衞國に寬くし、晉、暴を爲さざりき。魯に季孫を歸すに、その(叔魚の)詐を稱《あ》げて以て魯國に寬くし、晉、虐を爲さざりき。邢侯の獄にて、その(叔魚の)貪を言ひて以て刑書を正し、晉、頗を爲さざりき。三言して三惡を除き、三利を加へたり。(然れども)親《しん》を殺して榮を益せるは、由《な》ほ義なるか』

と。

(一)鮒は叔魚の名なり。叔魚は叔向の弟なり。

(10)鄭に鄕校有り。鄕校の士、執政を非論す。鬷明、鄕校を毀たんと欲す。子產曰く『何を以て毀つことを爲す。それ人、朝夕(の勤)より退きてここに遊び、以て執政の善否を議す。その善とする所のものは吾れ則ちこれを行ひ、その否とする所のものは吾れ則ちこれを改めん。これを若何ぞそれ毀たんや。我れ聞く、忠言以て怨を損《へら》すことを。威を立てて以て怨を防ぐことを聞かず。怨を防ぐは猶ほ水を防ぐがごときなり。大決して犯す所あれば、人を傷ふこと必ず多し。吾れ救ふこと克はざるなり。小決してこれを導かしめんに如かず。吾れ(一)聞きてこれを藥とせんに如かず』と。孔子この言を聞くや、曰く『吾れこれを以てこれを觀るに、人は子產を不仁と謂ふも、吾れは信ぜざるなり』と。

(一)聞上もと所字あり。何本に從つて刪る。

(11)晉(一)の平公、諸侯を平丘に會す。盟に及びて、鄭の子產、貢賦の承くる所(の輕重)を爭ひて曰く『昔日、天子、貢を班《わか》つに、輕重、列を以てせり。尊卑、貢(を異に)するは周の制なり。卑にして貢重きは甸服(に居るもの)のみ。鄭伯(の居る所)は男南(服)なり。而して公侯の貢に從はしめんとす。懼らくは給せざるなり。敢て以て請を爲す』と。日中よりこれを爭ひ、以て昏に至る。

晉人これを許す。孔子曰く『子產のこの行に於けるや、ここを以て國の基と爲すなり。詩に云く「只《こ》の君子を樂む。(彼れは)邦家の基なり」と。子產は君子にして、(人々彼れに於て)樂しみを(二)求むる者なり』と。且つ曰く『諸侯を合はせて貢事を藝《かぎ》るは禮なり』と。

(一)晉平公會諸侯于平丘の下もと齊侯及盟鄭子產爭貢賦之所承に作る。左傳昭公十三年に依つて齊侯二字を刪る。
(二)求もと於に作る。左傳同上に依つて改む。

(三)鄭の子產、疾有り。子太叔に謂ひて曰く『我れ死せば、子必ず政を爲さん。唯だ有德者のみ能く寬を以て民を服す。その次は猛に如くは莫し。それ火は烈なり。民望みてこれを畏る。故にこれに死すること鮮《すくな》し。水は濡弱なり。民狎れてこれを翫ぶ。則ちこれに死すること多し。故に寬(を以て治むること)は難し』と。子產卒ず。子太叔、政を爲す。猛に忍びずして寬にす。鄭國、掠盜多くなれり。太叔これを悔いて曰く『吾れ早く夫子(の言)に從はば、必ずここに及ばざりしならんに』と。孔子これを聞きて曰く『善いかな、政寬なれば則ち民慢《ゆる》む。(民)慢《ゆる》めば則ち糾すに猛に於てす。(政)猛なれば則ち民殘はる。民殘はるれば則ちこれに施すに寬を以てす。寬以て猛を濟ひ、猛以て寬を濟ふ。寬猛相濟ひ、政ここを以て和す。詩に曰く「民も亦勞せり。汔《ほとん》ど小《すこ》しく康んずべし。この中國を惠み、以て四方を綏んぜよ」とは、これに施すに寬を以てすることなり。「詭隨を縱すこと毋く、以て無良を謹《いまし》め、式《もつ》て寇虐——憯《かつ》て明を畏れざるもの——を遏めよ」とは、これを糾すに猛を以てすることなり。「遠きを柔《やす》んじ邇きを能くし、以て我が王を定めよ」とは、これを平にするに和を以てすることなり。又曰く「競ならず絿ならず、剛ならず柔ならず、政を布くこと優優として、百祿これ遒《あつま》る」とは、和の至なり』と。子產の卒するや、孔子これを聞き、涕を出して曰く『古の遺愛なり』と。

(三) 孔子、齊に適《ゆ》かんとし、泰山の側を過ぐ。婦人、野に於て哭する者ありて哀む。夫子軾してこれを聽きて曰く『この哀み、一《もつぱ》ら重ねて憂有る者に似たり』と。子貢をして往きてこれを問はしむ。而《すなは》ち曰く『昔、舅、虎に死し、吾が夫又これに死し、今吾が子又これに死せり』と。子貢曰く『何ぞ去らざるや』と。婦人曰く『苛政無ければなり』と。子貢以て孔子に告ぐ。子曰く『小子これを識《しる》せ。苛政は暴虎よりも猛なり』と。

(四) 晉の魏獻子、政を爲し、祁氏及び羊舌氏の田を分けて以て諸大夫及びその子成に賞す。皆な賢を以て擧げたるなり。又賈辛を將として曰く『今、汝、王室に力《つと》むる有り。吾れここを以て汝を擧ぐ。行け。これを敬《つつし》めや。乃《なんぢ》の力《つとめ》を墮すことなかれ』と。孔子これを聞きて曰く『魏子の擧ぐるや、近は親を失はず、遠は擧を失はず。義と謂ふ可し』と。又その賈辛に命じたるものを聞きて以て忠と爲し、(曰く)『詩に云ふ「永く言《ここ》に命に配し、自《みづか》ら多福を求む」とは、忠なり。魏子の擧ぐるや義なり、その命ずるや忠なり。それ長く晉國に後あらんか』と。

(一)田下もと荀櫟滅三字あり。王注の文の衍したるなり。蜀本に從って刪る。
(二)義もと美に作る。左傳昭公二十八年に依って改む。

(二五) 趙簡子、晉國に一鼓の鐵(一)を賦して以て刑鼎を鑄、范宣子が爲《つく》りし所の刑書を著はす。孔子曰く『晉はそれ亡びんか。その度を失へり。それ晉國は將に唐叔の受けし所の法度を守りて以てその民を經緯せんとすべきものなり。卿大夫、序を以てこれを守れば、民ここを以て能くその道に遵ひて而してその業を守る。貴賤愆《あやま》たざるは、謂はゆる度なり。文公ここを以て執秩の官を作り、被廬の法を爲り、以て盟主と爲れり。今この度を棄てて而して刑鼎を爲る。銘、鼎に在り。(下のもの)何を以て貴きものを尊び、(上のもの)何の業をかこれ守らん。貴賤、序無くんば、何を以てか國を爲《をさ》めん。且つそれ宣子の刑は夷の蒐(のときの法)なり、晉國の亂制なり。これを若何ぞそれ法と爲さんや』と。

(一)鐵もと鐘に作る。左傳昭公二十九年に依って改む。

(二六) 楚の昭王、疾有り。卜す。曰く『河神、祟を爲す』と。王祭らず。大夫これを郊に祭らんと請ふ。王曰く『三代の命祀は、祭、望を越えず。江・漢・沮・漳は楚の望なり。禍福の至るはこれに過ぎざらんか。不穀、不德なりと雖も、河は罪を獲る所に非ざるなり』と。遂に祭らず。孔子曰く『楚の昭王は大道を知れり。その國を失はざるや宜なるかな。夏書に曰く「維れ彼の陶唐、彼の天常に率ひ、此の冀方を在《たも》てり。今（夏桀）厥《そ》の道を失ひ、其の紀綱を亂し、乃ち滅びて而して亡びたり」と。又曰く「允《まこと》に茲（の禍福）を出すは、茲（の身）に在り」と。己（心）に由り常（道）に率へば可なり』と。

（一七）衞の孔文子、太叔疾をしてその妻を出さしめ、而してその女を以てこれに妻はす。疾その初めの妻の娣を誘ひこれが爲めに宮を立て、文子の女と與《とも》にして、二妻の禮の如し。文子怒りて將にこれを攻めんとす。孔子、蘧伯玉の家に舍す。文子就きてこれを訪ふ。孔子曰く『簠簋の事は則ち嘗て聞きてこれ學べり。兵甲の事は未だこれを聞かざるなり』と。退きて駕を命じて行《さ》らんとす。曰く『鳥は則ち木を擇ぶ。木豈に能く鳥を擇ばんや』と。文子遽に自《みつか》らこれを止めて曰く『圉（一）や豈に敢てその私を度《はか》らんや。亦衞國の難を訪ふなり』と。將に止まらんとす。會々季康子、冉求に戰を問ひ、冉求既にこれに對《こた》へ、又曰く『夫子（二）（の道は）これを百姓に播《ほどこ》し、これを鬼神に質して、而して憾無し。これを用ふれば則ち名有らん』と。康子、哀公に言ひ、幣を以て孔子を迎へて曰く『人の冉求に於けるや、これを信ず。將に大にこれを用ひんとす』と。

（一）圉は文子の名なり。
（二）夫子は孔子を斥す。

（一八）齊の陳恆その（君）（一）簡公を弑す。孔子これを聞き、三日沐浴して朝に適《ゆ》き、哀公に告げて曰く

『陳恆その君を弑す。請ふこれを伐たん』と。公許さず。三たび請ふ。公曰く『魯は齊に弱められしこと久し。子の伐つや、將にこれを若何せんとする』と。對《こた》へて曰く『陳恆その君を弑し、民の與《くみ》せざるもの半なり。魯の衆を以て、齊の半に加ふれば、克つ可きなり』と。公曰く『子、季氏に告げよ』と。孔子辭し、退きて人に告げて曰く『吾れ大夫の後《しりへ》に從ふを以て、吾れ敢て告げずんばあらざるなり』と。

（一）蜀本に從って君字を補す。

（一九）子張問ひて曰く『書に云ふ「高宗は三年言《ものい》はざりき。言《ものい》へば乃ち（臣民）雍《やはら》げり」と。これ有りしや』と。孔子曰く『胡爲《なんす》れぞそれ然らざらん。古は天子崩ずれば、則ち世子、政を冢宰に委ぬること三年なりき。成湯既に沒するや太甲は伊尹に聽かしめ、武王既に喪するや成王は周公に聽かしめたり。その義、一なり』と。

（二〇）衞の孫桓子、齊を侵し、遇ひて敗らる。齊人これに乘ず。執へんとす。新築の大夫なる仲叔于奚その衆を以て桓子を救ふ。桓子乃ち免る。衞人、邑を以て仲叔于奚を賞す。于奚辭し、曲縣の樂《がく》と、繁纓して以て朝することとを請ふ。これを許す。書して三官に在り。子路、衞に仕へてその故《こと》を見、以て孔子に訪ふ。孔子曰く『惜しいかな。多くこれに邑を與へんに如かず。惟だ器と名とは以て人に假《か》す可からず。君の司る所なり。名は以て信を出し、信は以て器を守り、器は以て禮を藏し、禮は以て義を行ひ、義は以て利を生じ、利は以て民を平にす。(これ)政の大節なり。若し以て人に假《か》せば、人に政を與ふるなり。政亡ぶれば則ち國家これに從ふ。止む可からざるなり』と。

(二) 公父文伯の母、紡績解《おこた》らず。文伯これを諫む。その母曰く『古は王の后は親ら玄紞を織り、公侯の夫人はこれに紘綖を加へ、卿の內子は大帶を爲り、命婦は祭服を成し、列士の妻はこれに加ふるに朝服を以てし、庶士より已下は各々その夫に衣せり。(男も女も)社して而して事を賦し、烝して而して功を獻ぜり。男も女も紡績愆てば則ち辟《つみ》有りき。(これ)聖王の制なり。今(我れは)寡なり。爾《なんぢ》又位に在り。朝夕恪勤すれども猶ほ先人の業を忘れんことを恐る。況んや怠惰すること有らば、それ何を以て辟《つみ》を避けんや』と。孔子これを聞きて曰く『弟子これを志《しる》せ。季氏の婦は過たずと謂ふ可し』と。

(三) 樊遲、孔子に問ひて曰く『鮑牽、齊君に事へ、政を執りて撓まず、忠と謂ふ可し。而《しか》るに君これを刖《あしき》る。それ至闇たるか』と。孔子曰く『古の士は、國に道有れば則ち忠を盡して以てこれを輔け、國に道無ければ則ち身を退きて以てこれを避けたり。今、鮑(一)疾子は淫亂の朝に食み、主の明暗を量らず、以て大刖を受く。これ智、葵にも如かざるなり。葵すら猶ほ能くその足を衞る』と。

(一)鮑疾子蜀本鮑莊子に作る。左傳成公十七年亦同じ。

(三三)季康子、一井田を以て法賦を出さしめんと欲し、孔子に訪はしむ。子曰く『丘識らざるなり』と。冉有三たび發し、卒りに曰く『子は國老たり。子を待ちて行はんとす。これを若何ぞ子の言はざるや』と。孔子對《こた》へず、而して冉有に私(語)して曰く『求よ。汝來れ。汝聞かざるか、先王、土を制したることを。田を籍するには力を以てして而してその遠近を底《たひらか》にし、里に賦するには入を以てして而してその無有を量り、力を任ずるには夫を以てして而してその老幼を議せり。ここに於て、鰥・寡・孤・疾・老者は、軍旅の出づる(歲)には則ちこれを徵ずれども、(出づる)無ければ則ち已めり。その(軍旅の出づる)歲(と雖も)、收むるところは田一井より(一)稯禾・秉芻・缶米・藁を出さしむるのみにして、これを過さざりしなり。先王以て足れりと爲せり。君子の行は必ず禮に度《はか》る。施はその厚を取り、事はその中を擧げ、斂はその薄に從ふ。かくの若くにしてそれ已まば、丘にても亦足らん。禮に度《はか》らずして、貪冒厭く無くんば、則ち田に賦すと雖も、將に足らざること有らんとす。且つ子孫若し以てこれを行ひて而して法を取らんとせば、則ち周公の典の在る有り。若し法を犯さんと欲せば則ち苟もしてこれを行へ。又何をか訪はん』と。

(一)稯禾秉芻缶米蒭もと獲禾秉缶米芻蒭に作る。國語魯語に依って改む。

(三四)子游、孔子に問ひて曰く『夫子の極めて子產の惠を言ふこと、得て聞く可きか』と。孔子曰く『惠は民を愛するに在るのみ』と。子游曰く『民を愛すること、これを德教と謂ふ。何ぞ翅《たゞ》に惠を施すのみならんや』と。孔子曰く『それ子產は猶ほ衆人の母のごとし。能くこれを食《きしな》へども、敎ふる能はざるなり』と。子游曰く『その事言ふ可きか』と。孔子曰く『子產乘る所の輿を以て冬涉る者を濟《わた》せり。これ愛すれども敎無きなり』と。

(三五) 哀公、孔子に問ひて曰く『二三大夫みな寡人に勸めて敬を高年に隆にせしむるは何ぞや』と。孔子對《こた》へて曰く『君この言に及ぶや。將に天下實にこれに賴らんとす、豈に唯だ魯のみならんや』と。公曰く『何ぞや。その義聞くことを得可きか』と。孔子曰く『昔者、有虞氏は德を貴びて而して齒を尙《たつと》び、夏后氏は爵を貴びて而して齒を尙《たつと》び、殷人は富を貴びて而して齒を尙《たつと》び、周人は親を貴びて而して齒を尙《たつと》べり。虞・夏・殷・周は天下の盛王なり、未だ年を遺《す》てし者あらず。年は天下に貴ばるること久し。親に事ふるに次ぐ。この故に朝廷、爵を同じくするときは齒を尙《たつと》ぶ。七十のものは朝に於て杖つぎ、君問ふときは則ち席す。八十のものは則ち朝に仕へず、君問ふときは則ちこれに就く。而して悌、朝廷に達す。その行くや、肩して而して竝ばず。錯せざれば則ち隨ふ。斑白のものその任を以て道路に於てせず。而して悌、道路に達す。鄕に居るに齒を以てす。而して老窮匱しからず。强は弱を犯さず、衆は寡を暴せず。而して悌、州巷に達す。古の道、五十のものは甸役を爲さず、禽を頒つにはこれを長者に隆《おほ》くす。而して悌、蒐狩に達す。軍旅の什伍、爵を同じくすれば、則ち齒を尙《たつと》ぶ。而して悌、軍旅に達す。それ聖王の孝・悌を敎ふるや、これを朝廷に發し、道路に行ひ、州巷に至り、蒐狩に放《いた》り、軍旅に循ふ。則ち衆感じて、義を以てこれに死すとも、敢て犯さず』と。公曰く『善いかな。寡人これを聞くと雖も、成すこと能はず』と。

(二六) 哀公これを孔子に問ひて曰く『寡人聞く、東に(宅を)益すは不祥なりと。信にこれ有るか』と。孔子曰く『不祥に五有り。而して東に(宅を)益すは與《あづか》らず。それ人を損して自《みづか》ら益するは身の不祥なり、老を棄てて幼を取るは家の不祥なり、賢を釋《す》(一)てて不肖に任ずるは國の不祥なり、老者教へず幼者學ばざるは俗の不祥なり、聖人伏匿して愚者、權を擅にするは天下の不祥なり、不祥に五有り。東に(宅を)益すは與《あづか》らず』と。

(一)釋もと擇に作る。蜀本に從って改む。

(二七) 孔子、季孫に適《ゆ》く、季孫の宰謁《つ》げて曰く『君、求をして田を假《か》らしむ。特にこれを與へんか』と。季孫未だ言はず。孔子曰く『吾れこれを聞く「君、臣より取る、これを取と謂ふ。臣に與ふる、これを賜と謂ふ。臣、君より取る、これを假と謂ふ。君に與ふる、これを獻と謂ふ」と』。季孫色然として悟りて曰く『吾れ誠に未だこの義に達せざりき』と。遂にその宰に命じて曰く『自今已往、君これを取ること有らば、一切復た「假《か》る」と言ふを得ざれ』と。

孔子家語巻第九 (終)

孔子家語巻第十

曲禮子貢問第四十二

(一) 子貢、孔子に問ひて曰く『晉の文公實は天子を召《よ》びて而して諸侯をして朝せしめたるに、夫子、春秋を作るや、「天王、河陽に狩す」と云へるは何ぞや』と。孔子曰く『臣を以て君を召《よ》ぶは、以て訓とすべからず。亦その諸侯を率ゐて天子に事へしを書せるのみ』と。

(二) 孔子、宋に在り、桓魋が自《みづか》ら石槨を爲るを見る。三年にして成らず、工匠みな病めり。夫子愀然として曰く『かくの若きはそれ靡《おご》るなり。死しては朽るの速なるの愈れるに如かざるなり』と。冉子、僕たり。曰く『禮に「凶事は豫めせず」と。これ何の謂ぞや』と。夫子曰く『既に死して而して謚を議し、謚定まりて而して葬を卜し、既に葬りて而して廟を立つるは皆な臣子の(爲すべき)事なり。豫め屬すべき所に非ざるなり。況んや自《みづか》らこれを爲るをや』と。

(三) (一)南宮敬叔、富を以て罪を定公に得、衞に奔る。衞侯請ひてこれを復す。(敬叔)その寶を載せて以て朝す。夫子これを聞きて曰く『かくの若きはそれ貨するなり。(位を)喪ひては速かに貧なるの愈れるに若かざるなり』と。子游侍す。曰く『敢て問ふ。何ぞ謂ふことかくの如きや』と。

孔子曰く『富みて禮を好まざるは殃なり。敬叔、富を以て(位を)喪へり。而して又改めず。吾れその將に後患有らんとするを懼るるなり』と。敬叔これを聞き驟に孔氏に如《ゆ》き、而して後、禮に循ひて施してこれを散ず。

(一)この章もと前章に連なる。いま蜀本に從つて分ちて別章となす。

(四) 孔子、齊に在り。齊大に旱す。春饑す。景公、孔子に問ひて曰く『これを如何』と。孔子曰く『凶年には則ち駑馬に乘り、力役をば興さず、馳道をば修めず、祈るに幣玉を以てし、祭祀するに懸せず、祀るに下牲を以てす。これ賢君自ら貶して以て民を救ふの禮なり』と。

(五) 孔子、季氏に適《ゆ》く。康子、晝、內寢に居る。孔子その疾む所を問ふ。康子出でてこれを見る。言終りて、孔子退く。子貢問ひて曰く『季孫疾まず。而《しか》るにこれに疾を問ふ。禮か』と。孔子曰く『それ禮に、「君子は大故有らざれば則ち外に宿せず。致齊に非ず、疾に非ざれば、則ち晝は內に處らず」と。この故に夜、外に居れば、これを弔すと雖も可なり。晝、內に居れば、その疾を問ふと雖も可なり』と。

(六) 孔子、大司寇たり。國の廐焚けたり。子、朝より退きて而して火所に之《ゆ》く。鄉人自《みづか》ら火の爲めに來る者有れば、則ちこれを拜す。士には一たびし、大夫には再す。子貢曰く『敢て問ふ何ぞや』と。孔子曰く『その來るは亦相弔するの道なり。吾れ有司たり。故にこれを拜す』と。

(七)　子貢問ひて曰く『管仲は奢に失し、晏子は儉に失す。與《とも》にそれ倶に失せり。二者孰れか賢《まさ》れる』と。孔子曰く『管仲は簋に鏤して紘を朱にし、旅樹して反坫あり、節を山にして梲に藻せり。賢大夫なれども、上と爲し難し。晏平仲はその先祖を祀りて而して豚肩、豆を揜はず、一狐裘、三十年。賢大夫なれども、下と爲し難し。君子は上として下に僭せられず、下として上に偪られず』と。

(八)　冉求曰く『昔、文仲は魯國の政を知り、言を立て法を垂れ、今に于て亡びず。禮を知ると謂ふ可し』と。孔子曰く『昔、臧文仲安《いづく》んぞ禮を知らん。夏父弗棊逆祀すれども止《とど》めず、柴を竈に燔きて以てこれを祀れり。それ竈は老婦の祭るところなり。甕に盛り、瓶を樽にす。柴たく所に非ざるなり。故に曰く「禮は由《な》ほ體のごときなり。體備はらずんば、これを不成人と謂ふ。これを設けて當らざるは猶ほ備はらざるがごときなり」と』。

(九)　子路、孔子に問ひて曰く『臧武仲、師を率ゐて邾人と狐駘に于て戰ひ、遇ひて敗れ、師人多く喪せり。而《しか》れども罰無かりき。古の道然るか』と。孔子曰く『凡そ人の軍を謀りて師敗るれば則ちこれに死し、人の國を謀りて邑危ければ則ちこれに亡するは、古の正なり。(然れども)その君在す者は、詔有るときは則ち討つ無し』と。

(一〇)　晉將に宋を伐たんとし、人をしてこれを覘はしむ。宋の陽門の介夫死し、司城子罕これを哭して哀む。覘ふ者反《かへ》りて晉侯に言ひて曰く『陽門の介夫死して、而して子罕これを哭して哀めり。民咸な悦ぶ。宋は殆んど未だ伐つ可からざるなり』と。孔子これを聞きて曰く『善いかな、國を覘ふ(の術)や。詩に云ふ「凡そ民に喪有れば、匍匐してこれを救ふ」と。子罕ここに有り。晉國に非ずと雖も、それ天下孰れか能くこれに當らん。ここを以て周任言へること有り、曰く「民その愛を悦ぶ者には敵す可からず」』と。

(二)楚、呉を伐つ。工尹商陽、陳棄疾と與《とも》に呉の師を追ひてこれに及ぶ。棄疾曰く『王事なり。子、弓を手にして可なり』と。商陽、弓を手にす。棄疾曰く『子これを射よ』と。これを射て一人を斃し、その弓を韔にす。又及ぶ。棄疾これに謂ふ。又及ぶ。棄疾復たこれに謂ふ。二人を斃す。一人を斃す毎に輒ちその目を掩ふ。その御を止めて曰く『吾れ朝には坐せず、燕には與《あづか》らず。三人を殺せば亦以て反命するに足る』と。孔子これを聞きて曰く『人を殺すの中に又禮有り』と。子路怫然として進みて曰く『人臣の節、君の大事に當りては、唯だ力の及ぶ所、死して而して後に已む。夫子何ぞこれを善しとする』と。子曰く『然り。汝の言の如し。吾れその人を殺すに忍びざるの心あるを取れるのみ』と。

(三)孔子、衞に在り　司徒敬之(一)卒す。夫子弔す。主人哀まず。夫子哭し、聲を盡さずして退く。璩伯玉請ひて曰く『衞の鄙俗、喪禮に習はず。吾子を煩はす。辱くも相《たす》けよ』と。孔子これを許す。中霤を掘りて（屍を）浴し、竈を毀ちて足に綴《つら》ね、牀に於て襲し、葬に及びて宗を毀ちて行を蹈《ふ》み、大門より出で、墓に及びて男子は西面し、婦人は東面し、既に封して而して歸るは、殷の道なり。孔子これを行ふ。子游問ひて曰く『君子は禮を行ふに俗を變ずるを求めず。夫子これを變ずるか』と。孔子曰く『これをこれ謂ふに非ざるなり。喪事は則ちその質に從ふのみ』と。

（二）敬之、禮記檀弓下篇敬子に作る。

（三）宣公八年六月辛巳、太廟に事有り、而して東門の襄仲卒す。壬午猶ほ繹す。子游その故《こと》を見、以て孔子に問ひて曰く『禮か』と。孔子曰く『禮に非ざるなり。卿卒するときは繹せず』と。

（四）季桓子の喪に、康子練して衰《さい》無し。子游、孔子に問ひて曰く『既に練服を服せば以て衰《さい》を除く可き乎』と。孔子曰く『衰《さい》衣無き者は以て賓を見ず。何を以てこれを除かんや』と。

（五）邾人、同母異父の昆弟死せるを以て、將にこれが爲めに服せんとし、顏克に因りて禮を孔子に問ふ。子曰く『繼父の同居する者には則ち異父の昆弟從つてこれが爲めに服す。同居せざれば、繼父にすら且つ猶ほ服せず。況んやその子にをや』と。

（六）齊の師、魯を侵す。公叔務人、人、保に入らんとして杖を負ひて而して息ふに遇ふ。務人泣きて曰く『これを使ふこと病ましと雖も、これに任ずること重しと雖も、君子謀る能はず、士死する能はざるは、不可なり。我れ則ち既にこれを言へり。敢て勉めざらんや』と。その鄰の嬖童汪錡と乘りて往き、敵に奔りて死す。皆《とも》に殯す。魯人、童汪錡を殤にすることなからんと欲し、孔子に問ふ。〔子〕(一)曰く『能く干戈を執りて以て社稷を衞る。殤にすること無かる可きかな』と。

(一)蜀本に從つて子字を補す。

(一七)魯の昭公の夫人呉孟子卒す。諸侯に赴《つ》げず。孔子既に致仕したりしが往きて弔す。季子に適《ゆ》く。季子絰せず。孔子絰を投じて而して拜せず。子游問ひて曰く『禮か』と。孔子曰く『主人未だ服を成さざれば則ち弔者絰せざるは禮なり』と。

(一八)公父穆伯の喪に敬姜晝哭す。文伯の喪に晝夜哭す。孔子曰く『季氏の婦は禮を知ると謂ふ可し。愛して〔私〕(一)無く、上下して章有り』と。

(一)蜀本に從つて私字を補す。

(一九)南宮縚の妻は孔子の兄の女なり。その姑を喪す。(孔子)これに髽を誨へて曰く『爾《なんぢ》從從爾とする毋れ、扈扈爾とする毋れ。蓋し榛以て笄と爲し、長さ尺とせよ。而して總《ふさ》は八寸とせよ』と。

(二〇)子張、父の喪有り、公明儀相《たす》く。啓顙を孔子に問ふ。孔子曰く『拜して而して後に啓顙するは、頽乎としてそれ順ふなり。啓顙して而して後に拜するは、頎乎としてそれ至れるなり。三年の喪は、吾れその至れるものに從はん』と。

(二一)孔子、衞に在り。衞の人、葬を送る者あり。而して夫子これを觀て曰く『善いかな喪を爲すことや。以て法と爲すに足れり。小子これを識《しる》せ』と。子貢問ひて曰く『夫子何ぞ善《よみ》すること爾るや』と。『その往くや慕ふが如く、その返るや疑ふが如し』と。子貢曰く『豈に速に返りて虞するに若かんや』と。子曰く『これ情の至れる者なり。小子これを識《しる》せ。我れ未だこれを能くせざるなり』と。

(二二)卞の人、母死して而して孺子のごとく泣く者有り。孔子曰く『哀しきことは則ち哀し。而《しか》れども繼ぎ難きなり。それ禮は傳ふ可きことを爲すなり、繼ぐ可きことを爲すなり。故に哭踊に節有り、變除に期有り』と。

(二三)孟獻子(旣に)禫す。懸けたるのみにして、樂《がく》せず。御す可くして、内に處〔らず〕(一)。子游、孔子に問ひて曰く『かくの若きは則ち禮に過ぐるなり』と。孔子曰く『獻子は人に加《まさ》ること一等なりと謂ふ可し』と。

(一)蜀本に從つて不字を補す。

(二四)魯の人、朝に祥して而して暮に歌ふ者あり。子路これを笑ふ。孔子曰く『由よ。爾《なんぢ》人を責むること終に已むこと無きかな。三年の喪も亦以《すで》に久し』と。子路出づ。孔子曰く『又多ならんや。月を踰ゆれば則ちそれ善かりしに』と。

(二五)子路、孔子に問ひて曰く『傷ましいかな貧や。(父母)生けるときは而《すなは》ち以て供養する無く、死するときは則ち以て禮を爲す無きなり』と。孔子曰く『菽を啜はせ水を飲ますとも、その歡心を盡さしむれば、ここにこれを孝と爲す。手足形を斂め、旋《と》く葬り（棺のみにして）槨無くとも、その財に稱《かな》へば、これを禮と爲す。貧何ぞ傷まんや』と。

(二六) 呉の延陵の季子、上國に聘し、齊に適《ゆ》く。その返りに於て、その長子、嬴・博の間に死す。孔子これを聞きて曰く『延陵の季子は呉の（よく）禮に習へる者なり』と。往きて、その葬を觀る。その斂むるや、時服を以てするのみ。その壙は坎を掩ひ、深さ泉に至らず。その葬るや、(一)明器の贈なし。既に葬りて、その封ずるや（封の）廣輪（狭くして僅かに）坎を揜ふ（に止まり）、その高さ（低くして）(二)肘にて隱るべきなり。既に封ずれば、則ち季子乃ち左袒し、右にその封を還《めぐ》り、且つ號くこと三たびして曰く『骨肉、土に歸するは命なり。（然れども）魂氣の若きは、則ち之《ゆ》（き得）ざる所なし、則ち之《ゆ》き（得）ざる所なし』と。而して遂に行《さ》る。孔子曰く『延陵の季子の禮はそれ合《かな》へり』と。

(一)明器もと盟器に作る。蜀本に從って改む。
(二)肘もと時に作る。同上に從って改む。

(二七) 子游、喪の具を問ふ。孔子曰く『家（財）の有亡に稱《かな》ふべし』と。子游曰く『有亡（に稱はんに）は惡《いつく》にか（喪具の豐省を）齊《かぎ》らん』と。孔子曰く『有りては則ち禮に過ぐること無く、苟しくも亡ければ則ち手足形を斂めて、還《すなは》ち葬り、棺を懸けて封《へん》(一)すべし。人豈にこれを非《そし》る者あらんや。故にそれ喪亡は、その哀足らずして禮餘りあらんよりは、禮足らずして哀餘りあらんに若かざるなり。祭祀は、その敬足らずして禮餘りあらんよりは、禮足らずして敬餘りあらんに若かざるなり』と。

(一)封は窆に同じ。懸棺而封、何注に曰く、「手を以て縄を懸けてこれを下す。碑繂無きなり」と。窆は棺を下すこと。

(三八)伯高、衞に於て死す。孔子に赴《つ》ぐ。子曰く『吾れ惡《いづく》にてかこれを哭せん。兄弟ならば、吾れこれを廟において哭す。父の友ならば、吾れこれを廟門の外において哭す。師ならば、吾れこれを寢において哭す。朋友ならば、吾れこれを寢門の外において哭す。知る所のものならば、吾れこれを野において哭す。今、野に於てすれば則ち已《はなは》だ疎となり、寢に於てすれば則ち已《はなは》だ重し。かれは賜に由りて我れに見《まみ》えたれば、吾れ賜氏に於て哭せん』と。遂に子貢に命じて、これが主たらしむ。曰く『爾《なんぢ》の爲に哭せんとして來る者には、汝これを拜せよ。伯高を知りて來る者には、汝拜する勿れ』と。既に哭す。子張をして往きて弔せしむ。未だ至らず。冉求、衞に在り、束帛・乘馬を攝《か》して、以てこれを將《おこな》ふ。孔子これを聞きて曰く『異なるかな。徒《いたづら》に我れをして禮を伯高に成さざらしめし者はこれ冉求なり』と。

(三九)子路、姉の喪あり。以てこれを除くべくして、而《しか》も除かず。孔子曰く『何ぞ除かざる』と。

子路曰く『吾れ兄弟寡くして、(またここに姉を喪ふ。悲痛未だ止まず。喪を除くに)忍びざればなり』と。孔子曰く『道を行ふの人は皆忍びず。(故に)先王、禮を制し、これに過ぐる者は俯してこれに就かしめ、至らざる者は企ててこれに及ばしめたるなり』と。子路これを聞き、遂にこれを除く。

(三〇)伯魚、母に喪するや、期にして猶ほ哭す。夫子これを聞きて曰く『誰ぞや』と。門人曰く『鯉(一)なり』と。孔子曰く『嘻、それ甚し。禮に非ざるなり』と。伯魚これを聞き、遂にこれを除く。

(一)鯉、字は伯魚、孔子の子なり。

(三一)衞公、その大夫をして、婚を季氏に求めしむ。(季)桓子、禮を孔子に問ふ。子曰く『同姓を宗と爲すは族を合するの義あるなり。故にこれに繫くるに姓を以てして別たず、これを綴るに食を以てして殊にせず、百世と雖も婚姻をば通ずるを得ず。周の道然るなり』と。桓子曰く『魯・衞の先は寡兄弟たりと雖も、今已に絶《はなは》だ遠し。可ならんか』と。孔子曰く『固《まこと》に禮に非ざるなり。それ上は祖禰を治めて尊を以てこれを尊び、下は子孫を治めて親を以てこれに親み、旁ら昆弟を治むるは、睦を教ふる所以なり。これ先王不易の教なり』と。

(三二)有若、孔子に問ひて曰く『國君の同(一)姓に於ける、これを如何にすべきや』と。孔子曰く『皆宗道あり。故に國君の尊と雖も、猶ほ百世(二)その親を廢せざるは、愛を崇くする所以なり。族人の親を以てすと雖も、而《しか》も敢て君を戚とせざるは、謙する所以なり』と。

(一)同姓もと百姓に作る。蜀本に從つて改む。
(二)百世もと百姓に作る。同上に從つて改む。

曲禮子夏問第四十三

(一) 子夏、孔子に問ひて曰く『父母の仇(を報ずべき境遇)に居るときはこれを如何すべきや』と。孔子曰く『苫に寢ね、干《たて》を枕とせよ。仕へざれ。(仇と)與《とも》に天下を共にすべからざる也。市朝に於て(これに)遇ふときは、兵《はもの》(を取りに家)に反《かへ》らずして、(直ちに)鬭へ』と。(子夏)曰く『請ひ問ふ、昆弟の仇(を報ずべき境遇)に居るときは、これを如何すべきや』と。孔子曰く『仕ふ(る も可なり。然れども仇と)與《とも》に國を同じくせざれ。君命を銜《ふく》みて使するときは、これに遇ふと雖も鬭はざれ』と。(子夏)曰く『請ひ問ふ、從昆弟の仇(を報ずべき境遇)に居るときは、これを如何すべきや』と。(孔子)曰く『魁と爲らざれ。主人能くこれを報ずるときは、則ち兵《はもの》を執りて、その後に陪せよ』と。

(二) 子夏問ふ、『三年の喪において、既に卒哭すれば、金革の事をば避くること無きは禮か。(抑も當)初に有司これを爲さしめたるか』と。孔子曰く『夏后氏の喪は三年(の喪のとき)既に殯すれば而《すなは》ち(一)事を致《かへ》せり。殷人は既に葬れば而《すなは》ち事を致《かへ》せり。周人は既に卒哭すれば而《すなは》ち事を致《かへ》せり。記に曰く「君子は人の親を奪はず、亦故《こ》を奪はず」と』。子夏曰く『金革の事をば避くること無きは非か』と。孔子曰く『吾れこれを老聃に聞けり。曰く「魯公伯禽、爲すべきこと有りて、これを爲せるなり」と。今、三年の喪を以て利に従ふことは、吾れ(その何の禮たるを)知らざるなり』と。

(一)事もと仕に作る。蜀本に従つて改む。
(二)今もと公に作る。同上に従つて改む。

(三)　子夏、孔子に問ひて曰く『記に云ふ「周公、成王を相《たす》け、これに敎ふるに世子の禮を以てせり」と。これ有りしや』と。孔子曰く『昔、成王嗣ぎて立ち、幼にして未だ阼に莅むこと能はず、周公、政を攝して治めたるとき、世子の法を伯禽に抗《あ》げしは、(成)王(をして)父子・君臣の道を知ら(しめ)んと欲してなり。成王を善くせんとする所以なり。それ人の子たる(の道)を知る者にして然る後に以て人の父たるべく、人の臣たる(の道)を知る者にして然る後に以て人の君たるべく、人に事ふる(の道)を知るものにして然る後に以て人を使ふべし。この故に世子の法を伯禽に抗《あ》げ、成王をして父子・君臣・長幼の義を知らしめたるなり。凡そ君の世子に於ける、親は則ち父たり、尊は則ち君たり。父の親あり、君の尊ありて、然して後に天下を兼ねてこれを有すべし。

愼まざるべからざるなり。一物を行ひて三善みな得るは、唯だ世子、學に於て齒《よはひ》するの謂なり。世子、學に於て齒《よはひ》すれば、則ち國人これを觀て曰く「これ將に我れに君たらんとす。而して我れと齒《よはひ》して讓るは何ぞや」と。(答へて)曰く「父在す有れば、則ち禮然り」と。然り而して衆、父子の道を知る。その二(一)は曰く「これ將に我れに君たらんとす。而して我れと齒《よはひ》して讓るは何ぞや」と。(答へて)曰く「(二)君在す有れば、則ち禮然り」と。而して衆、君臣の義を知る。その三は曰く「これ將に我れに君たらんとす。而して我れと齒《よはひ》して讓るは何ぞや」と。(答へて)曰く「長を長とすればなり。則ち禮然り」と。而して衆、長幼の節を知る。故に父在せばここに子たり、君在せばここに臣たり。子と臣との位に居るは、君を尊びて親を親む所以なり。學に在りて、これに父子たる(の道)を學《をし》へ、これに君臣たる(の道)を學《をし》へ、これに長幼たる(の道)を學《をし》へて、父子・君臣・長幼の道得られ、而して後に國治まる。語に曰く「樂正は業を司り、父師は成を司る。一《ひとり》元良あれば、萬國以て貞《たゞ》し」と。世子の謂なり。これを聞く、曰く「人臣たる者は、その身を殺して君に益あらば、則ちこれを爲す」と。況んやその身を于《おほい》にして以てその君を善くすることをや。周公優に(三)これを爲せり』と。

(一)二もと一に作る。蜀本に從って改む。
(二)君もと臣に作る。何本に從って改む。

（一三）之もと也に作る。蜀本に従って改む。

㈣　子夏、孔子に問ひて曰く『君の母と妻との喪に居るときは、これを如何すべきや』と。孔子曰く『居處・言語・飲食、衎爾たれ。喪所に於ては、則ちその服に稱《かな》ふのみ』と。『敢て問ふ、伯母の喪にはこれを如何にすべきや』と。孔子曰く『伯母・叔母には疏衰《さい》をば期《いちねん》し、而して踊するに地を絕《はな》れざれ。姑姉妹にはこれ大功し、踊するに地を絕《はな》れよ。若しこれを知る者は文を由《もち》ふるかな』と。

㈤　子夏、夫子に問ひて曰く『凡そ喪は、小功已上には、虞・祔・練・祥の祭に、みな沐浴す。三年の喪に於ては、子は則ちその情を盡すか』と。孔子曰く『豈に徒《ただ》に祭のときのみならんや。三年の喪においても、身に瘍あるときは則ち浴し、首に瘡あるときは則ち沐し、病めるときは則ち酒を飲み肉を食ふべし。毀瘠して病むは、君子爲さざるなり。毀《や》せて死することをば、君子これを子(たるの道)を無みすと爲す。則ち祭の沐浴は齊潔の爲なり、飾の爲にあらざるなり』と。

㈥　子貢、孔子に問ひて曰く『客至りて舍《やど》る所なければ、夫子、「(一)我れに於て館《やど》れよ」と曰ひ、客死して殯する所なければ、夫子、「我れに於て殯せよ」と曰へり。敢て問ふ。禮か。仁者の心か』と。孔子曰く『吾れこれを老聃に聞けり。曰く「人の使を館《やど》すれば、(二)これあるが若くす」と。(三)惡《いづく》んぞこれあるありて殯するを得ざるものあらんや。それ仁者は禮を制する者なり。故に禮は省《あきらか》にせざるべからざるなり。禮は同にせず、異にせず、豐にせず、殺《さい》にせず。その義を稱《はか》りて以てこれが宜しきを爲す。故に曰く「我れ戰へば則ち剋ち、祭れば則ち福を受く」と。蓋しその道を得ればなり』と。

(一)もと生於我乎館に作る。生字を衍文として刪るべし。或は禮記檀弓上篇に依つて、生於我乎館死於我乎殯に作るも可なり。

(二)若有之は自分の家の如く思はしむることなり。

(三)懇有有之もと懇有之懇有之に作る。蜀本に從つて改む。

(七) 孔子、季氏に食す。食はんとして祭る。主人辭せず。(孔子)食はず、亦飲まず、而して飡す。子夏問ひて曰く『禮か』と。孔子曰く『禮にあらざるなり。主人に從ひたるなり。吾れ少施氏に於て食したるときは飽けり。少施氏は、我れに食せしむるに、禮を以てせり。吾れ食せんとして祭れば、(彼れ)作《た》ちて辭して曰く「疏食なり。祭るに足らざるなり」と。吾れ飡すれば、(彼れ)作《た》ちて辭して曰く「疏食なり。敢て以て吾子の性を傷らざれ」と。主人、禮を以てせざれば、客敢て禮を盡さず。主人、禮を盡せば則ち客敢て禮を盡さずんばあらざるなり』と。

(八) 子夏問ひて曰く『大夫に官《つか》へしもの、既に公に升《あ》げられて(後に)、反《かへ》りてこれが爲めに服するは、禮か』と。孔子曰く『管仲、盜に遇ひたるとき、(その中より)二人を取り、(後に)これを上げて公の臣と爲さんとして、曰く「以《とも》に遊びたる所のもの僻者なりければなり。(この二人は)可なる人なり」と。公許せり。管仲卒せしとき、桓公これが爲に(一)〔服〕せしめたり。(前に)大夫に官《つか》へし者、これが爲めに服するは、管仲より始まれり、君命ありたればなり』と。

(一)蜀本に從つて服字を補す。

(九) 子貢、父母の喪に居るときの(禮)を問ふ。孔子曰く『敬を上と爲し、哀これに次ぎ、瘠を下と爲す。顏色は情に稱《かな》ひ、戚容は服に稱《かな》ふべし』と。曰く『兄弟の喪に居るときの(禮)を請ひ問ふ』と。孔子曰く『(一)則ち書筴に存す』と。

(一)則存乎書筴矣の矣字もと已に作る。蜀本に從つて改む。

(一〇) 子貢、孔子に問ひて曰く『殷人は既に窆(一)したるとき而《すなは》ち壙に於て弔し、周人は反《かへ》りて哭するとき而《すなは》ち家に於て弔せり。これを如何』と。孔子曰く『反哭の弔は(二)哀の至なり。反《かへ》れば而《すなは》ち(親)亡し。これを失へる(ことを痛感する)なり。(哀)ここに於て甚しと爲す。故にこれを弔するなり。死は人の卒事なり。殷は以《はなは》だ慤なり。吾れは周に從はん。殷人は、練を既《を》ふるの明日にして、祔に祔せり。周人は卒哭を既《を》ふるの明日にして、祖に祔せり。祔は神を祭るの始事なり。周は以《はなは》だ戚《せま》る。吾れは殷に從はん』と。

(一)窆もと定に作る。窆の譌か。禮記檀弓下篇封に作る。封は窆なり。今これに依つて改む。

(二)哀もと喪に作る。同上に依つて改む。

(一) 子貢問ひて曰く『これを晏子に聞けり。「少連・大連善く喪に居れり」と。それ異稱あるか』と。孔子曰く『父母の喪に、三日怠らず、三月懈らず、期《いちねん》悲哀し、三年憂へたり。東夷の子、禮に達せる者なり』と。

(二) 子游問ひて曰く『諸侯の世子、慈母に喪するに、母の如くするは、禮か』と。孔子曰く『禮にあらざるなり。古は男子、外に傅父あり、内に慈母ありき。(これ)君命じて子を敎へしめし所の者なり。何の服かこれ有らん。昔、魯の孝公少くしてその母を失ひ、その慈母良かりき。その死するに及びて、公忍びず、これに喪せんと欲せり。有司曰く「禮に、國君は、慈母には服無し。今や君これが爲に服せんとす。これ古の禮に逆ひて、國法を亂すなり。若し終にこれを行はば、則ち有司將にこれを書して以て後世に示さんとす。乃ち不可なるなからんや」と。公曰く「古は、天子は慈母に喪するに、練冠して以て燕居せり」と。遂に練して以て慈母に喪せり。慈母に喪すること母の如くするの始は、則ち魯の孝公の爲せるなり』と。

(三) 孔子、衞に適《ゆ》きたるとき、舊館人の喪に遇ふ。入りて、これを哭して哀む。出でて、子貢をして、驂を脱《と》きてこれに贈らしむ。子貢曰く『(一)識る所のものの喪に於てすら、贈る所ある能はざりき。舊館に贈ること、已《はなは》だ多からずや』と。孔子曰く『吾れ向《さき》に入りて、これを哭したるとき、

（主人の）一哀に遇ひて、涕を出せり。吾れかの涕のみにて以てこれを將《おこな》ふ無きを悪《にく》む。小子これを行へ』と。

（一）於所識之喪もと所於識之喪に作る。蜀本に從って改む。

（四）子路、孔子に問ひて曰く『魯の大夫の練して杖したるは禮か』と。孔子曰く『吾れ知らざるなり』と。子路出でて、子貢に謂ひて曰く『吾れ夫子は知らざる所なしと以爲《おも》へり。夫子も亦徒《た》だ知らざる所あるなり』と。子貢曰く『子が問ひし所は何ぞや』と。子路曰く（一）「由問へり「魯の大夫の練して杖したるは禮か」と。夫子曰く「吾れ知らざるなり」と』。子貢曰く」『止れ。吾れ將に子の爲めにこれを問はんとす』と。遂に趨りて進みて曰く『練して杖するは禮か』と。孔子曰く『禮にあらざるなり』と。子貢出でて、子路に謂ひて曰く『子謂ふか、夫子にしてこれを知らずと。夫子は徒《た》だ知らざる所なきなり。子が問非なり。この邦に居れば則ちその大夫を非《そし》らざるを禮とす』と。

（一）荀子子道篇に依って由問爲大夫練而杖禮與夫子曰吾不知也子貢曰二十字を補す。

（五）叔孫武叔（一）の母死す。既に小斂す。尸を擧げし者戸を出づ。（二）武叔これに從ひて戸を出づ。乃ち袒し、その冠を投じて括髪す。子路これを歎ず。孔子曰く『これ禮なり』と。子路問ひて曰く『將に小斂せんとすれば、則ち服を變ず。今は卽ち戸を出づ、而《しか》るに夫子以て禮を知ると爲すは、何ぞや』と。孔子曰く『由よ、汝の問は非なり。君子は人を擧げて以て事(三)を質《ただ》さず』と。

(一)武叔もと毋叔に作る。蜀本に從つて改む。
(二)武叔もと武孫に作る。太宰純曰く、武孫當に武叔に作るべしと。いまこれに從ふ。
(三)事もと士に作る。蜀本に從つて改む。

(一六) 齊の晏桓子卒す。平仲(一)、麤の衰《さい》斬し、苴の經帶し、杖つぎて以て菅履し、粥を食ひ、傍廬に居り、苫に寢ね、草を枕にす。その老曰く『大夫、父を喪するの禮にあらざるなり』と。晏子曰く『唯だ卿のみ(今の)大夫(の爲すがごとき禮を爲すべきなり)』と。曾子以て孔子に問ふ。孔子曰く『晏平仲は能く害に遠ざかると謂ふ可し。已れ是《ぜ》を知るを以て人の非を駁せず。遜辭して以て咎を避く。義なるかな』と。

(一)晏平仲は晏桓子の子なり。

(一七) 季平子卒す。將に君の璵璠を以て斂し、贈るに珠玉を以てせんとす。孔子初めて中都の宰たり。これを聞きて、歷級して救ふ。曰く『送るに寶玉を以てするは、これ猶ほ尸を中原に曝すがごとし。それ民に示すに姦利の端を以てし、而して死者に害あり。安《いづく》んぞこれを用ひん。且つ孝子は情に順ひて以て親を危くせず、忠臣は姦を兆して以て君を陷れず』と。乃ち止む。

(一八) 孔子の弟子琴張、宗(魯)と友たり。衞の齊豹、宗魯を公子孟縶に見《まみ》えしむ。孟縶以て參乘と爲す。齊豹將に孟縶を殺さんとするに及び、宗魯に告げて行《さ》らしめんとす。宗魯曰く『吾れ子に由りてこれに事へたり。いま難を聞きて逃るるは、これ子を僭するなり。子、事を行はんか、吾れ將に死せんとす。以て子に事へ周《まは》り、而して死を公孟に歸すれば可なり』と。齊氏、戈を用ひ、公孟を撃つ。宗〔魯〕(一)、背を以て、これを蔽ふ。肱を斷ちて公孟に中《あ》つ。宗魯皆《とも》に死す。琴張、宗魯の死を聞き、將に往きてこれを弔せんとす。孔子曰く『齊豹の盜にして孟縶の賊なり。汝何ぞ弔する。君〔子〕(二)は姦を食まず、亂を受けず、利の爲めに回《よこしま》なることに病ましめられず、回《よこしま》を以て人に事へず、非義を蓋はず、非禮を犯さず。汝何ぞ弔する』と。琴張乃ち止む。

(一)蜀本に從つて魯字を補す。
(二)左傳昭公二十年に依つて子字を補す。

(一九) 郕の人、子革卒す。これを哭して滅と呼ぶ。子游曰く『かくの若く哭するはそれ野なるかな。孔子は野哭する者を惡《にく》む』と。哭せるもの、これを聞き、遂にこれを改む。

(二〇) 公父文伯卒す。その妻妾皆な行く〳〵哭して聲を失す。敬姜(一)これを戒めて曰く『吾れ聞く、外を好む者には士これに死し、内を好む者には女これに死すと。今、吾が子早く殀す。吾れその内を好むを以て聞えんことを惡《にく》む。二三婦人の先祀に供せんと欲する者は、請ふ、瘠色なく、涕を揮《ぬぐ》ふことなく、膺を拊つことなく、哀容なく、(二)服を降すことありとも服を加ふることなく、禮に從ひて靜《しづ》まれ。これ吾が子を昭にするなり』と。孔子これを聞きて曰く『女の智は婦に若くは無く、男の智は夫に若くは莫し。公父氏(三)の婦は智なり。情を剖き、禮を損し、以てその子の令德たるを明にせんと欲せるなり』と。

(一)敬姜は公父文伯の母なり。
(二)有降服無加服もと無加服有降服に作る。國語魯語に依つて改む。
(三)公父氏もと公文氏に作る。同上に依つて改む。

(三一) 子路、子羔と與《とも》に衞に仕ふ。衞に蒯聵の難あり。孔子、魯に在り、これを聞きて曰く『柴やそれ來らん。由や死せん』と。既にして衞の使至る。曰く『子路死せり』と。夫子これを中庭に於て哭す。人の弔する者ありて、夫子これを拜す。哭を已《をは》り、使者を進めて故《こと》を問ふ。使者曰く『これを醢にせり』と。遂に左右をして皆な醢を覆さしめて、曰く『吾れ何ぞこれを食ふに忍びんや』と。

(三二) 季桓子死す。魯の大夫、朝服して弔す、子游、孔子に問ひて曰く『禮か』と。夫子答へず。他日又問ふ。(一)夫子曰く『死を始むれば、羔裘・玄冠せる者は、これを易ふべきのみ。汝何ぞ疑ふ』と。

(一)他日又問の下にもと錯簡あり。蜀本に從つてこれを公西赤問篇第三章に移し、本篇第二十五章より夫子曰以下の全文をここに移す。

(三三)孔子、母の喪あり。既に練す。陽虎弔す。孔子に私《ささや》きて曰く『今、季氏將に大に境内の士を饗せんとす。子これを聞けりや』と。孔子曰く『丘は聞かざるなり。若しこれを聞かば、衰《さい》經に在りと雖も、亦與《あづか》り往かんと欲す』と。陽虎曰く『子は然らずと謂ふか。季氏、士を饗す。(然れども、子、喪あるを以て)子に及ばざるなり』と。陽虎出づ。(一)曾點問ひて曰く『これに語りしは何の謂ぞや』と。孔子曰く『己れは則ち衰《さい》服すれども猶ほその言に應へたるは、非とせざる所以を示せるなり』と。

(一)曾點蜀本曾參に作る。

(三四)顏回死す。魯の定公弔せんとす。人をして孔子に訪はしむ。孔子對《こた》へて曰く『凡そ封內に在るものは皆な臣子なり。禮に「君その臣を弔するには、東階より升り、尸に向ひて哭す。その恩賜の施は筭あらざるなり」と』。

(三五)原思、曾子に言ひて曰く『夏后氏、葬を送るに、(一)明器を用ひたるは、民に(死者の)知ることなきを示せるなり。殷人、祭器を用ひたるは、民に(死者の)知ることあるを示せるなり。周人兼ねてこれを用ひたるは、民に(死者の知の有無の)疑はしきことを示せるなり』と。曾子曰く『それ然らず。それ以《おも》ふに、(二)明器は鬼器なり、祭器は人器なり。古の人胡爲れぞその親を死せりとせんや』と。子游、孔子に問ふ。子曰く『死に之《ゆ》きて、(これを)死したりと致《きは》むるは、不仁なり。

爲すべからざるなり。死に之《ゆ》きて（これを）生きをると致《きは》むるは、不智なり。爲すべからざるなり。凡そ(三)明器を爲《つく》れる者は喪の道を知れるなり。(四)物を備ふるあれども用ふ可からざる（やうに爲《つく》りたる）なり。この故に、竹（器）は（實）用を成さざる（やうに造り）、瓦（器）は膝を成さざる（やうに造り）、琴瑟は（絃を）張れども平（均）ならず（して彈ずること能はざるやうに造り）、笙竽は（形）備はれども和《しらべ》せざる（やうに造り）、鐘磬あれども（これを懸くべき）簨簴なし。その（これらの葬具を名づけて）明器と曰ふは、これを神明にするなり。哀しいかな。死者にして生者の器を用ふるは、(五)殉を用ふるに殆《ちか》からずや』と。

（一）（二）（三）（五）明器もと盟器に作る。蜀本に從つて改む。
（四）知喪道也の下にもと錯簡あり。蜀本に從つてこれを本篇の第二十二章に移し、公西赤問篇第三章より有備物而不可用也以下全文をここに移す。

(三六) 子睾(一)、孔子に問ひて曰く『死を始むれば重を設くるは、何の爲ぞや』と。孔子曰く『重は主の道なり。殷にては主を重に綴《つら》ね、周人は重を徹せり』と。喪の朝を請ひ問ふ。子曰く『喪の朝は死者の孝心に順ふなり。故に祖者の廟に至りて而して後に行く。殷にては、朝して後に、祖に於て殯せり。周にては、朝して後に、遂に葬れり』と。

（一）子睾もと子罕に作る。和刻本同じ。蜀本子睪に作る。睪は睾の譌。睾皐同字。本姓解篇第一章注參照。いま蜀本に從つて改む。

（二七）孔子の守狗死す。子貢に謂ひて曰く『路馬死すれば、則ちこれを藏《う》むるに帷を以てす。狗（死すれば）、則ちこれを藏《う》むるに蓋を以てす。汝往きて、これを埋めよ。吾れ聞く「弊幃をば棄てざるは、馬を埋めんが爲なり。弊蓋をば棄てざるは、狗を埋めんが爲なり」と。今、吾れ貧にして蓋なし。その封《へん》（一）するに於てや、これに蓆《むしろ》を與へよ。その首をして土に陷らしむるなかれ』と。

（一）封は窆なり。子貢問篇第二十七章注參照。

曲禮公西赤問第四十四

（一）公西赤、孔子に問ひて曰く『大夫、罪を以て免ぜられてのち、卒するときは、その葬るや、これを如何にする』と。孔子曰く『大夫その事を廢して、終身仕へざれば、死すれば則ちこれを葬るに士の禮を以てす。老いて致（一）仕せるものは死すれば則ちその列に從ふ』と。

（一）致もと政に作る。蜀本に從って改む。

（二）公儀仲子の嫡子死す。而してその弟を立つ。檀弓、子服伯子に問ひて曰く『何ごとぞや。我れ未だこれを前に聞かざるなり』と。子服伯子曰く『仲子も亦猶は古人の道を行へるなり。昔、文王は伯邑考を捨てて武王を立て、微子はその孫腯を捨ててその弟衍を立てたり』と。子游以てこれを孔子に聞す。子曰く『しからず。周の制は孫を立つべきなり』と。

(三)　孔子の母既に〔殯〕葬す。將に合(一)葬せんとす。曰く『古は祔葬せざりき。先に死せる者の復た見《あらは》るるに忍びざるが爲なり。詩に云く「死すれば則ち穴を同じくせん」と。周公より已來祔葬せり。故《まこと》に衞人の祔はこれを離す。以て聞ゆるところ有り。魯人の祔はこれを合す。美なるかな。吾れは魯に從はん』と。遂に防に合葬す。曰く『吾れこれを聞く〔古は(二)〕墓(三)して墳せざりき」と。今、丘は東西南北の人なり。以て識《しる》さざるべからざるなり。吾れ、これを封ずること堂の若くなる者を見たり、又坊の若くなる者を見たり、又夏屋を覆(四)ふ若くなる者を見たり、又斧形の若くなる者を見たり。吾れは斧の若くなる者に從はん』と。ここに於て、これを封ずること、崇《たか》さ四尺。孔子先きに反《かへ》りて虞す。門人後る。雨甚だしく至る。墓崩る。これを修めて歸る。孔子これに問ひて曰く『爾來《なんぢら》ること何ぞ遲きや』と。對《こた》へて曰く『防の墓崩れたればなり』と。孔子應へず。三たび云ふ。孔子泫然として涕を流して曰く『吾れこれを聞く、古は墓を修めざりき』と。二十五月に及びて大祥す。五日にして琴を彈じて聲を成さず。十日にして禫を過ぎて笙歌を成す。

(一)合もと立に作る。蜀本に從つて改む。
(二)蜀本に從つて古者二字を補す。
(三)吾聞之の下にもと錯簡あり、蜀本に從つてこれを子夏問篇第二十五章に移し、子夏問篇第二十二章より墓而不墳以下の全文をここに移す。
(四)若覆もと履に作る。蜀本に從つて改む。

(四) 子游、孔子に問ひて曰く『葬るには、塗車と芻靈と古よりこれ有り。然るに今、人、偶あるものあり。これ喪に益なし』と。孔子曰く『芻靈を爲《つく》りし者は善なり。偶を爲《つく》りし者は不仁なり。人を用ふるに殆《ちか》からずや』と。

(五) 顏淵の喪既に祥す。顏路、祥肉を孔子に饋る。孔子自《みづか》ら出でてこれを受け、入りて琴を彈じて以て情を散じ、而して後乃ちこれを食ふ。

(六) 孔子嘗す。薦を奉じて進む。その親らするや愨《つゝし》む。その行くや趨趨《そくそく》として以て數《すみやか》なり。祭を已る。子貢問ひて曰く『夫子、祭を言ふや、濟濟漆漆たれと。今、夫〔(一)子の祭に、濟濟漆漆たる無きは何ぞや』と。孔子曰く『濟濟漆漆は容《かたちづく》りて遠ざかるなり。漆漆は自《みづか》ら反《かへりみ》るなり。容《かたちづく》りて以て遠ざかり、若しくは容《かたちづく》りて以て自《みづか》ら反《かへりみ》るならば、それ何ぞ神明と交らん。(孝子の自《みづか》ら祭るや、誠愨を以て貴しと爲す)。必ずかくの如くんば、則ち何の濟濟漆漆かこれ有らん。(天子・諸侯、尸を祭るとき)、反饋して樂《がく》成り、進みて則ち燕俎し、その禮樂を序し、その百官を備ふ。ここに於て、(祭を助くるところの)君子その濟濟漆漆を致すなり。それ言は豈に一端のみならんや。亦各々當る所あるなり』と。」

(一)子之祭以下全文蜀本に從つて補す。

(七) 子路、季氏の宰たり。季氏祭る。逮昏よりして奠し、日を終へて足らず、繼ぐに燭を以てす。

彊力の容、肅敬の心ありと雖も、皆倦怠す。有司跛倚して以て臨む。その不敬たるや大なり。他日、子路與《あづか》る。室事は戸にて交《かは》り、堂事は階にて當る。質明にして行事を始め、晏朝にして徹す。孔子これを聞きて曰く『孰《たれ》か「由や禮を知らず」と謂ふ』と。

〔後　序

孔子家語は皆當時の公卿士大夫及び七十二弟子の諮訪して交々相對問せる所の言語にして、既にして諸弟子各自その問へる所を記せるなり。論語・孝經と竝ぶ。(當)時、弟子その正實にして事に切なるものを取り、別出して論語と爲し、その餘は則ち都《すべ》て集錄して名づけて孔子家語と曰へり。凡そ論辯流判するところ較(然)として實に歸す。自《おのづか》ら夫子の本旨なり。文を屬し辭を下すこと往往頗る浮說の煩にして要ならざるもの有るは、亦七十二子各共に首尾を叙述してこれに潤色を加へ、その材或は優劣ありたるが故にこれをして然らしめたるによるなり。孔子既に歿して微言絕え、七十二弟子終りて大義乖き、六國の世、儒道分散し、遊說の士各巧意を以《もち》ゐて枝葉を爲したるとき、唯、孟軻・孫卿その習ひたる所を守れり。秦の昭王の時に當り、孫卿、秦に入り、昭王これに從ひて儒術を問ひ、孫卿(すなはち)孔子の語及び諸國の事・七十二弟子の言、凡そ百餘篇を以てこれに與へたり。これに由りて秦悉くこれを有せり。始皇の世、李斯、書を焚けり。而《しか》れども孔子家語は諸子と列を同じくしたるが故に滅されざりき。高祖、秦に剋ち、悉く斂めてこれを得たり。皆二尺の竹簡に載せ、多く古文字有りき。呂氏、漢を專にするに及び、取りて歸りてこれを藏せり。その後(呂氏)誅亡せられ、而して孔子家語は乃ち人間に散在せり。事を好む者亦各その意を以てその言を增損したるが故に、同じくこれ一事にして而《しか》も輒《すなは》ち辭を異にせしめたるものあり。孝景皇帝の末年、天下に禮書を募集せしとき、この時、士大夫みな官に送り、呂氏の傳へし所の孔子家語を得たり。而《しか》れども諸國の事及び七十二子の辭と妄に相錯雜して知るを得べからず、以て掌書に付して、曲禮衆篇の亂簡と與《とも》に合せてこれを祕府に藏せり。元封の時、吾れ京師に仕へ、竊かに先人の典辭の將に遂に泯滅せんとするを懼れ、ここに於て諸公卿士大夫に因りて私かに人事を以てその副を募求し、悉くこれを得たり。乃ち事類を以て相次し、撰集して四十四篇と爲す。又曾子問禮一篇有り、自《おのづか》ら別ちて曾子問に屬す。故に復《また》錄せず。その諸弟子の書に稱引する所の孔子の言にして本《もと》家語に存せざるものは亦それ已に自《おのづか》ら傳ふる所有るを以て、ここを以て皆取らざるなり。將來の君子鑑みざる可からず。(二)

孔安國、字は子國、孔子十二世の孫なり。孔子、伯魚を生めり。魚、子思を生めり。(子思)名は伋、嘗て宋に于て困に遭ひ、中庸の書四十七篇を作りて以て聖祖の業を述べ、弟子孟軻の徒數百人に授け、年六十二にして卒す。子思、子上を生めり。(子上)名は白、年四十七にして卒せり。叔梁紇始めて妻を出してより、伯魚に及びて亦妻を出し、子思に至りて又妻を出せり。故に孔子三世妻を出すと稱す。子上、子家を生めり。(子家)名は傲、後の名は永、年四十五にして卒せり。

子家、子直を生めり。（子直）名は檻、年四十六にして卒せり。子直、子高を生めり。（子高）名は穿、亦儒家の語十二篇を著し、名づけて讕言と曰ひ、年五十七にして卒せり。子高、武を生めり。（武）字は子順、名は微、後の名は斌、魏の文王の相と爲り、年五十七にして卒せり。子武は、子魚、名は鮒、及び子襄、名は騰、子文、名は祔を生めり。子魚、後の名は甲。子襄は經書を好み博學なるを以て、秦の法の峻急なるを畏れ、乃ちその家語・孝經・尙書及び論語を夫子の舊堂の壁中に壁藏せり。子魚は陳王涉の博士太師と爲り、陳下に卒し、元路を生めり。（元路）一の字は元生、名は育、後の名は隨。子文は冣を生めり。（冣）字は子產。子產は後に高祖に從ひ、左司馬將軍を以てして韓信を佐けて楚を垓下に破り、功を以て蓼侯に封ぜられ、年五十三にして卒し、謚して夷侯と曰へり。長子滅嗣ぎ、官、大常に至れり。次子襄、字は子士、後の名は讓、孝惠皇帝の博士と爲り、長沙王の大傅に遷り、年五十七にして卒し、季中を生めり。（季中）名は員、年五十七にして卒し、武及び子國を生めり。子國少にして詩を申公に學び、尙書を伏生に受け、長じて則ち經傳を博覽し、問ふに常師無く、年四十にして諫議大夫と爲り、侍中博士に遷れり。天漢の後に、魯の恭王、夫子の故宅を壞ちたるとき、壁中の詩書悉く以て子國に歸せり。子國乃ち古今の文字を考論し、衆師の義を撰み、古文論語の訓十一篇、孝經傳二篇、尙書傳五十八篇を爲れり。皆壁中より得たる所の科斗の本なり。又孔子家語を集錄して四十四篇と爲し、既に成りたれども、會々巫蠱の事に値ひ、寢《や》めて施行せざりき。子國、博士より臨淮の太守と爲り、官に在ること六年、病を以て免じ、年六十にして家に卒せり。その後、孝成皇帝、光祿大夫劉向に詔して衆書を校定せしめて都《すべ》て記錄せしめたるとき、古今文の書・論語別錄と名づけたり。子國の孫衍、博士と爲り、上書してこれを辯じて曰く『臣聞く、明王は人の功を掩はず、大聖は人の小善をも遺さず。（これ）その明聖を能くする所以なりと。陛下、明詔を發して群儒に諮ひ、天下の書籍を集めて言悉さざる無く、通才の大夫に命じてその義を校定せしめ、遐載の文をして以て大に今日に著れしめ、言を立つるの士をば不朽に垂る。これ則ち明王の軌を蹈み大聖の風に遵ふ者なり。唐帝の煥然、周王の彧彧と雖も、未だかくのごとくこれ極めたることとあらざるなり。故に述作の士、大倫を測ることを樂とせざるはなし。臣の祖、故《もと》の臨淮の太守、安國、仕を孝武皇帝の世に建て、經學を以て名を爲し、儒雅を以て官を爲し、道義を讃明して前朝に稱せられたり。時に魯の恭王、孔子の故宅を壞り、古文科斗の尙書・孝經・論語を得たるとき、世人能く言ふ有る者なかりしが、安國これを今文と爲して、讀みてその義を訓傳せり。又孔子家語を撰りて既に畢りたれども、曾々巫蠱の事の起るに値ひ、遂に各々廢《や》めて時に行はれざりき。然れども、その典雅正實なること世の傳ふる所の者と日を同じうして論ずべからざるなり。光祿大夫向、その時の未だ施さざる所たるの故を以て、（その）尙書は則ち別錄に記さず（その）論語は則ち家に名づけしめざりしなり。臣竊かにこれを惜む。且つ百家の章句すら畢く記さざる無きに、況んや孔子家語の古文にして正實なるものをば、而《しか》もこれを疑はんや。又戴聖は近世の小儒、曲禮の足らざる(所ある)を以て、乃ち孔子家語の雜亂したるもの及び子思・孟軻・孫卿の書を取りて以てこれを裨益し、總じて名づけて禮記と曰へり。今、向その已に禮記に在る者を見れば則《すなは》ち家語の本篇を除く。これその原を滅してその末を存せんことを爲せるなり。亦難ぜざらんや。臣の愚以爲へらく、宜しくかくの如く例を爲りて皆記錄して別に見《あらは》すべしと。故に敢て昧冒して以て聞《ぶん》し、奏上す』と。

天子これを許したれども未だ論定に即かずして帝の崩に遇ひ、向又病みて亡し、(この書をば)遂に(學官に)立つることを果さざりき。」

(一)後序全文もと缺く。蜀本を以て補す。

(二)後序は二節に分つべし。敍首より「將來の君子鑒みざるべからず」までを一節とす。何孟春この節を以て王肅が孔安國に代りて序せる所と爲す。

孔子家語卷第十（終）

孔子家語《こうしけご》

1933年10月5日　第1刷発行
2019年 2月7日　第9刷発行

校訳者　藤原《ふじわら》 正《ただし》

発行者　岡本 厚

発行所　株式会社 岩波書店
〒101-8002 東京都千代田区一ツ橋 2-5-5
案内 03-5210-4000　営業部 03-5210-4111
文庫編集部 03-5210-4051
http://www.iwanami.co.jp/

印刷・三陽社　カバー・精興社　製本・中永製本

ISBN 4-00-332022-0　Printed in Japan

読書子に寄す

——岩波文庫発刊に際して——

岩波茂雄

真理は万人によって求められることを自ら欲し、芸術は万人によって愛されることを自ら望む。かつては民を愚昧ならしめるために学芸が最も狭き堂宇に閉鎖されたことがあった。今や知識と美とを特権階級の独占より奪い返すことはつねに進取的なる民衆の切実なる要求である。岩波文庫はこの要求に応じそれに励まされて生まれた。それは生命ある不朽の書を少数者の書斎と研究室とより解放して街頭にくまなく立たしめ民衆に伍せしめるであろう。近時大量生産予約出版の流行を見る。その広告宣伝の狂態はしばらくおくも、後代にのこすと誇称する全集がその編集に万全の用意をなしたるか。千古の典籍の翻訳企図に敬虔の態度を欠かざりしか。さらに分売を許さず読者を繋縛して数十冊を強うるがごとき、はたしてその揚言する学芸解放のゆえんなりや。吾人は天下の名士の声に和してこれを推挙するに躊躇するものである。このときにあたって、岩波書店は自己の責務のいよいよ重大なるを思い、従来の方針の徹底を期するため、すでに十数年以前より志して来た計画を慎重審議この際断然実行することにした。吾人は範をかのレクラム文庫にとり、古今東西にわたって文芸・哲学・社会科学・自然科学等種類のいかんを問わず、いやしくも万人の必読すべき真に古典的価値ある書をきわめて簡易なる形式において逐次刊行し、あらゆる人間に須要なる生活向上の資料、生活批判の原理を提供せんと欲する。この文庫は予約出版の方法を排したるがゆえに、読者は自己の欲する時に自己の欲する書物を各個に自由に選択することができる。携帯に便にして価格の低きを最主とするがゆえに、外観を顧みざるも内容に至っては厳選最も力を尽くし、従来の岩波出版物の特色をますます発揮せしめようとする。この計画たるや世間の一時の投機的なるものと異なり、永遠の事業として吾人は微力を傾倒し、あらゆる犠牲を忍んで今後永久に継続発展せしめ、もって文庫の使命を遺憾なく果たさしめることを期する。芸術を愛し知識を求むる士の自ら進んでこの挙に参加し、希望と忠言とを寄せられることは吾人の熱望するところである。その性質上経済的には最も困難多きこの事業にあえて当たらんとする吾人の志を諒として、その達成のため世の読書子とのうるわしき共同を期待する。

昭和二年七月

《哲学・教育・宗教》〔青〕

ソクラテスの弁明・クリトン　プラトン　久保勉訳
ゴルギアス　プラトン　加来彰俊訳
饗宴　プラトン　久保勉訳
テアイテトス　プラトン　田中美知太郎訳
パイドロス　プラトン　藤沢令夫訳
メノン　プラトン　藤沢令夫訳
国家　全二冊　プラトン　藤沢令夫訳
プロタゴラス　—ソフィストたち　プラトン　藤沢令夫訳
法律　全二冊　プラトン　森進一・池田美恵・加来彰俊訳
パイドン　—魂の不死について　プラトン　岩田靖夫訳
クセノフォーン　ソークラテースの思い出　佐々木理訳
アナバシス　—敵中横断六〇〇〇キロ　クセノポン　松平千秋訳
アリストテレス　ニコマコス倫理学　全二冊　高田三郎訳
アリストテレス　形而上学　全二冊　出隆訳
アリストテレス　弁論術　戸塚七郎訳
アリストテレース　詩学　ホラーティウス　詩論　松本仁助・岡道男訳

物の本質について　ルクレーティウス　樋口勝彦訳
エピクロス　—教説と手紙　出隆・岩崎允胤訳
生の短さについて　他二篇　セネカ　大西英文訳
怒りについて　他二篇　セネカ　兼利琢也訳
マルクス・アウレーリウス　自省録　神谷美恵子訳
老年について　キケロー　中務哲郎訳
友情について　キケロー　中務哲郎訳
エラスムス＝トマス・モア往復書簡　沓掛良彦・高田康成訳
方法序説　デカルト　谷川多佳子訳
哲学原理　デカルト　桂寿一訳
情念論　デカルト　谷川多佳子訳
パンセ　全三冊　パスカル　塩川徹也訳
知性改善論　スピノザ　畠中尚志訳
スピノザ　エチカ　（倫理学）　全二冊　畠中尚志訳
聖トマス　形而上学叙説　—有と本質とに就いて　高桑純夫訳
君主の統治について　—謹んでキプロス王に捧げる　トマス・アクィナス　柴田平三郎訳
エミール　全三冊　ルソー　今野一雄訳

孤独な散歩者の夢想　ルソー　今野一雄訳
人間不平等起原論　ルソー　本田喜代治・平岡昇訳
ルソー　社会契約論　桑原武夫・前川貞次郎訳
政治経済論　ルソー　河野健二訳
演劇について　—ダランベールへの手紙　ルソー　今野一雄訳
言語起源論　—旋律と音楽的模倣について　ルソー　増田真訳
ラモーの甥　ディドロ　本田喜代治・平岡昇訳
道徳形而上学原論　カント　篠田英雄訳
啓蒙とは何か　他四篇　カント　篠田英雄訳
純粋理性批判　全三冊　カント　篠田英雄訳
カント　実践理性批判　波多野精一・宮本和吉・篠田英雄訳
判断力批判　全二冊　カント　篠田英雄訳
永遠平和のために　カント　宇都宮芳明訳
プロレゴメナ　カント　篠田英雄訳
人間の使命　フィヒテ　宮崎洋三訳
学者の使命・学者の本質　フィヒテ　宮崎洋三訳
ヘーゲル　政治論文集　全二冊　金子武蔵訳

歴史哲学講義 全二冊　ヘーゲル 長谷川宏訳
ブルーノ　シェリング 服部英次郎・井上庄七訳
自殺について 他四篇　ショウペンハウエル 斎藤信治訳
読書について 他二篇　ショウペンハウエル 斎藤忍随訳
知性について 他四篇　ショーペンハウエル 細谷貞雄訳
将来の哲学の根本命題 他二篇　フォイエルバッハ 松村一人・和田楽訳
不安の概念　キェルケゴール 斎藤信治訳
死に至る病　キェルケゴール 斎藤信治訳
シュヴェーグラー西洋哲学史 全二冊　谷川徹三・松村一人訳
体験と創作 全二冊　ディルタイ 柴田治三郎・小牧健夫訳
眠られぬ夜のために 全二冊　ヒルティ 草間平作・大和邦太郎訳
幸福論 全三冊　ヒルティ 草間平作・大和邦太郎訳
悲劇の誕生　ニーチェ 秋山英夫訳
ツァラトゥストラはこう言った 全二冊　ニーチェ 氷上英廣訳
道徳の系譜　ニーチェ 木場深定訳
善悪の彼岸　ニーチェ 木場深定訳
この人を見よ　ニーチェ 手塚富雄訳

プラグマティズム　W・ジェイムズ 桝田啓三郎訳
宗教的経験の諸相 全二冊　W・ジェイムズ 桝田啓三郎訳
純粋現象学及現象学的哲学考案 全二冊　フッセル 池上鎌三訳
デカルト的省察　フッサール 浜渦辰二訳
社会学の根本問題 個人と社会　ジンメル 清水幾太郎訳
笑い　ベルクソン 林達夫訳
物質と記憶　ベルクソン 熊野純彦訳
時間と自由　ベルクソン 中村文郎訳
数理哲学序説　ラッセル 平野智治訳
ラッセル教育論　安藤貞雄訳
ラッセル幸福論　安藤貞雄訳
ラッセル結婚論　安藤貞雄訳
存在と時間 全四冊　ハイデガー 熊野純彦訳
学校と社会　デューイ 宮原誠一訳
民主主義と教育 全二冊　デューイ 松野安男訳
歴史と自然科学・道徳の原理に就て・聖 「プレルーディエン」より　ヴィンデルバント 篠田英雄訳
我と汝・対話　マルティン・ブーバー 植田重雄訳

アラン 幸福論　神谷幹夫訳
四季をめぐる51のプロポ　アラン 神谷幹夫編訳
アラン 定義集　神谷幹夫訳
文法の原理 全三冊　イエスペルセン 安藤貞雄訳
日本の弓術　オイゲン・ヘリゲル述 柴田治三郎訳
ギリシア哲学者列伝 全三冊　ディオゲネス・ラエルティオス 加来彰俊訳
天才・悪　ブレンターノ 篠田英雄訳
比較言語学入門　高津春繁
人間の頭脳活動の本質 他一篇　ディーツゲン 小松摂郎訳
ソクラテス以前以後　F・M・コーンフォード 山田道夫訳
連続性の哲学　パース 伊藤邦武編訳
論理哲学論考　ウィトゲンシュタイン 野矢茂樹訳
自由と社会的抑圧　シモーヌ・ヴェイユ 冨原眞弓訳
根をもつこと 全二冊　シモーヌ・ヴェイユ 冨原眞弓訳
重力と恩寵　シモーヌ・ヴェイユ 冨原眞弓訳
全体性と無限 全二冊　レヴィナス 熊野純彦訳
啓蒙の弁証法 ―哲学的断想　M・ホルクハイマー T・W・アドルノ 徳永恂訳

共同存在の現象学　レーヴィット　熊野純彦訳

ヘーゲルからニーチェへ　十九世紀思想における革命的断絶　全二冊　レーヴィット　三島憲一訳

種の論理　田辺元哲学選Ⅰ　藤田正勝編

懺悔道としての哲学　田辺元哲学選Ⅱ　藤田正勝編

哲学の根本問題・数理の歴史主義展開　田辺元哲学選Ⅲ　藤田正勝編

統辞構造論　付『言語理論の論理構造』序論　チョムスキー　福井直樹　辻子美保子訳

統辞理論の諸相　方法論序説　チョムスキー　辻子美保子　福井直樹訳

言語変化という問題　―共時態、通時態、歴史　E・コセリウ　田中克彦訳

快楽について　ロレンツォ・ヴァッラ　近藤恒一訳

古代懐疑主義入門　判断保留の十の方式　J・アナス　J・バーンズ　金山弥平訳

ヨーロッパの言語　アントワーヌ・メイエ　西山教行訳

ニーチェ　みずからの時代と闘う者　ルドルフ・シュタイナー　高橋巖訳

人間精神進歩史　全二冊　コンドルセ　渡辺誠訳

隠者の夕暮・シュタンツだより　ペスタロッチー　長田新訳

フレーベル自伝　長田新訳

旧約聖書　創世記　関根正雄訳

旧約聖書　出エジプト記　関根正雄訳

旧約聖書　ヨブ記　関根正雄訳

旧約聖書　詩篇　関根正雄訳

新約聖書　福音書　塚本虎二訳

文語訳　新約聖書　詩篇付

文語訳　旧約聖書　全四冊

キリストにならいて　トマス・ア・ケンピス　大沢章　呉茂一訳

聖アウグスティヌス　告白　全二冊　服部英次郎訳

新訳　キリスト者の自由・聖書への序言　マルティン・ルター　石原謙訳

聖なるもの　オットー　久松英二訳

シュヴァイツェル　イエスの生涯　メシアと受難の秘密　シュヴァイツェル　波木居齊二訳

キリスト教と世界宗教　シュヴァイツェル　鈴木俊郎訳

コーラン　全三冊　井筒俊彦訳

エックハルト説教集　田島照久編訳

ある巡礼者の物語　―イグナチオ・デ・ロヨラ自叙伝　イグナチオ・デ・ロヨラ　門脇佳吉訳・注解

後期資本主義における正統化の問題　ハーバーマス　山田正行・金慧訳

《東洋思想》〔青〕

- 易経 全二冊 高田真治・後藤基巳 訳
- 論語 金谷治 訳注
- 孟子 全二冊 小林勝人 訳注
- 老子 蜂屋邦夫 訳注
- 荘子 全四冊 金谷治 訳注
- 新訂 孫子 金谷治 訳注
- 荀子 全二冊 金谷治 訳注
- 列子 全二冊 小林勝人 訳注
- 韓非子 全四冊 金谷治 訳注
- 伝習録 山田準・鈴木直治 訳註
- 史記列伝 全五冊 司馬遷／小川環樹・今鷹真・福島吉彦 訳
- 春秋左氏伝 全三冊 小倉芳彦 訳
- 陶庵夢憶 張岱／松枝茂夫 訳
- 塩鉄論 曾我部静雄 訳註
- 千字文 小川環樹・木田章義 注解
- 大学・中庸 金谷治 訳注
- 高僧伝 全四冊 慧皎／吉川忠夫・船山徹 訳
- 実践論・矛盾論 毛沢東／松村一人・竹内実 訳
- ガンディー獄中からの手紙 森本達雄 訳
- ウパデーシャ・サーハスリー —真実の自己の探求 シャンカラ／前田専学 訳
- インド思想史 J・ゴンダ／鎧淳 訳

《仏教》〔青〕

- ブッダのことば —スッタニパータ 中村元 訳
- ブッダの真理のことば・感興のことば 中村元 訳
- 般若心経・金剛般若経 中村元・紀野一義 訳註
- 法華経 全三冊 坂本幸男・岩本裕 訳注
- 日蓮文集 兜木正亨 校注
- 浄土三部経 全二冊 中村元・早島鏡正・紀野一義 訳註
- 大乗起信論 宇井伯寿・高崎直道 訳注
- 臨済録 入矢義高 訳注
- 碧巌録 全三冊 入矢義高・溝口雄三・末木文美士・伊藤文生 訳注
- 無門関 西村恵信 訳注
- 盤珪禅師語録 —付 行業記— 鈴木大拙 編校
- 法華義疏 全二冊 聖徳太子／花山信勝 校訳
- 往生要集 全二冊 源信／石田瑞麿 訳注
- 教行信証 親鸞／金子大栄 校訂
- 歎異抄 金子大栄 校注
- 親鸞和讃集 名畑應順 校注
- 正法眼蔵 全四冊 道元／水野弥穂子 校注
- 正法眼蔵随聞記 懐奘 編／和辻哲郎 校訂
- 道元禅師清規 大久保道舟 訳注
- 南無阿弥陀仏 —付 心偈 柳宗悦
- 一遍聖絵 聖戒 編／大橋俊雄 校注
- 蓮如文集 蓮如／笠原一男 校注
- 蓮如上人御一代聞書 稲葉昌丸 校訂
- 日本的霊性 鈴木大拙／篠田英雄 校訂
- 新編 東洋的な見方 鈴木大拙／上田閑照 編
- 禅堂生活 鈴木大拙／横川顕正 訳
- 大乗仏教概論 鈴木大拙／佐々木閑 訳
- 浄土系思想論 鈴木大拙

仏教 全二冊 — ベック／渡辺照宏・渡辺重朗訳
ブッダ最後の旅 —大パリニッバーナ経— — 中村元訳
明恵上人集 — 久保田淳・山口明穂校注
仏弟子の告白 —テーラガーター— — 中村元訳
尼僧の告白 —テーリーガーター— — 中村元訳
ブッダ 神々との対話 —サンユッタ・ニカーヤI— — 中村元訳
ブッダ 悪魔との対話 —サンユッタ・ニカーヤII— — 中村元訳
三論玄義 — 嘉祥大師撰／金倉円照訳註
選択本願念仏集 — 法然／大橋俊雄校注
法然上人絵伝 全二冊 — 大橋俊雄校注
高僧伝 全四冊 — 慧皎／吉川忠夫・船山徹訳
ブッダが説いたこと — ワールポラ・ラーフラ／今枝由郎訳
ブータンの瘋狂聖 ドゥクパ・クンレー伝 — ゲンドゥン・リンチェン編／今枝由郎訳

《音楽・美術》〔青〕

新編 ベートーヴェンの手紙 全二冊 — ベートーヴェン／小松雄一郎編訳
ベートーヴェンの生涯 — ロマン・ロラン／片山敏彦訳
音楽と音楽家 — シューマン／吉田秀和訳
モーツァルトの手紙 —その生涯のロマン— 全二冊 — 柴田治三郎編訳
レオナルド・ダ・ヴィンチの手記 全二冊 — 杉浦明平訳
ゴッホの手紙 全三冊 — 硲伊之助訳
ワーグマン日本素描集 — 清水勲編
河鍋暁斎戯画集 — 山口静一・及川茂編
葛飾北斎伝 — 飯島虚心／鈴木重三校注
うるしの話 — 松田権六
ドーミエ諷刺画の世界 — 喜安朗編
河鍋暁斎 — ジョサイア・コンドル／山口静一訳
伽藍が白かったとき — ル・コルビュジエ／生田勉・樋口清訳
デューラー 自伝と書簡 — 前川誠郎訳
蛇儀礼 — ヴァールブルク／三島憲一訳
迷宮としての世界 —マニエリスム美術— 全二冊 — グスタフ・ルネ・ホッケ／種村季弘・矢川澄子訳
日本洋画の曙光 — 平福百穂
江戸東京実見画録 — 長谷川渓石画／進士慶幹・花咲一男注解
映画とは何か 全二冊 — アンドレ・バザン／野崎歓・大原宣久・谷本道昭訳
漫画 坊っちゃん — 近藤浩一路
漫画 吾輩は猫である — 近藤浩一路
ロバート・キャパ写真集 — ICPロバート・キャパ・アーカイブ編
胡麻と百合 — ラスキン／石田憲次・照山正順訳